PESTALOZZI

細井房明 著

ペスタロッチーの幼児教育思想の構築

【母親教育のための書】の構想と
【直観理論】の萌芽から

福村出版

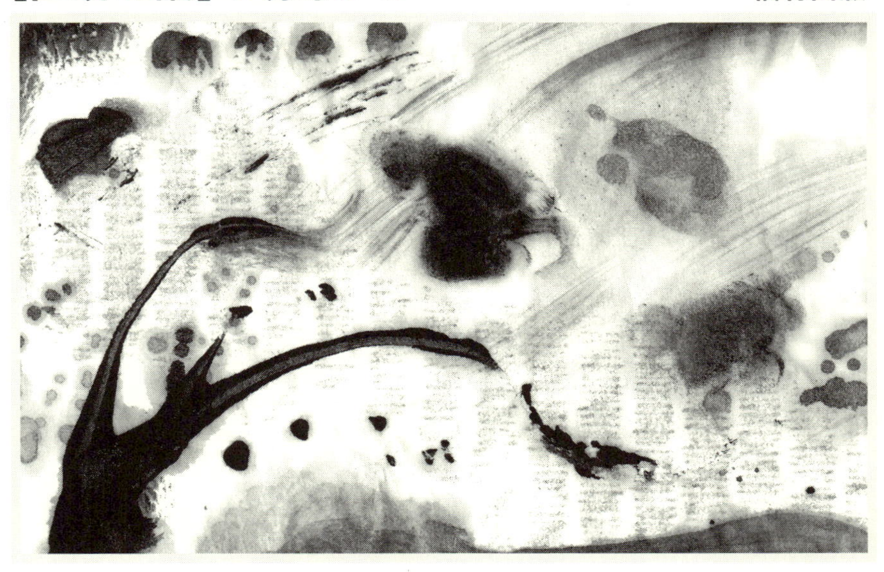

まえがき

はるか昔のことですが、筆者が四年制大学の教員養成系学部に教育学担当の若手教師としての職を得たばかりの昭和40年代後半の5月に出会った出来事を、最近になって、何故か、想い出しました。それは、学食で、筆者の近くで10数名の新入学生に囲まれて談笑しながら食事をしていたある教授が、突然、新入生たちに「ペスタロッチーって何だか知っている人！」と一声高く問いかけました。すると、話題が急にかわったので戸惑ってしまったのか、或いはその名前を聞いたことも目にしたこともなかったのか、その場は一瞬、「シーン」としてしまったのですが、そのうちに、一人の元気のよい学生が多少はオズオズしながらも「ペスタロッチーって、犬の名前ではないですか？」と言ったのです。これにはビックリしてしまいました。…そしてそれとは別に驚かされたのは、「ペスタロッチーって何だか知っている人！」と発言した当の教授が筆者の方をみてニヤリと笑ったことでした。おそらくその教授は採用人事の資料として筆者が提出した履歴書その他をみていて、学部学生や院生の時期に筆者がペスタロッチー（Pestalozzi,J.H.,1746-1827）について調べていたことを知っていて、意図的にあのような言葉を発したに違いないのです。…それから1年後のことですが、あの折に「ペスタロッチーって、犬の名前ではないですか？」と言った学生に偶然にも学食で出会ったので、「ペスタロッチーって何だか知っている？」と質問したところ、教職科目の受講を始めたせいか、「ペスタロッチーはスイス生まれの教育者で、手と頭と胸の教育を重視していた人です」などと答えてくれました。要するにそのようなことを想い出したわけです。

いずれにしても教員養成系学部の2年次学生ともなると違ってきます。彼はペスタロッチーのことを「手と頭と胸の教育を重視した人」などと答えてくれたのですが、彼の答からも推察されるであろうように、ペスタロッチーにかかわる文献などに目を通していると、実際、しばしば、ペスタロッチーは「手と頭と胸の教育を重視していた教育者でもあった」というような言葉に近い文言に出会ったりします。

上記の語句は、実は、昨年（平成 25 年）ある論考を執筆した際に、筆者がその冒頭に記した箇所からの抜粋であったのですが、それをみた他大学でも教壇に立っている同僚の若手教授が、「最近のことですが、他大学の２年次学生たちに同じような質問をしたところ、『ペスタロッチーというのはお菓子の名前ではないですか？』という言葉が返ってきました」と、苦笑しながら、話してくれました。

筆者の学生時代や「ペスタロッチーって、犬の名前ではないですか？」と言った学生が学んでいた時代には、教員免許状取得のためには、教育学系統の必修科目として、「教育原理」（４単位）が設けられていたのですが、それ以外にも「教育哲学」や「教育史」のような授業科目も設けられていて、教員志望の学生の多くが、ごく自然に、自主的に「教育哲学」や「教育史」のような教育の哲学・思想・歴史に関する授業科目を受講していたものでした。それに対して、昨今では、どうなっているのかと言えば、「教育職員免許法施行規則」に目を向ければ明らかなように、「教職に関する科目」の中での重みの置き方が大きく変わってきているように思われます。そしてその中でも、とりわけ、重視され、大事にされている教職科目の内容は何かと言えば、それは、情報機器及び教材の活用を含む教育・保育の方法や障害のある幼児・児童・生徒を含む幼児・児童・生徒の心身の発達や学習の過程、カウンセリングに関する基礎的な知識を含む幼児・児童・生徒のための生活指導や教育相談、等々に関する科目などであって、教育や保育の理念並びにそれらについての思想および歴史に関するものなどは、「教育原理」あるいは「保育原理」の授業の中に辛うじて姿を留めているといった程度のものになってしまっているのです。

言うまでもなく、「教育原理」や「保育原理」は教員免許状あるいは保育士資格を取得しようとしている学生が最初に受講する教育や保育に関する授業科目の一つで、「総論」とも言えるものであって、そこでは、教育や保育に関する幅広い内容が取り扱われています。しかし、残念なことに、「教育原理」や「保育原理」は、いまから 40 数年前とは異なり、最近では、４単位ではなく、２単位の授業科目として設けられていることが多いのです。そこで、２単位の授業科目になったということは、それらを担当する教師にも、受講する学生たちにも不都合な面を多分にもたらすことになります。なにしろ、授業中に、海外や国内の教育や保育の理念並びにそれらについての歴史及び思想に関する内容等をとり上げるにしても、双方を合わせても、２単位の教育原理や保育原理では、いくら頑張っても、それらに対しては、90分授業で２回程度の講義時間しか割り当てることができないのです。したがって、そのような駆け足の講義を受講させられている学生たちに教育や保育の理念並びにそれらに関する歴史および思想についての知識や思考力をつけさせたいと望んでも、それは、不可能に近いのです。例えば、筆者が担当している「教育原理」や「保育原理」の期末試験で、「ペスタロッチーの著書の名を一つあげて下さい」などという問いを設ければ、そのような問いに対しては、大部分の学生が、『隠者の夕暮』や『リーンハルトとゲルトルート』やその他の著書名を一つあげてくれるとは思われますが、「それではどうしてペスタロッチーはそのようなものを著わすことになったのでしょうか？　その内容はどのようなものであったのですか？あなたの見解を述べて下さい」などという問いを設定すれば、そのような問いに対しては、まともに答えてくれる学生がいるかどうか、それは疑問です。

勿論、今でも、教育哲学や教育史、保育史というような授業科目を設けている大学等が無いわけではありません。しかしながら、たとえそのような大学等にあっても、それらの授業科目が必修科目として指定されていなければ、それらを受講しようとする学生はさほど多くはいないのではないかと思われます。また、教員や保育士の養成を目指している大学・短期大学等の中には、教育哲学とか教育や保育の歴史に関わる授業科目を設けていないところもあります。

筆者としては、そのような時代の流れが、入学早々の学生ではなしに、教員志望の２年次学生にまで、「ペスタロッチーというのはお菓子の名前ではないですか？」などと言わせるようなことになってしまったのではないかと推察し、それでよいのかと、危惧しているところです。

「最近は教員養成系の大学でも教育哲学や教育史はあまり扱われてはいないようです。後輩たちに聞いてもペスタロッチーやデューイなどの著作に触れたことのない様子がうかがえます。私もこの度停年退職となりましたが、教職生活を支えてくれたのはペスタロッチーをはじめ何人かの教育哲学者のものの見方や考え方でした」との言葉が、最近、停年で退職された小学校の元校長先生からの便りに記されていました。

教育や保育の哲学や思想並びに教育や保育の歴史を学ぶことの意義については、筆者も、「現在の教育や保育の問題を理解し、今後のそれをどうするかという配慮のもとに、過去のそれを研究すること。したがって、教育や保育の哲学や思想ならびに歴史を学ぶことは、一般に過去のために過去のことを学ぶのではなく、教育や保育のこれからの実践のために、それを学ぶことがなされなければならない。そのためには、現在の問題をしっかり把握し、それを根拠にして過去の史実を探らなければならない」とか、あるいは又、「教育や保育の哲学や思想並びに歴史を学ぶ歴史的考察といっても、それは、それらをいわば単に過去のできごととして受動的に受け取ることではない。それらの意味を自ら問い、それを自己の主体的思索の中に生かそうとする態度がその基本にあってはじめて有意義なものになるのである。歴史的な考察は、そのような主体的態度を根底にもった体系的思索を前提にし、それらに基づく主体的・体系的・歴史的考察を行うことによってその内容がいっそう豊かなものとなる。そして両者のいわば循環論的ないし相互補足的な作用を介して、教育や保育についての学習や思索は、よりいっそう拡大し、深化するのである」などと記された教育学関係の文献を読んだことがあります。勿論、教育や保育の哲学や思想並びに教育や保育の歴史を学ぶことについては、「過去における優れた教育実践や英知が普遍的なものであるかどうか、現代においてもそのまま通用するかどうか」ということに対しては、疑問の余地が残されていないわけではありません。しかしながら、それにもかかわらず、筆者としては、教育や保育の哲学や思想並びに教育や保育の歴史を学ぶことは大いに意義のあることと信じているのです。「温故知新」との孔子の訓えにもあるように、「ペスタロッチーの幼児教育思想の構築 －【母親教育のための書】の構想と【直観理論】の萌芽から－」なる本論考もそのような信念のもとに執筆させていただきました。

本論考を著わすにあたり、「論文調」ではなく「話し言葉」で執筆したのは、どちらかと言えば、構えずに、気楽に読んでいただきたいと考えていたからです。

本論考の出版に際しては、福村出版の関係者の方々からの多大なるご配慮とご協力をいただきました。心より感謝致しております。

2014年９月　著　者

目次

○カバー・表紙装画　作・河合規仁氏

I. はじめに

1846 年 1 月 12 日のペスタロッチー（Pestalozzi, J. H., 1746-1827）の生誕百年祭に建立された記念碑には、

ハインリッヒ・ペスタロッチー	HIER RUHT
ここに眠る。	HEINRICH PESTALOZZI
1746年 1 月12日チューリヒに生まれ、	geboren in Zürich am 12. Januar 1746,
1827年 2 月17日ブルックに没す。	gestoben in Brugg den 17. Hornung 1827,
ノイホーフにおいては貧民の救済者、	RETTER DER ARMEN AUF NEUHOF,
『リーンハルトとゲルトルート』においては	PREDIGER DES VOLKS IN LIENHARD
民衆の伝道者、	UND GERTRUD, ZU STANZ VATER DER
シュタンツにおいては孤児の父、	WAISEN. ZU BURGDORF UND MÜNCH-
ブルクドルフとミュンヘンブーフゼー	ENBUCHSEE. GRÜNDER DER NEUEN
においては新しい民衆学校の創設者	VOLKSSCHULE.
イヴェルドンにおいては人類の教育者	IN IFERTEN ERZIEHER DER MENSCH-
人間、キリスト者、市民。	HEIT, MENSCH, CHRIST, BÜRGER.
すべてを人のためにし、自分にはなに	ALLES FÜR ANDERE, FÜR SICH NICHTS !
ものをも！　彼の名に恵みあれ！	SEGEN SEINEM NAMEN !

上記の語句が刻まれているとのことです[1)]。

18 世紀から 19 世紀にかけての革命を経ずしては時代的推移の遂げられないほどの一大変動期に際会し、社会の苦悩を一身に担い、激動の時代をとことん生き抜いた人物の一人であるペスタロッチーには確かに牧師になろうとした時期や愛国者の一員として学生運動に熱中していた時期、農夫になろうとした時期、社会改革の手段としての文筆活動に専念していた時期、教育の実践家・メトーデの究明者になろうとした時期、等々、いろいろな時期がありました。そしてそのような生き方の背後には、常に、人類を救済せんがための、とりわけ、

1）邦訳は、ケーテ・ジルバー著、前原 寿訳『ペスタロッチー － 人間と事業 － 』（岩波書店、1981 年、332 頁）、原文は Käte Silber : Pestalozzi.Der Mensch und sein Werk, Quelle & Meyer, Heiderberg 1957, revidiert von der Autorin für japanische Auflage, 1976. S. 241

社会の最下層の人々を救済せんがための、彼による不屈の努力の歩みがあったのです。したがって、「わたしは教師になろう（Ich will Schulmeister werden）」（P.W.A.XVII,S.174・P.W.A.XXIV,S.465）と叫び、彼が教育の世界に身を投じ、意欲的に、民衆の陶冶とその改善策の研究に本格的に取り組むようになる彼の生涯の後半生の、即ち、シュタンツの孤児院長となった53歳以降の教育の実践家・民衆陶冶（Volksbildung）の方法である「メトーデ（Methode）」の研究者としての彼が著わした作品には、当然のことながら、民衆のため、人類のために、人間の世界を究極において支えているものの究明とその改善策実現の方法の探究を、終世の課題としていた彼の生き方が色濃く反映されていました。『シュタンツ滞在について一友人に宛てたペスタロッチーの書簡』（Pestalozzis Brief an einen Freund über Aufenthalt in Stans, 1799）以降に著わされた彼の作品に民衆陶冶のメトーデに関わるものが多分に見受けられるのも当然です。

後半生の彼は、「民衆陶冶のメトーデ」の構築に誠心誠意、取り組んでいました。そこで、後半生に著わされた彼の作品を手掛かりに、彼の構築しようとしていた「民衆陶冶のメトーデ」の輪郭を描くとすれば、おおよそ、下記のようなものだったのではないかと考えられます。周知のように、「わたしは教師になろう」と叫んでシュタンツに向かって旅立つ前年に著わされた彼の作品『人類の発展に於ける自然の歩みについてのわたしの探求』（Meine Nachforschungen

民衆陶冶のメトーデの輪郭

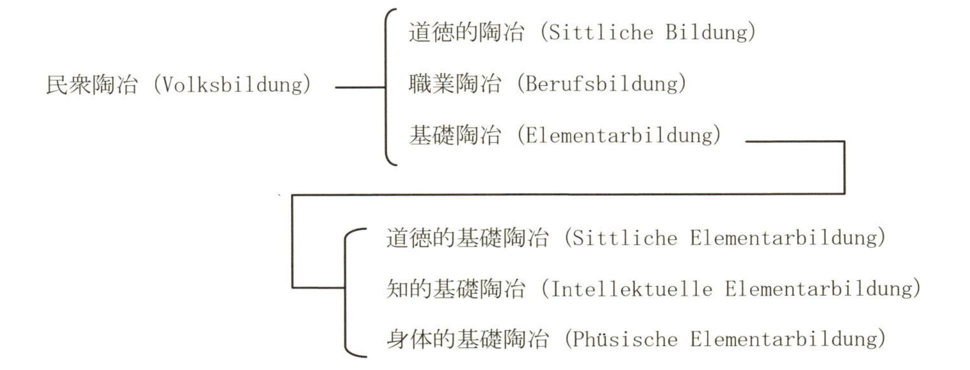

über den Gang der Natur in der Entwicklung des Menschengeschlechts, 1797）には、彼自身の歴史哲学に基づく人間観が記されていたのですが、そこで展開された人間観というのは、おおよそ、以下のようなものでした。

> 人類はその歴史的な発展過程において「自然状態（Naturstand）」（P.W.A.XⅣ,S.452）から「社会的状態（gesellschaftlicher Zustand）」（P.W.A.XⅣ,S.460）へ、「社会的状態（gesellschaftlicher Zustand）」（P.W.A.XⅣ,S.460）から「道徳的状態（sittlicher Zustand）」（P.W.A.XⅣ,S.493）へと進化・発展すると想定することができるように、一個人の生の歩みにおいては、それを、「子ども期（Kinderjahre）」（P.W.A.XⅣ,S.494）、「青年期（Junglingsjahre）」（P.W.A.XⅣ,S.494）、「成人期（Männeralter）」（P.W.A.XⅣ,S.495）という三つの異なる時期によって順次再現し、同時に、生まれたばかりの人間の本性にも、それら三状態における人間の特性が、同時的に異なる本質 －「動物的本質（tierisches Wesen）」（P.W.A.XⅣ,S.451）、「社会的本質（gesellschaftliches Wesen）」（P.W.A.XⅣ,S.451）、「道徳的本質（sittliches Wesen）」（P.W.A.XⅣ,S.451） － として最初から包有されているのである。

そして、そのような人間観が「民衆陶冶のメトーデ」の輪郭にも、採り入れられていたものと思われます。本論考（13頁）の「民衆陶冶のメトーデの輪郭」によっても推察することができるであろうように、例えば、「子ども期の陶冶」としては「基礎陶冶（Elementarbildung）」が、「青年期の陶冶」としては「職業陶冶（Berufsbildung）」が、「成人期の陶冶」としては「道徳的陶冶（Sittliche Bildung）」が位置づけられていて、更に、基礎陶冶に限って言えば、人間の特性としての、「動物的本質」に関わるものとしては「身体的基礎陶冶（Phüsische Elementarbildung）」が、「社会的本質」に関わるものとしては「知的基礎陶冶（Intellektuelle Elementarbildung）」が、「道徳的本質」に関わるものとしては「道徳的基礎陶冶（Sittliche Elementarbildung）」が想定されていたのです。そしてその際に、教育の実践家・メトーデの研究者としての彼が注目し、とりわけ力を注いでいたのが、民衆陶冶の基礎陶冶に関わる部門であったのです。そのようなことから、後半生の、53歳以降逝去するまでの約30年間にわたる時期に著わされた彼の作品には、当然のことながら、例えば、

「至高至善の人々は永遠に且つすべての関係において、彼らが玉座の上に住むと塵埃（Staub）の小屋に住むとにかかわらず、彼らの高貴な心（Edelsinn）と彼らの内的な崇高性との基礎を、彼らの父心・母心（Vater-und Muttersinn）[2)]の真実のなかにのみ認めるであろう。そして人間の教育（Erziehung）において、常に確実で十分であるとして示されるものは、永遠に且つ不変にこの父的な心と母的な心（väterlicher und mütterlicher Sinn）の聖なる本質と関係するだろう」(P.W.A.XXI, S.249 f.)
「わたしたちが民衆の教育（Volksbildung）と国民の教養（Nationalkultur）と貧民の救済（Armenfülfe）とのために立脚せんと努めねばならない唯一の確実な基礎（Boden）は、父心・母心（Vater-und Mutterherz）です。そしてこの父心・母心は、子どもたちの心の内に愛の信仰を燃え立たせるものであり、またこの父心・母心のもつ内なるもの（Inneres）によって子どもたちのすべての身体力と精神力（alle Leibs-und Seelenkrafte）とは愛における従順に、また従順なる活動へと合一されます」(P.G.W. I ,S.366 f .)[3)]
「もしも母親が盲目的な自然衝動に駆られて嬰児（Unmündig）のためにしてやったところのものを成長した子ども（Anwachsend）のためにもなお賢く自由に継続するということが、母の心（Herzen der Mütter）に術（Kunst）の助けによって可能とされるならば、そしてその場合にまた父の心（Herz des Vater）もこの目的のために利用され、Herz des Vater にも Kunst の助けによって、子どもの地位と境遇に、彼が重要な業務を立派に処理することによって生涯を通じて心から自己自身満足し得るようになるために必要なすべての技能を結びつけてやることが可能とされたならば…」(P.W.A.XⅦ,S.311f.)
「母親に欠けているものは彼女の意志ならびに彼女の力の外的な指導である（Was ihr mangelt, ist äußere Leitung ihres Willen und ihrer Kraft)」

---

2)　Vatersinn、Muttersinn を、邦訳されている文献の訳語にならって、ここでは、仮に、「父心」、「母心」と邦訳しておくことにします。
3)　Vaterherz、Mutterherz を、邦訳されている文献の訳語にならって、ここでは、仮に、「父心」、「母心」と邦訳しておくことにします。

(P.S.W.XⅦ,S.347)

「子どもの教授(Unterricht)の最初の時期は誕生の時期であり…、子どもの感覚(Sinne)が自然(Natur)の印象(Eindrücke)を感じるようになるその瞬間、実にその瞬間から自然が彼を教育する(unterrichten)」(P.W.A.XⅦ,S.184)

「直観(Anschauung)とは外部の諸対象が単に感覚の前に立つこと(das bloße Vor-den-Sinnen-Stehen)であり、それらの印象(Eindruck)の意識(Bewußtsein)を単に刺激することに外ならない。直観をもって自然は一切の教授(Unterricht)を始める。乳呑児(Säugling)はそれを受け、母親はそれを与える」(P.W.A.XⅦ,S.311)

「わたしは、わたしの直観とわたしの努力とわたしの目的とが、わたしの意志を決定する事物(Gegenstände)の自然的遠近(physische Nähe oder Ferne)に結びついているという自然法則(Naturgesetz)のある点に再び逢着した。…しかし…自然的機制のこの法則も一つのより高きもののまわりを回転する。それは汝の全存在の中心点を回転する。そしてこれは汝自身であるのだ。自己認識(Selbstkentniß)はこのように全人間教授の本質が出発すべき中心点である」(P.S.W.XⅥ,S.116) usw.

上記のように、基礎陶冶のメトーデ(Methode)の構築にとって不可欠な「母心」(Muttersinn・Mutterherz)や直観(Anschauung)、等々に関わる見解が随所に記されていたのです。しかしながら、それだけではなく、「母心」や「母の書」・「母のための手引き」の構想、「直観をあらゆる認識の絶対の基礎とする直観重視の思想」、等々の萌芽とも見做され得るような言及も、

「神の父心(Vatersinn)、人間の子心(Kindersinn)。君主(Fürst)の父心(Vatersinn)、民(Bürger)の子心(Kindersinn)。すべての浄福の源」(P.W.A.Ⅳ,S.145)

「人間があるところのもの(Was Mensch ist)、彼が必要とするもの、彼を向上させ彼を賤しくするところのもの、彼を強めたり弱めたりするもの、それは民衆の牧者たち(Hirzen)にとっても必要なものであり最も下々の者たちにとっても必要なものである」(P.W.A.Ⅳ,S.145)

「神の忘却(Gottesvergessenheit)、神(Gottheit)に対する人類(Menschheit)

の子としての関係の誤認（Verkenntnis der Kinderverhältnisse）は、全人類における人倫（Sitte）と啓蒙（Erleuchtung）と知恵（Weisheit）の一切の浄福力（Segenskraft）を破壊する源泉である。それ故に、神に対する人類のこの失われた子心（Kindersinn）は世界の最も大きな不幸（Ungrück）である。そこでは神の父としての教育（Vatererziehung）が失わせられるからである。そしてこの失われた子心の回復（Wiederherstellung dieses verlornen Kindersinns ）は地上において失われた神の子を救済することなのである（Erlösung der verlornen Gotteskinder auf Erden）」（P.W.A.Ⅳ, S.163 f.）

「そのように教育（Unterricht）は理解され心（Herz）に響く、しかしそれをするのは母（Mutter）である」（P.W.A.Ⅵ,S.115）

「人間をその境遇（Lage）において幸福にする知識（Wissen）の範囲は狭い。そしてその範囲は近く彼の周囲から、彼の存在（Wesen）から、彼の最も近い関係からはじまり、そこから広がってゆく」（P.W.A.Ⅳ,S.146）

「純粋の真理感覚（Wahrheitssinn）は狭い範囲で形作られる。そして純粋の人間の知識（Menschenweisheit）は、彼の最も近い関係についての確乎とした認識及び彼の最も近い事柄に関する形成された処理能力（Behandlungsfäigkeit）の基礎の上に立っている」（P.W.A.Ⅳ,S.146）

「常に、近き関係によって育成された（ausgebildet）力は、遠い諸関係に対する人間の智慧（Weisheit）と力との源泉だ」（P.W.A.Ⅳ,S.152）

「人間の最初の要求は身体的であり、感覚的であって、この感覚的で身体的な要求の満足は、この世への存在における人間の子どもへの最初の陶冶的印象を与えるところのものである。すなわちこの満足は子どもの教育（Auferziehung）の最初の基礎であり、子どもの諸力と素質との最初の発展は、それに依存する」（P.S.W.Ⅵ,S.284）usw.

上記の語句等によっても明らかなように、実は、前半生に著わされた作品の随所に示されていたのです。とは言え、上記の語句からも汲み取ることができるであろうように、前半生に著わされた彼の作品には、端的に言えば、母心（Muttersinn, Mutterherz)、「母の書（Das Buch der Mütter)」・「母のための手引き（Anleitung für Mütter)」、直観（Anschauung）というような用語の直接的な使用例は殆どみられませんでした。その理由は、『隠者の夕暮』（Die Abendstunde eines Einsiedlers, 1780）に於いても述べられているように、前半生に於いては、彼は、主に、「神に対する人類の失われた子心（Kindersinn）は世界の最も大きな不幸であり」（P.W.A.Ⅳ,S.164）、「この失われた子心の回復（Wiederherstellung dieses verlornen Kindersinn）を図ることが地上に於いて失われた神の子たちを救済すること（Erlösung）になる」（P.W.A.Ⅳ,S.164）と考え、どちらかと言えば、彼の関心は地上に於いて失われていた子心を回復させ、神の子たち・人間の救済を図ることに向けられていたからではないかと思われるのです。

実際、前半生のこの時期に著わされた彼の作品には、総じて、政治、宗教、経済、学校、等々の分野にあって指導的な役割を演ずべき地位にある為政者、聖職者、家庭の父親、学校教師等には父心（Vatersinn）の回復を、また家庭における母親ないしは「女指導者（Führerin）」（P.W.A.XⅦ,S.266）には母心（Muttersinn）の回復を、ひたすら促さんとしていた痕跡を随所に見出すことができるのです。しかしながら、そのような場合に、その時期に著わされた諸作品にあっては、そこでは、母心（Muttersinn）に目覚め、それを現に回復している母親ないし女指導者のあり方は、いずれも、父心（Vatersinn）の回復を昂揚せんがために著わされた作品の中に間接的にしか描かれてはいなかったのです。しかし、「間接的」にしか描かれていなかったとはいえ、その時期に著わされた彼の作品では、「母の書（Das Buch der Mütter）」・「母のための手引き（Anleitung für Mütter）」の構想にも関わりがないとは言えないMuttersinn、Mutterherz重視の見解や後に「認識の絶対の基礎」（P.W.A.XⅦ,S.305）と言われるようになる「直観」に関わる思想の萌芽とも看做されうるようなものが、多々、姿をみせていたのでした。

彼によるVatersinn、Kindersinn、Muttersinn、Vaterherz、Mutterherz重視の見解や直観思想の萌芽とも看做されうるような思想は、実際、その時期に著された作品の至る所に認められ、それらの作品を特色づけていたのです。そして、それらは、また、彼の追求した「揺籃から６・７歳に至るまで」[4]の子

4)　長田 新編集校閲『ペスタロッチー全集（第12巻）』:『ランゲルタールの講演』（平凡社、

どもの陶冶に関わる「基礎陶冶の理念（die Idee der Elementarbildung）」（P.W.A.XI,S.153）にも色濃く反映されていくことにもなりました。

筆者による「ペスタロッチーの幼児教育思想の構築 －【母親教育のための書】の構想と【直観理論】の萌芽から －」なる本論考は、それとの連関で、執筆されることになったのです。その理由は、基礎陶冶理論の構築とその実践のために刊行された「母の書」（Das Buch der Mutter）・「母のための手引き」（Anleitung für Mütter）の内容には、構想の段階では広範囲のものが想定されていたにもかかわらず、実際に刊行された「母の書」・「母のための手引き」におけるそれは、非常に狭い範囲のものに限られていたからです。より具体的に言うならば、「母の書」・「母のための手引き」の刊行を構想する段階では、彼自身、「世の中の最も本質的な諸事物（Gegenstände）、なかんずく、種（Geschleht）や属（Gatung）としての事物の全系列を含むようなものが一般的にそこに言葉として述べられ、母親たちは子どもにそれらの事物の明確な名称を知らせ熟知させる状態（Stand）におかれる」（P.W.A.XⅦ,S.259）ような、そのような内容の書物を念頭においていたもののようであったにもかかわらず、実際に刊行された『母の書、あるいは母がその子に観察したり話したりすることを教えるための手引き、第一部』（Das Buch der Mütter, oder Anleitung für Mütter, ihre Kinder bemerken und reden, Erster Heft, Zürich und Bern, Tübingen 1803）の内容が、もっぱら、子どもをして人間の身体を多くの視点から注目するようにさせるための練習に関する事柄で占められていたことは、構想段階での内容に比し、一見矛盾しているように思えないわけではないのです。そのようなこともあって、筆者としては、刊行された『母の書、あるいは母がその子に観察したり話したりすることを教えるための手引き、第一部』の内容をペスタロッチーが構築しつつあった幼児教育思想のほんの一端を示すところのものとみて、その一端の究明に不可欠な「母心」の何たるか、「母の書」の何たるか、認識の絶対の基礎と想定されている「直観」の何たるか、を究明することによって、本論考の副題として提示した「【母親教育のための書】の構想と【直観理論】の萌芽」に迫り、それによって、主題として掲げた

1959年、476頁）

「ペスタロッチーの幼児教育思想の構築」の把握に少しでも近づくことができたらと、思案し、それを願った次第です。したがって、以下では筆者は、それらの解明に寄与してくれるところが多大であると推察される、基礎陶冶の実践に大きな役割を演じることになるVatersinn、Muttersinn、Kindersinn、Vaterherz、Mutterherz[5]や直観（Anschauung）に注目し、考察の主たる対象を彼におけるVatersinn・Muttersinn思想の展開過程、Vater-und MuttersinnとVater-und Mutterherz、Muttersinnの昂揚、Muttersinnのあり方と「母の書」の構想、直観思想と術の必要性、等々に重きをおいて、論を展開することにします。

5） Vatersinn、Kindersinnを、邦訳されている文献の訳語にならい、ここでは、順次、仮に、「父心」、「子心」と邦訳しておくことにします。そしてまた、Vaterherz、Mutterherzについても、邦訳されている文献の訳語にならい、ここでは、順次、仮に、「父心」、「母心」と邦訳しておくことにします。

Ⅱ.

Vatersinn・Kindersinn思想の展開過程

1 『隠者の夕暮』の国家社会観

『隠者の夕暮』の箴言

「Gotte（神）の Vatersinn（父心）、Menschen（人間）の Kindersinn（子心）。Fürst（君主）の Vatersinn（父心）、Bürger（民）の Kindersinn（子心）。すべての浄福の源」（P,W.A.Ⅳ,S.145）[6] とは、『隠者の夕暮』（1780）冒頭の箴言ですが、それによっても推察されるであろうように、ノイホーフ（Neuhof）の農場で企図され、実施された「貧民施設（die Armenanstalt）」（P.W.A.Ⅱ,S.31）に関わるペスタロッチーの事業が、まさに挫折の悲運に見舞われようとしていた頃に著わされたこの作品には当時の彼を支配していた暗い気持ちとともに Vatersinn（父心）・Kindersinn（子心）思想をめぐっての彼の見解がいとも鮮明に表明されています。したがって、この作品『隠者の夕暮』は、彼に於ける Vatersinn・Kindersinn 思想の究明にとっては不可欠な作品であると見做すことができるかと思われます。そのようなことから、筆者としても、彼における Vatersinn・Kindersinn 思想の吟味・検討を進めるにあたり、当然のことながら、この作品は避けて通ることのできないところのものであると見做し、ここでは、とりわけ同作品冒頭の箴言の意味に注目して、彼の国家社会観との関連で、彼に於ける Vatersinn・Kindersinn 思想の核心に迫ってみることにしました。

それでは、以下では、『隠者の夕暮』冒頭の箴言との関連で、同作品から読み取れる当時における彼の国家社会観の検討から論を展開することにします。

『隠者の夕暮』に窺われる当時の彼の国家社会観は、いわば、敬虔なキリス

6） Vatersinn、Kindersinn を、邦訳されている訳語にならい、ここでは、順次、「父心」、「子心」と邦訳しておくことにします。

ト教徒としての彼の立場に由来するもので、冒頭に掲げられた前述の箴言や同作品に認められる、

「彼の神（Gott）の子である君主（Fürst）は彼の父の子である。彼の父の子である君主は彼の国民（民衆、Volk）の父である。彼の神の子である臣下（下々の者、Untertan）は彼の父の子である。彼の父の子である臣下（Untertan）は彼の君主の子である。君主の地位（Stand）は神の象徴（Bild der Gottheit）でもあれば一国民（Nation）の父である。君主の子である臣下の地位（Stand des Untertan）は君主とともに神の子（Kind Gottes）である。人類（Menschheit）の自然関係のこの織物（Gewebe）はいかに柔らかく、強く、なんと，高雅（fein）であることよ！」（P.W.A.Ⅳ,S.157）

上記の語句によっても推察せられるであろうように、その中に種々の階級に属する身分の者が内包されて混在する当時における既存の国家社会の構造をそのまま肯定するようなものであって、君主、臣下、国民、民衆、婢僕等々の異なる身分の人々も、神の子であるという限りでは、全員、本質的に同じであるが、ただ、神から課された使命の如何によって様々な身分に区別されているのであるとする、今日的な見地からみれば、一見、旧い、宗教と国家とを結びつけることによって既存の国家の構造をそのまま肯定する前近代的な王権神授説的な立場に立脚するところのものであったのです。言うまでもなく、王権神授説というのは、近世初頭のヨーロッパに於いて絶対王制の下で君主の権利を正当化するために生み出されたものであり、端的に言えば、君主の権力は神から直接授かるものであるとする説ですが[7]、『隠者の夕暮』に於いて言及された彼の国家社会観というのは、その文面をみた限りでは、まさに、そのようなものであったのです。したがって、そのような彼の国家社会観の下にあっては、ごく自然に、人間は如何なる身分や環境の下におかれていようとも、それは、神から授けられたものであるが故に、自らの身分や境遇に安んじ、神から課された使命にしたがい、神の子として、君主として、臣下として、国民として、民衆として、同胞として、父親として、息子として、兄弟として、賢明に、実直に、公明に行動すべきである、とするような考えに行き着くことになります（P.W.A.Ⅲ,vgl.S.114）。

7）　市古貞次・金田一晴彦他委員：『国語大辞典』（小学館、1981 年、317 頁参照）

したがって、そこに認められる関係を君主と国民（Volk）との地位のみに限定して考えれば、当然のことながら、それは、「国民を彼の本質の浄福（Segnung）の享受へと高めてやるために」（P.W.A.Ⅳ,S.157）、「下々にある者のより上の地位にある父（der Obere Vater des Untern）が存在している」（P.W.A.Ⅳ,S.157）のであり、他方、「すべての国民（民衆、Volk）が家庭の浄福（Haussegen）を悦楽することにおいて、君主（seiner Herr）のVatersinn（父心）に対する子としての純粋な信頼のうちに（in reinen Kinderzutrauen）安らい、その君主が人類のあらゆる浄福の悦楽へと彼の子どもを養育し（auferziehung）、向上させる（Emporbildung）という父親の義務を果たすことを期待し」（P.W.A.Ⅳ,S.157f.）て、純なる彼らの魂の幸福を、その君主に対する従順という彼らのKindersinn（子心）から発する義務の中にのみ見出さなければならないとする、そのようなものであったのですが、それだけではありませんでした。彼によれば、そのような神と人間、君主と国民との間にみられるかかるVatersinn・Kindersinnの関係は国家社会という大きな仕組みの中にのみ認められるというようなものではなく、家庭の中にも、また一個人としての人間の中にも同様に認められるというのです。わが子に対する父親のVatersinnと父親に対する子どものKindersinnという関係が家庭に浄福をもたらし、個々人にあっては、神や君主や上位の者に対するKindersinnと下位の者に対するVatersinnとが彼に内的浄福の悦楽をもたらすというのです。

しかしながら、実際のところはどうであったのでしょうか。繰り返すことになりますが、『隠者の夕暮』で展開された彼に於ける国家社会観というのは、神や君主や上位の者に対するKindersinnと下位の者に対するVatersinnとが個々人に彼の内的な浄福の悦楽をもたらし、更には、国家社会にあっては、神に対してKindersinnを堅持する君主の国民に対するVatersinnと神及び君主に対して向けられた国民のKindersinnとによって、国中に浄福がもたらされ、行きわたると観る、そのようなものであったのでした。

だがしかし、同作品において展開された彼による国家社会観とは裏腹に、同時期には、他方では、また、早くも、神に対するKindersinnを喪失し、国民に対して向けられるべきVatersinnの在り方を一顧だにしない君主たちや下位の者に向けられるべきVatersinnの在り方を一顧だにしない上位の地位にある人々の出現と、それに起因して生起した、革命を経ずしては時代的推移が遂げられないとする「不穏な動き」*も次第に顕著になりつつなってきていた時期でもあったのです。

＊「不穏な動き」についての筆者の見解については、本論考の「1.『隠者の夕暮』の国家社会観」の最後の箇所（25－39 頁）に、「1780 年代から 90 年代にかけての国家社会観の変遷過程」として付記しておきます。
したがって、そのような時代の動向を想起するならば、『隠者の夕暮』で表明された国家社会観の背後には、もしかしたら、「時代の制約」があり、君主など、為政者たちの在り方や主張を顧慮し、あるいは彼自身の身の安全をはかるために、あのような国家社会観を表明せざるをえなかったのではないかとの推察さえ、できないわけではないのです。

いずれにしても、「時代の制約」ということをも考慮するならば、『隠者の夕暮』に於いて表明されていた彼に於ける Vatersinn・Kindersinn 関係強調の姿勢の背後に、「時代の制約」が果たして、あったのか、なかったのかという、その有無についても吟味する余地が残されているように、思われます。

1780 年代から 90 年代にかけての国家社会観の変遷過程

「不穏な動き」との関連で『隠者の夕暮』当時のペスタロッチーの国家社会観について言及すれば、『隠者の夕暮』が出版された 1780 年代から 90 年代にかけてのペスタロッチーの国家社会観はすこしずつ変容していっていました。そこで、ここでは、この時期におけるペスタロッチーの国家社会観の変容していく過程である「国家社会観の変遷過程」について、若干、説明しておくことにします。

隣国フランスに於いては 1789 年に「フランス革命」が勃発しています。フランス革命によってフランスでは「王権神授説」（本論考、23 頁参照）などによって辛うじて支えられていた封建体制は一掃され、自由・平等を原理とする近代社会の胎動が始まるのですが、この革命によって成立したフランス国民議会は、1792 年に著作活動や勇気ある行為によって自由のために尽くし、人民の解放を推進した人々の一人として、ペスタロッチーをフランスの名誉市民に指名したのです。青天の霹靂とはこのことで、彼自身をも仰天させずにはおかなかったこの事実を一体どのように解したらよいのでしょうか。革命前に著わされた彼の代表作とも言える『リーンハルトとゲルトルート － 民衆のための書 － 第一部、第二部、第三部、第四部』(Lienhard und Gertrud, Ein Buch für das Volk. Erster Teil, Zweiter Teil, Dritter Teil, Vierter Teil, 1781, 1783, 1785 1787) を覗いても、そこには、内面的に覚醒された、人民の長の何たるかをわきまえる三人の指導的な立場に立つ人物 － 領主と牧師と学校教師 － が登場し、社会周辺の浄化と更生とが、主に彼らの上から下へと向けられた慈善と温情とによって、政治的に・宗教的に・教育的に実現され、しかもそれらがリーンハルト一家から近隣へ、近隣からボンナル村全体へ、ボンナル村全体から領主であるアーナーの仕える侯爵領全体へ、更には侯爵領全体から国家全体へというように、「同心円的生活圏の思考図式 (Das Denkschema der konzentlischen Lebenskreise)」[8] にしたがって、中心から次第に周辺へと波及し、浸透していく有様が如実に描かれているというだけで、そこからは、フランス革命で断行された国家構造の変革に相通ずる思想など、殆ど汲み取ることができないのです。

ペスタロッチーにも学生時代がありました。その頃の彼は、チューリヒ市民の目に過激革命主義者として映じていたこともあるほどの人物であったのです。その彼が、煎じ詰めれば、『リーンハルトとゲルトルート － 民衆のための書 － 第一部、第二部、第三部、第四部』(1781, 1783, 1785, 1787) では、君主の地位は神の象徴でもあれば、一国民の父でもあるからという理由で、Vatersinn (父心) を喪失した君主に対してまでも、君主に対する反逆は神に対する Kindersinn (子心) の喪失であり、「世界のもっとも大きな不幸 (das größte Unglück der Welt)」(P.W.A.Ⅳ,S.164) であるなどと解されても仕方がないようなことを言っていたのです。そのようなことから、当時における所謂「社会改革」を志向した彼の姿勢も、今日、「社会改革」なる語句から連想せられるものとは凡そ異なり、専制君主に対しても、ひたすら人間性を要求し、君主に道徳的慈悲を期待して君主に内面的な覚醒を促すことによって、国家社会

---

8) EDUARD SPRANGER : PESTALOZZIS DENKFORMEN, Dritte Auflage, 1966, QUELLE & MEYER・HEIDELBERG, S. 39

の「上から」の改革を企図するというような、まことに、消極的なものになってしまっていたなどと推察することもできるのです。そして、そのような国家社会観に対する彼の姿勢は、『クリストフとエルゼ － わたしの第二の民衆の書 －』(Christoph und Else, 1782) からもみてとることができます。

そのような彼に、果たして名誉市民の指名を受けるに価するほどの功績があったのでしょうか。

この疑問を解明するためには、当然のことながら、1780 年代から 1790 年代にかけての彼の国家社会観の変遷過程に関する吟味・検討が必要となるのです。

①第一段階

1780 年代の初頭に至るまでの彼の典型的な国家社会観といえば、いずれにしても、それは、『隠者の夕暮』(1780) に描出されているそれに尽きるかと思われます。

既に言及したように (本論考、22－25 頁)、そこに窺われた彼の国家社会観はキリスト教徒としての彼の立場に由来するものではないかと推察され得るが如きもので、同作品の冒頭に掲げられた箴言の語句ないしは同作品に認められる次のような語句に、それは凝縮されているように思われます。

> 「彼の神の子である君主は父の子である。父の子である君主は彼の国民 (民衆、Volk) の父である。神の子である臣下 (下々の者、Untertan) は父の子である。父の子である臣下 (Untertan) は君主の子である。君主の地位 (Stand) は神の象徴 (Bild der Gottheit) でもあれば一国民 (Nation) の父である。君主の子である臣下の地位 (Stand des Untertan) は君主とともに神の子 (Kind Gottes) である。人類 (Menschheit) の自然関係のこの織物 (Gewebe) はいかにやわらかく、強く、なんと, 高雅 (fein) であることよ！」(P.W.A.Ⅳ,S.157)

この思考図式はその中に種々の階級に属する身分の者が内包されて混在する既存の国家社会の構造をそのまま肯定するもので、君主、臣下、国民、婢僕等々の異なる身分の人々も神の子であるという限りでは、みな本質的に同じであるが、ただ神から課された使命の如何によって様々な身分に区別せられているという宗教と国家社会の構成員の在り方を結びつけることによって当時における既存の国家社会の構造をそのまま肯定する前近代的な見地に立脚するところのものでした（P.W.A.Ⅲ,vgl.S.114）。それ故に、そのような国家社会観の下では当然のことながら、人間は如何なる身分・境遇に置かれていようとも、それは神の意志であるので、自らの置かれている身分・境遇に安んじ、神から課された使命に従い、賢明に実直に、かつ、公明に行動すべきである（P.W.A.Ⅲ,vgl. S.114）というように想定せられることになります。

ケーテ・ジルバー（Silber, Käte 1902-1979）は、これに関連したペスタロッチーの思考の仕方について次のように解していました。

「人間を取り巻く社会のもっとも広い外的な生活圏は国（Staat）であり、国家（Nation）である。スイス人が君主政体を志向していることは、ここでは奇異に感じられる」

「しかし、そのことには彼の故郷の町の政府に対する批判と、彼自身の国によって理解されなかったという個人的な失望が表明されていたのであろうし、同時に外国の政体の印象と家父長的な政治形態のうちに人間の教育のための理想的な条件を見出すという期待が表明されていた」[9]

「彼はおそらくプロイセンを考慮して、スイス都市共和政体におけるよりも、君主諸邦の政治的な基調を、一層父らしく、高尚でかつ賢明だと考えた。そこから彼は自分の仮構の国に君主国の制度を付与する。それ故に彼は、若い世代の革命理論をではなく、『古きよき時代（“guten alten Zeit”）』の保守的な思想を、すなわち、上からの秩序（von oben her Ortnung）をつくり出す君主の責任を主張するのである。また階層の区分は手をつけられないままになっている。すなわち法律のことがらは上流階層の手に委ねなければならない。地位の高い人々の仕事を分担することは、普通の人間の利益や義務ではない。『すべての人々が国の父となれるわけではない』。ペスタロッチーは、自然的な生活秩序についての理論の政治的な表現形態であるこの見解を、決して放棄したりはしないが、それをフランス革命の進行の中で、また個人的な自由についての彼の理解との関連で、修正する

9） Käte Silber：PESTALOZZI. Der Mensch und sein Werk, Quelle＆Meyer, Heidelberg 1957, revidiert von der Autorin für japnische Auflage, 1976, S. 42 f.

のである」[10)]

当時のスイス連邦は、チューリヒ、ベルン、ルーツェルン、ウーリ、シュヴーツ、ウンテルバルト（ウンターヴァルデン）、グラールス、ツーク、バーゼル、フリブール（フライブルク）、ソルール、シャフハウゼン、アッペンツェルの13の主権をもったカントン（州）とこれらの同盟者、被保護者及び従属地方といった系列から成る未熟な平等主義に基礎をおく、人種、言語、宗教、文明、政治形態をも異にする不等質集団であったのですが、13の主権を有するカントンの一つであるペスタロッチーの生地・チューリヒに目を向けてみると、その時期のチューリヒの情勢は、大凡、以下のようなものであったのです。

「18世紀中葉のチューリヒはドイツ語を話すカントンの第一級の文化の中心地であって、公共の市民生活のうちには、数世紀来の宗教改革時代の伝統と新しい近代精神とが触れあい、新旧時代の対決が始まっていました。そして共和主義の下での、市民一人一人の市民の政治的自治権に由来した都市制度はいまだ旧時代の精神を呼吸していたのでありますが、それも、時代の推移につれ、次第に少数の門閥の手中に移ってきていました。その結果、18世紀には政治的都市貴族が発展し、フランス革命に至る頃までには、既に、主導権を保持していたのです。傲慢な権力意識は市議会をみたし、市議会はツヴィングリ派の教会の代表者たちと強く癒着して、チューリヒ市民の生活様式を幅広く規制していました。自由主義的な動きを抑制するのが公の政策であったのであります」[11)]

②第二段階

『リーンハルトとゲルトルート － 民衆のための書 －』のうち、その第一部は1781年に公にされたものです。「物語（Geschichte）や比喩（Bilder）があらゆる民衆指導（Volkslehre）の唯一の効果ある素材であるに相違ないことに気付き、民衆にとってあくまでも興味ある物語を基礎に据えることによって、後ほど一定の確立した原則を全く単純に民衆に提供しうるような視点を準備す

10)　前掲書，S. 49 f.
11)　ケーテ・ジルバー著，前原 寿訳：『ペスタロッチー － 人間と事業 －』（岩波書店、1981年、1－2頁参照）

ることが可能だ」（P.S.W.Ⅵ,S.247）との結論に達したペスタロッチーが、「退却して勝つ（im zurüktreten gewinnen）」（P.S.W.Ⅵ,S.226f.）ために心機一転転進した著作家としての第一歩をしるしたこの作品に、『隠者の夕暮』に顕著に認められる彼の国家社会観がそのまま踏襲されることになっても、時期的にみて、別に不思議ではないように思われます。しかしながら、はからずもこの物語はあらゆる雑誌、あらゆる年報が賛辞をかかげ、ベルンの経済協会までもが大きな金牌を贈ったほどに異常な関心を巻き起こしたにもかかわらず、その作品では、彼の意図は十分に達することはできなかったのです（P.W.A.XXIV,vgl. S.456 f.）。

『クリストフとエルゼ － 私の第二の民衆の書 － 』（1782）が執筆されるに至るのは、それとの連関に於いてでした。彼はこの作品を、要するに、『リーンハルトとゲルトルート － 民衆のための書 － 』の第一部に於いては読者のものにできなかった教訓をうきぼりにし、発展させるために著わしたのでした。そして、そこでは、ターラー（Thalauw）のしっかりした家長（Hausvater）であるクリストフがその妻エルゼ、その子・フリッツ（Friz）と下男のヨースト（Joost）、下女などと毎晩『リーンハルトとゲルトルート － 民衆のための書 － 第一部』を読み合って、それぞれがこの作品の与えた感銘について、すべてを包み隠すことなく率直に語り合うという形でその物語の筋が展開されていたのです。当然のことながら、そこに認められた彼の国家社会観は依然として『隠者の夕暮』や『リーンハルトとゲルトルート － 民衆のための書 － 』の第一部に窺われるそれと軌を一にするところのものになっていました。ケーテ・ジルバーによれば、

> 「理論的な話し合いのためにここで初めて選ばれた対話形式を、ペスタロッチーはまた後に好んで使用した。語ってる人々はだがしかし、文学的に見え、真実であるにはあまりにも善良過ぎている。この農家はあまりにも理想的なので、その農家は本来的にもはや『リーンハルトとゲルトルート』からはなにも学ぶ必要がないほどである」[12]

12） Käte Silber：PESTALOZZI, Der Mensch und sein Werk, Quelle Heidelberg 1957, revidiert von der Autorin für japanische Auflage, S. 53 f.

などと言われています。そしてそれは、この作品の第26夜（Die Sechsundzwanzigste Abendstunde）と第８夜（Achte Abendstunde）で語られた下記のような内容など、それを瞥見しただけでも、それについては十分に納得せられるのです。

「宗教は人間に仕えるようにと、人間をもっとも愛している（menschenfrendlichst）神の手から君主（Fürst）に王笏（Szepter）を手渡してくれるということは、宗教の最も祝福豊かな作用の一つです。…民衆（Volk）の幸福を促進し、保証することは、もろもろの臣民（Untertan）が神ゆえに君主の心にむすびつくところの宗教の純粋な絆によって達成され、確実にされるのであるが、それよりも精巧な人間の制度（Mennschenanstalt）などはあり得ない」（P.W.A.Ⅶ,S.297）

「もしも秩序と平和と安全とが支配すべきであるなら、領主（Oberkeit）はその土地で大きな権力（Gewalt）と傷つけがたい威信（Ansehen）とを所持しなければならない。たとえ彼らに行き過ぎがあっても、彼らの威信や権力は容易に傷つけられるべきではない。そしてそれは、実際、殆ど、領主ご自身のためであるというより、公共の平和と土地の安全とのためなのである。一般に人が領主の権力や威信を容易に妨げ、傷つけるところでは、どこでもそれは、確固たる持続的な足取りの上に来されえないであろう」（P.W.A.Ⅶ,S.105）

しかしながら、そのような彼の国家社会観も、具体的・現実的なものから思索するという彼の視線が、人間の真に大きな部分を占めている農民に向けられると、『スイス週報』（Ein Schweizerblats, 1782）の第８号（1782年２月21日付）では、

「農民（Bauern）あるいは百姓（Landleute）は一般的な意味では支配者（Herrschaft）や領主への隷属（Dienstbarkeit）を義務付けられた田舎に住むすべての人間であります。それ故に彼らは、人類（Menschenherde）の、本来的に、大きな部分を形成しています。他方、他の階級の人々は、むしろこれらの人々の監督（Hut）や保護（Pflege）に属しているか、あるいは、羊毛を刈ったり、乳をしぼったり、その他いろいろの家畜（Herde）の利用に従事する人々であります。…したがって、農民（Landmann）につい

て考えることは、結局、人類（Menschheit）の大部分について考えることであります」（P.S.W.V.,S.47）

上記のように、彼らについての考察は、「農民について考えることは、結局、人類の大部分について考えること」であるとして、更に、測り知ることのできないほど広汎な、多種多様な問題へと彼を導くことになります。

③第三段階

ペスタロッチーに於ける国家社会観の転換の兆が最初に現れたのは『スイス週報』（Ein Schweizerblatt, 1782）に於いてです。その第９号（1782年２月28日付）にうかがわれる彼の国家観がそれですが、そこでは彼は第８号（1782年２月21日付）で展開された「農民について（Ueber Bauern）」（P.S.W.V,S.47）の考察（本論考31頁、参照）を更に発展させ、農民の「隷属（Dienstbarkeit）」（P.S.W.V,S.57）問題を追究し、それを披瀝していました。

彼によれば、人間は一人では彼の必要を確実に満足させることが困難であり、「無力なものたち（Ohnmächtige）」（P.S.W.V,S.57）が保護されるためには、「強者の階級（Stand der Mächtige）」（P.S.W.V,S.57）がどうしても必要とせられるということから、

「ペスタロッチーは、『夕暮』や『リーンハルトとゲルトルート』から知られる彼の家父長主義にしたがって、『臣事すること』をわたしは使命だというつもりはないが、しかし人間の宿命だと言わざるを得ないと見做している。臣事が保護と安全をともなえば、それは一つの善行である。何故なら人間は、面倒をみてもらう場合には喜んで奉仕するからである。反対に民衆を世話し、保護することは、『支配者や国家の正しい自然的な使命』である。したがって忠実に奉仕することとよく世話することとは、支配する人間と奉仕する人間との相互の自然的な使命である」[13)]

と、ケーテ・ジルバーも指摘しているように、「隷属は、人類（Menschheit）の使命（Bestimung）というつもりはないが、しかし人類の運命（Schicksal）

13） Käte Silber：PESTALOZZI. Der Mensch und sein Werk, Quelle & Meyer, Heiderberg 1957, revidiert von Autorin für japanische Auflage, 1976　vgl. S. 55

である」（P.S.W.V,S.57）と見做されていました。したがって、生物学的法則に支えられている「強者の支配」という考え方が、そこでは、支持されていたわけです[14)]。そのような見地より彼は、人間は自らの希望に導かれて自らを主人（Herr）の下に投げ出すのであり、また、多くの力の優勢（Uebergewicht mehrer Kräfte）と、神慮（Vorsehung）が世の有為転変にゆだねた声望（Einfluß）とが相俟って、これらの主人（Herr）を王座（Thron）につかせるのであるとして、「すべての場所において主権者（Die herrschende Macht）が彼らの王座を飾るのは同一ではないが、いたるところで、優勢な者（Uebergewicht）が主人（Meister）の役を演ずるのであり、そして平衡が失われると、そこに戦争が起こって、ついには一方の側のものがはねあがる」（P.S.W.V,S.57）とまで言及するに至ったのです。いずれにしても、第９号に記された内容を要約すれば、以下のようなものでした。

「人間は、もし世話をして欲しいなら、喜んで隷属するのである」(P.S.W.V,S.58)、「人間は、もし安全であろうと欲すれば、権力者（Macht）に服従しなければならないし、権力者が彼を保護するなら、喜んで権力者の腕に身をゆだねるのである」(P.S.W.V,S.58)。(それ故に)、「隷属は、弱い社会的人間の当然の使命（Naturbestimmung）であるが、支配者・権力者（Herrschaft und Macht）のまったくの当然の使命は民衆（Volk）の世話と保護とである」(P.S.W.V,S.58)、「隷属の地位は安全と安心との地位であるべきであり、支配者の地位は力（Macht）と権力（Gewalt）との地位であるべきである」(P.S.W.V,S.58)、「強者（Mächtige）は人民（Volk）の忠実を必要とし、人民は強者の保護と扶養とを必要とする。そしていたるところで真に強固な国家の安寧（Nationalwohlstand）は、支配者と人民とのこの相互の要求が満たされることに基づいている」(P.S.W.V,S.59)、「この身分（Stand）の区分は人間の本性（Natur des Menschen）に基づいている」(P.S.W.V,S.59) usw.

これらの語句は、われわれに当時の彼が、ただ「強者に対する弱者の隷属、弱者に対する強者の保護」という点にのみ、国家社会の起源を求めていたとい

---

14)　井上 茂著『自然法の機能』(勁草書房、1964 年、25 頁参照)

うことを示唆するものです。そして、ここに把握せられる国家社会観も、彼の思索の深まりとともに、またもや変化を遂げることになっていきます。

④第四段階

ペスタロッチーに於ける国家社会観の、次なる変化の痕跡を、われわれは、『自然と社会の状態についての断片』(Fragment über den Stand der Natur und Gesellschaft, 1783) のうちに辿ることができます。

言うまでもなく、この作品は、彼が『人類の発展に於ける自然の歩みについてのわたしの探求』(Meine Nachforschungen über den Gang der Natur in der Entwicklung des Menschengeschlechts, 1797) において完成する彼の歴史哲学の発展過程について最初に書き留めた覚え書きとしての断片なのであって、そこには、様々な事件や読書を通じて彼の脳裏に描かれた問題が断片的に書き記されているのです。そして、この作品を通じて、われわれは、早くも彼がこの時期に、「自然状態 (der Naturstand)」(P.S.W.Ⅶ,S.233)・「社会的状態 (Der Stand der Gesellschaft・Der Stand der Societet)」(P.S.W.Ⅶ,S.222)・「道徳的状態 (Der moralischer Zustand)」(P.S.W.Ⅶ,S.227) というように、人類の異なる三状態の概念と、それら三状態間の推移と発展についての思考方式を模索していたことを察知し得るだけではなしに[15]、

> 「社会契約においては (in societetischen Vertrag) 留保された自由の権利 (Fryheitsrecht) ではなくして、所有 (Eigenthum) の利益による独立性 (Unabhang [ig] keit = Unabhangigkeit) が問題とされるのである。他人の所有への依存は合法的 (rechtmäß) である。他人の単なる権力 (Gewalt) への依存は合法的ではない。すなわち、そのために社会が成立するところの相互的な利益という本性に基礎づけられないからである」(P.S.W.Ⅶ,S.209)
>
> 「社会は領主 (Herr) と家来 (Knecht) とに起因するのではなくて、大小の所有者 (große und kreine Eigenthümer) から発生する。大所有者はその所有の優越によって領主となった。領主としての彼の権利 (Rechte) は

---

15) 長田 新編集校閲『ペスタロッチー全集(第6巻)』:『自然と社会の状態についての断片』(平凡社、1959年、235頁参照)

最大の所有者の権利よりも本源的であると考えられる。土地（Land）と人々（Leute）とが彼の所有であるが故に、彼（Herr）は絶対主権者（Souvrain）である。主権という権利（Recht Suvrainetet）は所有の純化された権利である」（P.S.W.Ⅶ,S.209）

「最大の所有者（der großte Eigenthümer）が支配し、社会の安全（offentliche Sicherheit）の要求によって君主（Fürst）になる」（P.S.W.Ⅶ,S.210）

等々の語句によって「所有の大小」という観点から、彼が、国家社会の成立を捉えんとしていたことをも看取することができるのです。

従前の作品には見当たらない、この作品になってから初めて姿をみせた斬新な彼の国家社会観は、それだけにはとどまりはしなかったと言うことができます。なぜなら、それまでは信じて疑うことさえ憚ってきたキリスト教的国家社会観に対しても、この作品においては、彼は、下記の語句によっても推察されるであろうように、その是非を問うことを始めていたのです。

「国家（Staat）は権力（Gewalt）によってのみその意志を遂行するのである。国家は如何なる徳も命じたり、如何なる悪徳も懲らしめたりすべきではないのだろうか？　国家は権利（Recht）を保護し、各人の現実的な所有の安定した享受を傷付けずに、維持しなければならない」（P.S.W.Ⅶ,S.213）

「キリスト教（Christenthum）及びあらゆる宗教（Religion）はなんら国家の事がら（Staatsach）でない。それは道徳的知恵（Weisheit）の偉大な前進であるが、その信仰箇条は、現実的な所有の権利に触れないので、統治（Gouvernement）に関係しない。各人は信仰（Glauben）の教義に従わなければならない。道徳的善やあるいは道徳的義務を政治的権利と混同したり、同様に、宗教的な善を政治的に正しいものと混同することは、真実の政治（Staatskunst）の単純な視点を混乱させ、そしてこの混乱は、それが防止しようとしている犯罪（Verbrechen）を植付けることになる。神に奉仕することへの強制や徳のために権力（Gewalt）を強制することは無意味である」（P.S.W.Ⅶ,S.214）usw.

上記のようなペスタロッチーの国家社会観はキリスト教的国家社会観との決別への第一歩であったとも言えるのではないかと思われます。そして、その発展と完成とが、その後に残されることになったのです。

⑤第五段階

『自然と社会の状態についての断片』（1783）に萌芽をみせたペスタロッチーに於けるキリスト教的国家社会観否定の思想や、「所有の大小」に国家社会の起源を求めるそれは、その後に続く、研ぎ澄まされた彼の思索によって、ますます研磨されていったものと思われます。それ故に、実際、われわれは、彼のキリスト教的国家社会観否定の思想が、その後『然りか否か － 上層および下層のヨーロッパの人々の市民感情についての一自由人による意見の表明 － 』（Ja oder Nein? Äußerungen über die bürgerliche Stimmung der europäisch Menschheit in den oberen und untern Ständen von einem freien Mann, 1792-1793）に於いて、

「世界（Welt）はキリスト教的には統治されない。統治そのもの（Regierungen als solch）はキリスト教的ではない。国家（Staat）は国家としてその最も本質的な諸制度（Einrichtungen）に於いて明確にキリスト教に反して行動する。キリスト教的軍隊、キリスト教的戦闘、キリスト教的従軍牧師、キリスト教的財政操作（Finazoperationen）、キリスト教的政治計略（Staatsintrigen）、キリスト教的独裁政治（Kabinettsentraven）、キリスト教的な情婦の宮廷国家（Hofstaat der Mätresse）、キリスト教的な警察刑事（Polizeimouches）、宮廷遊興部門（Departement der Hoflustbarkeit）または家庭娯楽部門（Department der Familienressources）への教会財産のキリスト教的譲渡、キリスト教的スパイ策略（Spionenliste）、キリスト教的な全能要求（Allmachtsansprüche）、偽誓の黙認と弁解とに対するキリスト教的な国家の理由、等々…それは全て、月世界（Mond）の人間のように、ただ迷える人々の空想の中にしか存在しないところのことがらであるが、しかし、現実の世界（Welt）のどこにも存在しない」（P.W.A.Ⅻ,S.30）

と、上記のように、完成に向かうのをみることができるようになります。

⑥第六段階

第四段階で言及した、『自然と社会の状態についての断片』（1783）に姿をみせたキリスト教的国家社会観否定の思想や「所有の大小」に国家社会の起源を

求める国家社会観について言えば、すでにみたように、前者は、『然りか否か － 上層および下層のヨーロッパの人々の市民感情についての一自由人による意見の表明 －』(1792-1793) に於いて完成に向かうのをみることができました。そしてまた、「所有の大小」に国家社会の起源を求める後者の国家社会観の方も、それよりも４・５年後に著わされた、『人類の発展に於ける自然の歩みについてのわたしの探求』(1797) をみる限り、その後、更に、国家社会の成立を社会契約 (gesellschaftlicher Vertrag) によるものとみる国家社会観へと変容していったもののようです。

ペスタロッチーは『人類の発展に於ける自然の歩みについてのわたしの探求』(1797) に於いては、「一人一人の人間は著しく高度の市民的幸福と道徳的高貴化 (sittliche Veredlung) とに向上してゆくのに、なにゆえに人類 (mein Geschlecht) は不法の悲惨と内面的堕落の不幸のうちに滅びてゆくのか」(P.W.A.XⅣ,S.439) という疑問を解明せんとして人間の本性を分析していたのですが、同作品のなかに記された、

> 「国家 (Staat) が社会的な契約 (gesellschaftlicher Vertrag) によってつくられたものではないということが、要するに、たとえ真実であるとしても、それでもなお、人間はそのような契約の精神 (Geist) なしには市民的社会 (bürgerliche Gesellschaft) の中で生き得ないということは正しいのであり、またすべての国家が諸施設をその上に基礎づけているのを誇っているところの法 (Recht) と正義 (Gerechtigkeit) はそのような契約の一般的存在の公認以外のなにものでもなく、そしてそのような契約が為政者 (Verwalter) を契約の本質へ導くのであるということ、このこともあくまでも真実である」(P.W.A.XⅣ,S.389)

上記の語句によっても、それは十分に推察され得るところであろうかと思われるということです。

⑦国家社会観変遷過程の概要

ヘルヴェチア共和国成立 (1798) 以前に於けるペスタロッチーの国家社会観の変遷過程について推察し、概観したところを整理すれば、以下のように要約することができるのではないかと思われます。

1780年以前にあっては、彼の国家社会観は前近代的なそれに立脚しており、君主の地位は神の象徴であるから、臣下は彼に従わねばならないとするキリスト教的な家父長意識に貫かれていたのですが、しかしながら、農民等、下々の人々についての考察が深まるにつれ、その後の国家社会観は、少なくとも1797年の頃までは、はじめは、「強者に対する弱者の隷属、弱者に対する強者の保護」という観点から、次いで、「所有の大小」という見地から国家社会の起源を求め、更に、国家宗教としてのキリスト教を否定して「社会契約」説的な国家社会観へと、質的には大きな変貌を遂げるのですが、そこでも、なおも、君主は国の所有者であるから臣下は従わねばならないとするような立場を捨てきれず、既存の国家社会に内在する階級制度を肯定していました。

したがって、先に触れた『リーンハルトとゲルトルート』に考察の対象を戻して言及すれば、「宗教的態度という点に於いてだけは、小説（Romans）の第三部（1785）と第四部（1787）は、『夕暮』（1780）と著しく異なっている」[16]とシュプランガーは述べているのですが、しかし宗教的態度についてのみならず、この作品の第一部・第二部・第三部・第四部を貫く既存の階級制度を肯定した「上からの改革論」も、実は、完全に同一の国家社会観に由来するものではなかったのです。

『リーンハルトとゲルトルート』において展開された彼の改革論は、確かに表面的には旧態依然のものであったのかもしれないのですが、だがしかし、それは、当時における時代的制約によるものであったと解することができるかと思われます。実際、彼は、フランス革命勃発の10年ほど前の時期から、未来の危機を恐れ、例えば、「いまなお善意と節度とがあるからこそ、人は土地の危機（Landesgefahren）の源泉を堰き止めねばならないのである。その後では遅いのだ（Hernach ist es geschen）」（P.W.A.Ⅲ,S.129）と言って、そのような状態が続いたなら惹起されかねない未来における土地の危機の源泉を堰き止めようとして、活動してきていたのです。したがってそのようなことから、革命直後のフランスに対しても、

16） EDUARD SPRANGER：PESTALOZZIS DENKFORMEN, Dritte Auflage, 1966, QUELLE & MEYER・HEIDELBERG, S. 40

「わたしは次のことを言う。専制主義（Despotismus）から幾百年の間に荒廃させた民衆を、目覚めつつある自由感情（Freiheitsgefühl）の下で所有に対する尊敬と流血の惨事に対する嫌悪をもたせる如何なる手段をも、わたしは、知らない」（P.W.A.Ⅻ,S.68）、「あなたがたの精神（Genius）は、自由と不信との迷いによって、あなたがたの王たち（Könige）が専制主義と迷妄との迷いを通じて犯してきた同じ行動様式（Handlungsweise）へと堕落するのを防がねばならない」（P.W.A.Ⅻ,S.70）、「汝の原則は外国に対しては正しくはない。汝は、汝のために世界が汝と汝のことを争っている瞬間に、民衆に自由を提供している。…汝は汝の考えの進歩とともに人間の本性を変えるようなことはしないであろう。外国において、法的な支配者を過度に現実の過ちとの関係を考えることなしに侵害するために常に迷える大衆の激情を利用するということは常に嫌悪すべきことである。そして、平和で幸福である国土（Land）を外国の影響によって分解する（desorganisieren）というすべての試みは、常に、不自然な行動である」（P.W.A.Ⅻ,S.70f.）

と、訴えてきた彼が、それにもかかわらず、よりによって、1792年8月には、著作を通じたり勇気のある行為を通じて自由のために尽くし民衆の解放を推進した人々の一人として、革命後のフランスの国民議会から名誉市民の称号を贈られているのです。おそらく、それは、前近代的な国家社会観から近代的なそれへの転換を遂げつつあったペスタロッチーその人の、その同じ精神でもって展開されてきた彼の著作活動そのものがフランスの国民議会によって、功績に価するものとして認められたからではないかと、そのように思われてならないのです。

2
Vater・Kinder関係の自覚とVatersinn・Kindersinn思想の展開

周知のように、『隠者の夕暮』が公にされたのは1780年のことですが、1780年というこの時期は、ペスタロッチーにあっては、シュタンツ（Stans）に於ける自覚的な教育活動を境に、彼の努力の対象が、主として、社会改革者的な活動と教育実践家ないしは「メトーデ（Methode）」（P.S.W.XVI,S.101）の探求者としての活動とに二分されるに至る彼の生涯の前半生の、思想的には爛熟期を迎えはじめていた時期のことであったのです。したがって、

「ノイホーフにおける長い歳月の間、ペスタロッチーは近辺の精神的に重要な人々とも活発な意見の交換を行った。近所の城で家庭教師として働いていた若い神学者とは、彼は心理学的、哲学的、政治学的な諸問題を討論し、州知事たちとは彼は貧民の救済や刑事立法について議論した。『貧しい農村青年の教育についてN.E.Tに宛てたペスタロッチー氏の書簡』は、ニーコラウス・エマーヌエル・フォン・チャルナー（N.E.v.Tscharner）の『地方の貧民学校についての書簡』に対する回答であり、また、『アーナー（Arner）の所見（Gutachten）』はダニエル・フォン・フェレンベルク（D.v.Fellenberg）の刺激から出てきている。これらの高官たち（Regierungsbeamten）と交際することによって、ペスタロッチーは賢明な為政者たちの活動を観察し、彼らを彼の民衆の書の領主たちのモデルにした。ペスタロッチーは『ヘルヴェーチア協会』の会員となり、近くのシンツナハで行われた集会を訪ねた。このやり方で、彼はその時代の指導的な社会政策家たちと知り合いになった。チャルナーの執り成しでペスタロッチーの『書簡』が『エフェメリーデン（人類誌）』に載せられた。このことは彼に作家の世界への出入りをもたらした。そして著作活動の開始があっ

た」[17]

と、ケーテ・ジルバーも述べているように、彼自身の内には、その頃までに、それ以前に行った数々の活動を介しての多様な経験が、既に、豊富に蓄積されていたのに相違ないのです。そのようなことから、筆者としては、彼を育んだスイスの時代的特色や男性の影響力に欠けた家庭に於ける特殊事情ないし牧師であった祖父の感化や学校生活、更には、農業経営と息子ヤーコブの誕生に続くノイホーフでの貧民施設の事業やケーテ・ジルバーの上記の指摘、等々にみられるような彼自身の生の歩みが遭遇した諸経験の全てが『隠者の夕暮』における政治色豊かなあのVatersinn・Kindersinn（父心・子心）思想に結集し、集約されていたのではないかと推察し、かつ、それを確信しているのです。しかし、調べてみると、Vatersinn・Kindersinn 思想の原型としてのVater・Kinder（父・子）関係の自覚の思想は、実は、早くも、『隠者の夕暮』執筆の直前に著わされた『ノイホーフの貧民施設に関する論文』（Aufsätze über die Armenanstalt auf dem Neuhof, 1775-1778）に姿をみせていたことが明らかになります。

言うまでもなく、『ノイホーフの貧民施設に関する論文』は、下層階級の子どもにも、彼らにできる種々の労働の収益によって、単純な、しかし農村の生活の必要を満たすに足る教育の費用を十分に支弁することができ、青年期が終わるまでには、必要な前借を返済するようにさせることができるという真理、更には、彼らも、立派なキリスト教徒的心情の持ち主として成長することができるのだという真理を、経験によって十分に明らかにするとともに、ノイホーフに於ける彼の施設の援助を、「人類の友及び保護者（Menschenfreunde und Gönner)」（P.W.A.Ⅱ,S.33）に依頼するために書かれたものであったのです。したがってその作品からは、「人間性（Menschlichkeit）は最も落ちぶれた人間の魂に対しても生じつつあるもので、厳しかった歳月の後に、優しい人間らしい手がさしのべられる折には、惨めにうち棄てられた子どもの目から、感じ易い驚き（gefühlvolles Erstaunen）が発してくるものです」（P.W.A.Ⅱ,S.34）

17） Käte Silber：PESTALOZZI, Der Mensch und sein Werk, Quelle & Meyer, Heidelberg 1957, revidiert von der Autorin für japanische Auflage, 1976, S. 37

と「人類の友及び保護者」に訴えかけながら施設への「人間らしい手をさしのべてくれるよう」依頼する彼の姿勢を十分過ぎるほどみて取とることができるのです。

そしてまた、彼は、この仕事に従事している間に、この施設に於ける生活を通して Vater・Kinder 関係の重要性の認識への芽生えに関わる貴重な経験もし、彼自身をして、

「わたしの理想の実行の可能性は完全に感じさせられた（貧民施設の子どもたちとの間での）父と（子）の関係の基礎の上に築かれねばならない（die Möglichkeit der Ausführung meines Ideals gänzlich auf den Grund des ganz emphfundenen Vaterverhältnisses gebaut werden muß.）。子どもたちにこの関係を感じるようにさせない限りは、将来への期待はすべて無駄であるだろう。けれども（子どもたちとの間での父と子の）相互の関係が実現して衷心からそれが真に感じさせられるようになった暁には、そのような施設において希望と目標とが可能にさせられるであろう」(P. W.A.Ⅱ,S.81f.)

と、言わずにはいられなかったような確信が彼の胸中で次第に強固なものとなっていったのです。そして、『ノイホーフの貧民施設に関する論文』に姿をみせた Vater・Kinder 関係重視のこの思想は、多少、形を変えながら、その後になって著わされた『わが故郷の都市の自由について』(Von der Freiheit meiner Vaterstadt!, 1779) なる作品に受け継がれていくことになります。

『わが故郷の都市の自由について』(1779) は、どちらかと言えば、フランス軍のためにスイスの傭兵を約束した1777年のフランス・スイス同盟その他によって自分たちの故郷の都市の自由が侵され、失われるのではないかという一種の危機感から生み出されたものなので、政治的色彩のかなり濃厚な作品であったのですが、この作品に於いては、彼は、当時、人々が、彼らの故郷の都市の自由が失われるのではないかと危惧し、かなり動揺していたという事実に着目しています。そしてその結果、彼らの考えている自由（Freiheit）とは何を意味するものなのかという疑問に端を発し、やがて、真の自由とは一体如何なるものなのか、また、われわれは、動揺しつつあるこの時代の渦中にあってどのように身を処さねばならないのかという問題にまで論を発展させ、それにつ

いて、詳述していたのです。彼によれば、「自由は、祖国の事柄に（an die Sache des Vaterlands）温かい心で賢明に参与する人々の目立たない Sinn（感覚）であり、また自らの家庭が幸福であるようにと穏やかに、しかし真剣に心を配る人々の精神（Geist）である」（P.W.A.Ⅲ,S.101）と見做されていたので、人々に、自由の享受が可能となるのは、「民衆（Volk）が自由の権利（Freiheitsrechte）の程度に従って教育され、国民の道徳的風習（Nationalsitten）や諸関係（Verhältnisse）によって高められている場合にただただ限られているのである」（P.W.A.Ⅲ,S.100）というように考えられていくことになります。

したがって、そのような観点から彼はまた、彼らの都市の自由の喪失を恐れて動揺している一般の人々に対しても、「自由は、けばけばしい貴族の精神（Geist des prahlender Adels）でもなければ、一面に偏した民衆の暴力（einseitiger Volksgewalt）の反逆的な傲慢（trotzender Stolz）でもない」（P.W.A.Ⅲ,S.100 f.）と手厳しく批判し、更にまた、時代の動揺に対しても、「今日流行している動揺は、人間の一切の感情（Menschengefühl）と市民としての感覚（Bürgersinn）の無力化（Entkräftung）である」（P.W.A.Ⅲ,S.109）と決めつけてもいたのです。そしてそこより、民衆に真の自由を獲得させるための方策についての考察が開始されていくことになるのですが、その際に、彼は、「自由な国の第一の不可欠な必要事は、その風習ならびに法律が啓発的で温かく、しかも、すべてを生き返らせるような自由の感覚（Freiheitssinn）を呼吸し、市民の家庭的な風習的な環境（Umstände）とさらには彼らの内心の状態（Lage）と外面の調子（Ton）とが、憲法の究極目的に合致している」（P.W.A.Ⅲ,S.102）ことにあるというように考えたのです。そして、そのような状態に国家および市民をおくのに必要なものとして、彼は、市民各自に於ける愛国心（Patriotismus）の昂揚を説くことになりました。彼の意味する愛国心とは、「たとえ自らを犠牲にしなければならないような羽目に立ちいたったにしても、自分の祖国（Vaterland）に対する正義のために教育された市民の力（gebildete Kraft des Bürgers）」（P.W.A.Ⅲ,S.101）を意味するところのものであったのです。彼によれば、このような市民の力は、「国民（Nation）の献身的で不動の内面的な父心（Vatersinn）と、暖かくて生き生きとした市民としての心（Bürgersinn）と、穏やかで愛と感謝とでいっぱいの子心（Kindersinn）とに根を下ろしている」（P.W.A.Ⅲ,S.101）というのですが、とりわけ彼は、政権担当者に対してはVatersinnが、一般市民に対してはKindersinnが、特に大切であることを強調していました。政権担当者とその他の一般市民との相互においてVatersinnとKindersinnとの関係を内心深く感じ合うことが可能になれば、その時になって初めて、彼らすべてに真の自由が享受されるようになると、彼は考えていたのです。

ペスタロッチーはこの作品に於いては、真の自由を全ての人々が享受することができるようにするためには、政権担当者と一般市民との相互におけるVatersinnとKindersinnとの関係の正しい把握が大切であるということを強調し、訴えたわけですが、この作品に於いて力説されたVatersinnとKindersinnとの相互の関係を重視する思想は、結果的には、『隠者の夕暮』(1780)に継承されていくことになります。

それでは、『わが故郷の都市の自由について』(1779)に於いて力説されたVatersinn(父心)とKindersinn(子心)との相互の関係を重視する思想は、如何なる過程を辿って『隠者の夕暮』(1780)に継承されていったのでしょうか。それについて考えてみることにします。

以下しばらく考察し、且つ言及する見解は仮定の上に構築された筆者の試論であって、それは、『隠者の夕暮』(1780)の「注解」(Anmerkung)に着目したことに端を発するところのものです。

周知のように、『隠者の夕暮』の注解には「『夕暮』の著者は或る政治上の著作をものする際に、一通の手紙の中でおそらくこの論文のいくつかの箇所に光を与える(die einigen Stellen dieses Licht geben)相似た思想(Idee)を明らかにしている」(P.W.A.Ⅳ,S.163)との語句とともに、

「神を忘れること、神に対する人間の子としての関係を忘却すること(Gottesvergessenheit, Verkenntnis der Kinderverhältnisse der Menschheit gegen die Gottheit)は全人類における道徳と啓蒙と知恵とのすべての浄福力を解消する源泉(Die Quelle, die alle Segenskarft der Sitten, der Erleuchtung und der Weisheit in aller Mennschheit auflöset)である。それ故に神に対する人類のこの失われたKindersinnはそこでは神の父としての教育(Vatererziehung)を不可能にする世界のもっとも大きな不幸であり、この失われたKindersinnを再び回復することは地上で

の神の子（Gotteskinder）の救済である。人類のために苦しみと死とをもって（mit Leiden und Sterben）神に対して一般に失われた子心（Kindersinn）の感情を再び回復させた神人（der Mann Gottes）は世界の救済者である」（P.W.A.Ⅳ,S.163 f.）

上記のような内容やその他の一部が紹介されていたのです。その手紙というのは、その内容からみて、イーゼリン（Iselin,I.,1728-1782）に宛てた1779年6月9日付けの、ペスタロッチーの、彼の生涯のうちで書かれたもっとも重要な書簡の一つでもあったのであって、「ここでは彼は、正義も徳も、すなわち市民的な関係も個人的関係も愛にもとづくことを、『夕暮』そのものにおけるよりも、一層、力をこめて強調していました[18]」。即ち、そこでは、確かに『隠者の夕暮』の一般的な真理が政治的な自由とイエスの教えの功績とに結びつけられて記されていたのです。しかし、それだけではありませんでした。ペスタロッチーが著わし、しかも当時公にすることのできなかった作品である『わが故郷の都市の自由について』（1779）の執筆後、ほどなくして書かれたその書簡には、更に、次のような文言も記されていたのです。

「高潔で尊敬すべききみよ！　あなたのお手紙は、わたしに、自由についての私の意見（meine Rede von der Freiheit）をほとんど徹底的に修正させてしまいました。と言いますのは、わたしが心から愛している主題（Lieblingsgegenstand meines Herzens）について、チューウリヒのために明晰的確に語るためにわたしに可能なすべてのことを、わたしは話すつもりだったのです。わたしは、あなたの詳細なご批評を乞い願って、ほどなく新稿（neue Handschrift）をお送りします」（P.S.B. I ,S.77）

この手紙によると、彼は、「今わたしがまだ一度も人に語ったことのない宗教観（Religionsbegriffe）を、あなたの心に打ち明けましょう。それは政治観と深く結びついていますから」（P.S.B. I ,S.77）という説明を加えながら、彼自身の宗教観に触れ、特に、神に対する人間のKindersinnの必要性を強調し、それを政治に結び付けていたのですが、それは、『隠者の夕暮への草案』

18） Käte Silber：PESTALOZZI. Der Mensch und sein Werk, Quelle & Meyer, Heidelberg 1957, revidiert von der Autorin für japanische Auglage, 1976 S. 44

（Entwurf zu der Abendstunde eines Einsiedlers, 1779）に記された宗教観と殆ど同じ、いや、全く同じであったと言っても過言ではないほどのものであったのです。それ故に、実際、彼をして自らの自由論をほとんど徹底的に修正させるに至らしめたイーゼリンの手紙がどのようなものであったのか、また、修正前の自由論と『わが故郷の都市の自由について』（1779）に窺われる自由論とが本当に同じものであったのか、等に関しては、多分に疑問を残しながらも、ここでの考察においては、とりあえず筆者としては、仮に、『わが故郷の都市の自由について』にみられる自由論を殆ど徹底的に修正したもの、即ち、「わたしは、あなたの詳細なるご批評を乞い願って、ほどなく新稿をお送りします」（P.S.B.I.S.77）と言ってイーゼリンに送ったいわゆる新稿を、『隠者の夕暮への草案』（1779）と同一のものであると想定して、以下のように、論を更に展開してみることにしたのです。

1777年に締結されたスイス13州とフランスとの間の伝統的な同盟の更新は、当時のチューリヒの一般市民の間に非難の声を喚び起こし、スイス諸盟邦間に複雑な混乱を惹起したのですが、その際、ペスタロッチーも、勿論、激昂し、スイス諸盟邦間のこの悲しむべき事実を深く反省した一人でした。そこで彼は、支配階級から被支配階級に至るスイス全般の堕落にその原因があることに気づき、やがてくるべきもっと大きな未来の危機（Gefahren der Zukunft, P.W.A.Ⅲ,S.124）を恐れ、1779年までには、既に論文『わが故郷の都市の自由について』の脱稿をみて、それをイーゼリンのもとへ送付していたものと推察されます。この論文では彼は、その表題が示している通りのことについて論述しているのですが、そこには、政権担当者に対しての子心（Kindersinn）の喪失による悪弊の強調とKindersinnの回復を促す意図が込められていたことから、内容的には、どちらかと言えば、同盟に対する間接的な非難や、その他、政権担当者にとってはまことに不都合な事柄が数多く書き込まれていたというような次第でした。

ところが現実は、ペスタロッチーの主張をそのまま許し、その掲載を認めてくれるほど甘いものではなかったのです。 例えば、「ヘルヴェティアの父たちよ、君たちの息子！ 民の羊飼いたちよ！ 君たちの羊ではないか！（Vater

Helvetiens, eure Söhne！ Hirten des Volks！ Nicht eure Schafe！)」[19] なる語句で始まるシュレーツァーの「最も歴史的・政治的内容の手紙（Briefwechsel meist historisch-politischen Inhalts)」を、チューリヒの神学者、ヨハン・ハインリヒ・ワーゼル（Johann Heinrich Waser）がゲッティンゲンにおいて詩のかたちで出版した際に、フランス軍のためにスイスからの傭兵を約束している1777年のフランス・スイス同盟を非難した罪を問われ、政府当局から死刑の宣告を受け、執行されたという一事によっても明白であるように、政府当局は寡頭政府の統治の批判を許さず断固とした職権でもって、新聞に対してまでも、政治的争点には触れないようにと強く干渉していたのです。

恐らくイーゼリンはそのような状況を十分に認識し、それに対する対処の方法をわきまえていたのに相違ないのです。いずれにしても彼は、『わが故郷の都市の自由について』を公表することによって惹起せられるであろう結果を恐れ、自らの手によって編集される“Ephemeriden der Menschheit”（エフェメリーデン誌・人類史誌・定期刊行物）にそれを掲載するのを憚ったのではないかと思われます。今日、活字になって印刷されて手にとることのできる『わが故郷の都市の自由について』が当時にあっては日の目をみることができなかったという事実が実際にあったのです。しかも、その際に、イーゼリンは、その雑誌に『わが故郷の都市の自由について』を掲載しなかっただけではなしに、更にそれを論評して、その内容に関し、ペスタロッチーに修正を促す手紙を送ったものと思われます。

ペスタロッチーのイーゼリン宛ての手紙には「あなたのお手紙は、わたしに、自由（Freiheit）についてのわたしの意見をほとんど徹底的に修正させてしまいました」（P.S.B. I ,S.77）という文言が見出されるのですが、この事実によっても推察せられるであろうように、イーゼリンの手紙はペスタロッチーにとっては拘束力と言ってもよいほどの大きな力を有するところのものであったのであり、それによって、彼は、自由（Freiheit）という問題に対する彼自身の見解を修正せざるをえなくなってしまいました。「< 一般に > 人が調律もさ

19）ハンス・コーン著、百々巳之助・浦野起央訳：『ナショナリズムと自由 － スイスの場合 － 』（アサヒ社、1962年、35－53頁参照）

れずに＜塵埃にまみれたままで＞、そして人が愛好するような音調（Liebhabereython）では鳴り響かない琴線（Saiten）にわたしは触れている。舞踏者の調子（Tenzerthon）よ、それを嘲りつくせ、震え動く誹謗の声（trillernde Verleumdung）よ、その力を叫び消せ」（P.S.W.Ⅲ,S.257）とは、当時に於けるペスタロッチーの内奥の叫びであったのですが、いくら残念がっても、“Ephemeriden der Menschheit”（エフェメリーデン誌・人類史誌・定期刊行物）に掲載されないのでは仕方がありません。彼は、たとえ不本意であったにしても、『わが故郷の都市の自由について』の内容を殆ど徹底的に修正して『隠者の夕暮』のもとをなすと推察される「新稿」－『隠者の夕暮への草案』（Entwurf zu der Abendstunde eines Einsiedlers, 1779）－を、折り返し、イーゼリンのもとに送り、批評を乞うたものと思われます。

この『草案』では、彼は、『わが故郷の都市の自由について』に窺われるような、1777 年の同盟の更新に対する非難や自由論等には直接触れず、主として、神に対する人間の Kindersinn（子心）が如何に大切なものであるか、そしてまた、それが、君主や支配階級や上位の者にとって如何に欠乏しているか、ということを彼らに訴え、力説していたのですが、そこに記された「偉大なる君侯の力の圧迫（<Fürsten>drang<großer>großer Fürstenkraft）、それは国の光栄（Reichsglanz）のためには幾百万の民衆の純なる魂の幸福を生贄にするのである」（P.S.W.Ⅲ,S.253）という語句からも推察せられるであろうように、その際にもまた彼は、依然として、彼らに対して非難の言葉を浴びせかけずにはいられなかったのです。当然のことながら、イーゼリンはペスタロッチーの求めに応じこの「草案」を論評するということになります。そしてその際に、彼は、おそらく、そこに記されている君主や支配階級や上位の者に向けられたペスタロッチーの批判的な態度には、再度、その修正を求めることになったのではないかと思われます。実際、その後に著わされた『隠者の夕暮』（1800）では、「草案」の中に窺えるような露骨な表現はある程度姿を消していました。この「草案」の中に窺われる神に対する人類の子心（Kindersinn）の有する重要性を強調するためには、どうしても、当時に於ける君主や支配階級や上位の者に対して厳しい非難の叫びを投げかけざるを得なかったところもあるのですが、なんと言ってもイーゼリンは“Ephemeriden der Menschheit”の編輯者でもあれば同志でもあり、『スイス週報 － 第二の冊子 － 』（Des Schweizerblats Zweites Bändchen, 1782）に「ああ、あなたの心情（Herz）はわたしを支配する力をもっていた。そしてわたしはあなたに愛着していたから、たとえあなたが間違っていても抗言することはできなかったでしょう」（P. S.W.Ⅵ,S.227）と記しているほどに、彼が心から信頼していた人物であったのです。そのようなことから、イーゼリンの要請には、結局、彼も、またもや従わざるを得なかったのではないかと思われます。

1780 年にイーゼリンの個人雑誌“Ephemeriden der Menschheit”に掲載された『隠者の夕暮』は、筆者の試論によれば、そのようにして世に出たものと推察されるのです。冒頭に、「神の Vatersinn、人間の Kindersinn。君主の Vatersinn、民の Kindersinn。すべての浄福の源」（P.W.A.Ⅳ,S.145）なる箴言が掲げられていることからも明らかなように、同作品には、Vatersinn・Kindersinn（父心・子心）関係の回復を重視する語句が満ち溢れていたのです。しかしながら同作品（『隠者の夕暮』）では、いずれかと言えば、神に対する人間の Kindersinn（子心）が如何に大切なものであるかということや、そしてまた、君主や支配階級や上位の者にとって神に対する Kindersinn が如何に欠乏しているかということを指摘し問題視していた『隠者の夕暮への草案』（1779）とは異なり、君主や支配階級や上位の者に対するに、神への Kindersinn の回復が如何に重要であるかということには触れず、彼の意図するところは、むしろ、人間の自然関係という観点からみて、彼ら（君主・支配階級・上位の者）には、人民・被支配階級・下位の者に対して自己の力と知恵とを用いるに Vatersinn（父心）をもって臨まねばならないということだけに、重きが置かれていたのです。おもえば、君主・支配階級・上位の者たちに対して、Vaterrsinn の何たるかを教え、彼らに内面的覚醒をうながすことによって、どちらかと言えば、彼らによる社会の「上からの改革」を期待したこの作品に窺えるペスタロッチーの思想は、ややもすれば、依然として、「旧い」とか、「保守的である」とかいう誇りを免れることのできないところのものであったのかも知れないのですが、一般に当時は、進歩的であると見做されていた人々の間ですら、民衆に対する援助は「上から」、「啓蒙された君主から」、「民衆に対する愛情に目覚めた王侯から」、「有能な立法者から」、「慈善心あふれる工場主から」下々の者に対してなされることが期待されていた時代でもあったであろうことを顧慮すれば、それは、当時に於ける時代的制約によるものであったと解することができるかと思えます[20]。

いずれにしても、君主・支配階級・上位の者たちに対するペスタロッチーの心からなる非難は、『わが故郷の都市の自由について』（1779）や『隠者の夕暮への草案』（1779）に比すれば、『隠者の夕暮』（1780）では、それほど露骨・辛辣ではなくなっていました。しかしながら、そうは言っても、前述（本論考46－47頁参照）の、「ヘルヴェティアの父たちよ、君たちの息子！ 民の羊飼いたちよ！ 君たちの羊ではないか！」という語句で始まるシュレーツァーの「最も歴史的・政治的内容の手紙」をゲッティンゲンにおいて詩のかたちで出版したチューリヒの神学者・ヨハン・ハインリヒ・ワーゼルが1777年のフランス・スイス同盟を非難した罪を問われ、政府当局から死刑の宣告を受け、執行されたという事実を想い起こしてみるならば、その直後とも言えるような時期に“Ephemeriden der Menschheit”誌に掲載された『隠者の夕暮』冒頭の、

> 「玉座（Thron）の上にあっても木の葉の屋根の陰（Schatten des Laubdaches）に住まっても、人間は同じである。その本質からみた人間、一体彼は何であるか。何故に賢者はそれをわれわれに語ってくれないのか。何故に気高い人たち（Die erhabenen Geister）は人類（ihr Geschlecht）がなにものであるかを真に認めないのか。牧者（Hirt）も彼の羊の性質を探求するではないか。汝ら人間を使役し、そしてこれを護り、これを牧すと称する者よ、汝らもまた農夫が彼の牡牛に対するような労苦を払っているか。汝らの知恵（Weisheit）は人類についての知識（Kenntnis eures Geschlechtes）であるか。また汝らの親切（Güte）は国民の聡明な牧者の親切（Güte erleuchter Hirten des Volks）であるか」（P.W.A.Ⅳ,S.145）

上記の語句などが、政府当局者たちの目に触れたら、どのような事態が生起することになるのでしょうか。大いに気になるところです。そのようなこともあってか、同作品は1780年の５月に“Ephemeriden der Menschheit”誌上には、匿名で、掲載されていたのです。この作品を公表するにあたり、何故に、

20） 長田 新編集校閲：『ペスタロッチー全集（第２巻）』（平凡社、1959年、９頁参照）

彼は、自らの名前を伏せねばならなかったのか、またその後もある期間隠し続けねばならなかったのかということの理由も、そのあたりにあったのではないかと推察されます。

以上は、『わが故郷の都市の自由について』に於いて力説された父心（Vatersinn）と子心（Kindersinn）との相互の関係を重視する思想が如何なる過程を辿って『隠者の夕暮』に継承されていったのかという疑問に対する筆者の推論です。したがって、『隠者の夕暮』に対しては、

「若いペスタロッチーの世界観は、まだひどく情緒的ではあるが、年老いたペスタロッチーが彼の思索と生活を通して真であることを証明した『白鳥の歌』で表明される世界観と同じものである。『夕暮』は人間の使命についてのペスタロッチーの最初の、しかし基礎的な概念である」[21)]

「しかしペスタロッチーが文体を最も平易にしようと努めていた（als Pestalozzi größte Anschaulichkeit erstrehte）同じ時期に、彼は同じような原理にしたがって、『人間の使命についての綱要』を書きあげた。内容的には『リーンハルトとゲルトルート』に類似し、形式的には文学的な表現可能性の対極をなしていて、民衆小説（Volksroman）と同じように彼の後に書かれる文献にとって基礎的な、他の重要な若い時期の著作、すなわち『私が書くであろうすべてのものの序曲』がある。それが『隠者の夕暮』（1780）である」[22)] usw.

等々のケーテ・ジルバーによる上記の言葉を待つまでもなく、この書は宗教的自覚というものの第一歩をしるした彼の最初の記録であり、彼の教育思想の出発点であると同時にまたその帰着点でもあって、更には、人類の教育史上にあらわれた新教育の在り方を示す貴重な預言書であるなどと、その書かれた内容や彼自身の著わした諸作品中に占める同作品の位置、等々から容易に、それについての、そのような解釈を寄せることも可能です。しかしながら、上述のような筆者による推察を進めてみると、やはり、『隠者の夕暮』というこの作品は、

21）　Käte Silber：PESTALOZZI，Der Mensch und sein Werk，Quelle & Meyer，Heidelberg 1957，revidiert von der Autorin für japanische Auflage，1976，S. 44 f.

22）　前掲書，S. 39 f.

単に、教育の預言書であるとか、宗教的自覚の書であるとか、というようにのみ解するよりも、むしろ、彼が自己の周囲をあわただしく動く世界に敏感に反応しながら著わした社会改革のために著わされた作品であったと解する方が、より妥当な理解の仕方であると思われるのです。

3

Vater・Kinder国家観とBruder国家観

「2．Vater・Kinder関係の自覚とVatersinn・Kindersinn思想の展開」に於いて、筆者としては、『ノイホーフの貧民施設に関する論文』（1775-1778）で初めて姿をみせたVater・Kinder（父・子）関係の自覚の思想が、形を変えて、『わが故郷の都市の自由について』（1779）では父心（Vatersinn）と子心（Kindersinn）との相互の関係を重視する思想となり、更に、『隠者の夕暮への草案』（1779）になると、それは、Kindersinnが如何に大切なものであるかを強調するとともに、Kindersinnの欠乏を指摘する思想となって、ついには、『隠者の夕暮』（1780）に至り、それが、Vatersinn・Kindersinn関係を重視しつつも、いずれかと言えば、Vatersinnをより一層強調し、力説する思想にまでなっていったという、そのような彼自身のVatersinn・Kindersinn思想の変遷過程を辿ったつもりです。そしてそのようにして確立されたVatersinn・Kindersinn関係を重視するペスタロッチーの思想は、前述のように、『隠者の夕暮』に於いては、「君主の地位（Stand des Fürsten）は神の象徴（Bild der Gottheit）でもあれば、一国民の父（Vater einer Nation）でもある」（P.W.A.Ⅳ,S.157）ので、君主に対する反逆は神に対するKindersinnの喪失であって、「神に対して人類（Menschheit）がこのようにKindersinnを失うことは世界の最も大きな不幸（das größte Ungrück der Welt）である」（P.W.A.Ⅳ,S.164）とする前近代的なキリスト教的家父長意識に貫かれた国家社会観となっていきました。そして、その後の彼の国家社会観は、少なくとも1798年頃までは、初めは、「強者に対する弱者の服従、弱者に対する強者の保護」（P.S.W.V,vgl.S.57ff.）という見地に国家社会の起源を求め、次いで、前近代的なキリスト教的家父長意識に貫かれた国家社会観を否定して「所有の大小」（P.S.W.Ⅶ,S.206 ff.）という見地に国家社会の起源を求めるようになっていき、ついには、国家社会の成立を「社会契約」（P.W.A.XⅣ,S.389）説的な見地に求める近代的な国家社会観へと質的に大きな変貌を遂げつつも、なおも既存の階級制度を肯定し、

「社会は君主（Herr）と奴隷（Knecht）とに起因するのではなくて、大小の所有者たちから（aus großen und kleinen Eigenthümern）発生する。大所有者は、その所有の優越によって君主となった。君主としての彼の権利（Recht）は最大の所有者の権利よりもより本源的（original）と考えられる。彼は絶対主権者（Souverän）である。なんとなれば、国土（Land）と国民（Leute）とが彼の所有であるから」（P.S.W.Ⅶ,S.209）

国民は君主に従わねばならないとして、依然として、そこでは、表面的には、Vater・Kinder 関係を承認する国家社会観となって、彼の国家社会観に色濃く影をとどめることになります。そしてそのような Vater・Kinder 関係を強調する彼の国家社会観も、やがて、フランス革命とそれに伴う歴史的な大転換に直面して、彼の思索が一大飛躍を遂げていこうとしていた 1798 年の頃には大きく変化していきました。例えば、『1798 年 2 月に於けるわが祖国に』（An mein Vaterland im Hornung 1798）に認められるペスタロッチーの衷心からの願い、即ち、「田舎の善なる守護神（guter Genius des Landes）よ、…あなたは幾百年もの間、われわれを Väter und Kinder（父と子）として幸せにし、祝福し、結合させてきた！ 今からはわれわれを同じように幸せにし、祝福し、幾百年の間、Bruder（兄弟）として結合させたまえ」（P.S.W.XIV,S.267）という言葉が象徴しているように、今後は、Vater・Kinder（父・子）としての結合から、Bruder（兄弟）としての結合に進むべきだというように、変わっていったのです。言うまでもなく、それは、封建的な縦の人間関係から近代市民社会的な横の人間関係へという歴史の動向を見定めた上での発言であったとみなすことができます。

Ⅲ.

Vater-und Muttersinnと Vater-und Mutterherz

1

Vater-und Kindersinnの回復

ペスタロッチーにあっては「人間（Menschheit）の父である神（Gott）、神（Gottheit）の子である人間（Mensch）」（P.W.A.Ⅳ,S.156）という、神と人間との父・子関係は、信仰の純粋な主題であると見做されていたので、いとも自然に、「神に対する信仰は、人間の本性（Natur）の最も高い関係における人間感情の情調（Stimmung des Menschengefühls）であり、神（Gottheit）の父心（Vatersinn）に対する信頼は人類の子心（Kindersinn）である」（P.W.A.Ⅳ,S.154）[23]、と思惟されるに至ったのです。そしてまた、かかる父・子関係やVatersinn・Kindersinn（父心・子心）の在り方は、神の子として平等な人間同士の間にも認められうるものとされていました。先にみた『隠者の夕暮』（1780）冒頭の「神のVatersinn、人間のKindersinn。君主（Fürst）のVatersinn、民（Bürger）のKindersinn。すべての浄福の源」（P.W.A.Ⅳ,S.145）なる箴言は、まさしくそれを示唆するところのものであったのですが、その後半に記された「君主のVatersinn、民のKindersinn」なる箇所は、同作品執筆の特殊事情に由来するものであるので、この部分を、上に立つ人々のVatersinn、下にある人々のKindersinnと置き換え、国民精神（Nationalgeist）のうちにある上に立つ人々のVatersinnと下にある人々のKindersinnとはすべての純粋な「国民浄福（Nationalsegen）の源泉である」（P.W.A.Ⅳ,S.159）と解すれば、その意味するところはより一層明確に把握せられるのではないかと思われます。神に対する人間の信仰の結果である人間のKindersinn、そしてまた、人間同士の間でのVatersinnとKindersinn、これらはいずれも彼にあっては、「すべての浄福の源泉」と見做され、かつ確信されていたわけです。そしてこの確信に導かれて、常々、「多くの人々にとっては人間性（Menschennatur）の内的感覚（inner Sinn）は夢の戯れであって、この内的感覚の上に築かれた神（Gott）

23） Vatersinn, Kindersinnを、順次、仮に、「父心」、「子心」と邦訳しておくことにします。

と不死（Unsterblichkeit）とに対する信仰は、彼らの芸術（Kunst）の嘲笑の主題となっている」（P.W.A.Ⅳ,S.156）ことを内心深く憂えていた彼は、「神を忘却すること（Gottesvergessenheit）、即ち、神（Gottheit）に対する人類の子としての関係（Kinderverhähaltnisse）を誤認することは、全人類に於ける人倫（Sitte）と啓蒙（Erleuchtung）と知恵（Weisheit）とのすべての浄福力（Segenskraft）を破壊する源泉である。それ故に神に対する人間のかかる失われたKindersinnは世界の最も大きな不幸である」（P.W.A.Ⅳ,S.163 f.）として、地上において失われた神の子たちを救済せんがためには、「この失われたKindersinnの回復（Wiederherstellung des verlornen Kindersinns）」（P.W.A.Ⅳ,S.164）を図ることこそ焦眉の急であると考え、それを自己の努力の主要眼目の一つとしたのでした。したがって80年余の長きにわたる彼の生涯の諸々の試みは、すべてかかる努力のあらわれであったと解しても、あながち、誤りであるとは言い切れないであろうと、思われます。

ところで神に対する「失われたKindersinnの回復」は人間同士の間でのVatersinn・Kindersinn関係の回復を意味するところのものでもあります。したがって「失われたKindersinnの回復」を図るとはいえ、彼にあっては、人間同士の間でのVatersinn・Kinndersinn関係の回復を図るということが、より直接的な眼目となっていたのですが、しかし実際のところは、

「自然のこの純粋な道の上で形成された外面的なり内面的なりの人間の高貴さ（Menschenhöhe）は、低い力と素質とに対する父の地位（Vaterstand）であり、Vatersinnである。高い身分にある人間よ、この目的に向かって汝の諸力を行使せよ！ 人類の未発達のか弱い群れ（Herde）に対する高き力のVatersinn。…弱きを労わること、Vatersinn、父の目的、汝の力の使用における父の犠牲、それが人類の純粋な気高さだ」（P.W.A.Ⅳ,S.162）

「彼はしかしまたこの場合に彼の仕事を下層階級からではなくて、上層階級から始める」（P.W.A.Ⅷ,S.503）usw.

上記の語句によっていみじくも例証されているように、彼は自らの努力を、いずれかと言えば、上に立つ人々のVatersinnの回復に、より多く傾注していたように思われるのです。そして、その痕跡は、実際、彼の生涯の諸活動に歴然と影をとどめています。そしてまた、そのいずれにあっても、そこには次のよ

うな事実が顕在していたのでした。言うまでもなく、それは、例えば『リーンハルトとゲルトルート － 民衆のための書 － 第一部、第二部、第三部、第四部』(1781, 1783, 1785, 1787) に登場したアーナー (Arner) や牧師のエルンスト (Ernst)、更には紡績師のマイヤー (Meyer) や学校教師のグリューフィー (Glüphi)、更にまた、家父のリーンハルト (Lienhard) やその妻のゲルトルート (Gertrut)、等々のような人物 － 政治、宗教、経済、学校、家庭、等の分野にあって、なんらかの意味で、指導的な役割を演ずべき地位にある人物 － が、彼によって上に立つ人々として想定されていたということです。ところで、上に立つ人々の一人としてここに例をみたゲルトルートは、周知のように、7人の子どもをもつ母親でしたが、彼の著わした作品には、それ以外にも、「女指導者」(P.W.A.XXII,S.266) についての描写は、いたるところに姿をみせています。ゲルトルートと同じく、『リーンハルトとゲルトルート － 民衆のための書 － 』に登場した領主夫人や牧師夫人、これらは無論女性であったのですが、また紡績師の妹として登場したマライリー (Mareili) も、やはり女性でした。したがって、彼の努力の対象となった上に立つ人々、即ち、指導的な役割を演ずべき地位にある人々の中には、男・女の別なく、ともにその社会に於ける所謂指導的人物が包含され、想定されていたので、彼の意図した上に立つ人々の Vatersinn (父心) の回復というのは、より具体的・現実的に言えば、それは上に立つ人々の Vatersinn ないしは Muttersinn[24] の回復を図ることを意味するところのものであったと解することができるかと思われます。実際、彼が、Vatersinn なり Muttersinn そのものを、当時いかに重視していたかということは、彼によって語られた「玉座のうえに住むと塵埃 (Staub) の小屋に住むとにかかわらず、至高至善の人間は永遠にかつすべての関係において、彼らの高潔な心 (Edelsinn) と彼らの内的な高尚さ (Höhe) の基礎を彼らの Vater-und Muttersinn の真実の中にのみ認めるだろう」(P.W.S.I,S.249) という言葉によっても、十分に推察されうるところです。

以上、概観したところは、彼に於ける Vatersinn・Kindersinn 思想が、何故

24) Vatersinn、Muttersinn を、邦訳されている文献の訳語にならい、ここでは、順次、「父心」、「母心」と邦訳しておくことにします。

に、Vatersinn や Muttersinn を重視する思想に成り得たかということの理由を審らかにするために Vatersinn・Kindersinn と Vatersinn・Muttersinn との関係を追究したものですが、これによっても推察せられるであろうように、実際、彼にあっては、「神の Vatersinn」・「人間の Kindersinn」という関係の在り方とともに、「上に立つ人々の Vatersinn ないしは Muttersinn」の在り方は、重要なる関心事となっていたのです。それ故に、それが事実であり、明白である以上、彼の思想の全貌を把握しようと欲するならば、われわれもまた、Vatersinn・Muttersinn に関する彼の見解についての理解をより深めねばならなくなるのは、当然であると言えるのではないかと思われます。

2

Vater-und Mutterherzの言及と諸作品

「1．Vater-und Kindersinnの回復」（本論考56－59頁参照）でみたように、ペスタロッチーにあっては、上にたつ人々のVatersinnなりMuttersinnの回復は非常に重要なものと見做されていたので、彼の著わした諸作品の随所にそれに関する彼の見解が繰り返しくり返し姿を見せているのですが、ここでは、後出の「3．邦訳された『父心』・『母心』の語源」（本論考68－72頁参照）に於ける考察の前段階として、筆者は、主に、彼の所謂「父心」・「母心」思想が比較的よくあらわれていると推察される以下に示す①～⑮に至る一連の作品を順次とり上げ、それらに窺われる「父心」・「母心」思想に関わる彼の言葉の若干を指摘し、それによって、彼における「父心」・「母心」思想の一面を、多分に模索的ですが、探っていくことにしたいと思います。したがって、以下に提示されるところのもの（①～⑮）は、それらの作品に於いて語られた「父心」・「母心」思想に関わる彼自らの言葉の一部です。

①『わが故郷の都市の自由について』（1779）に於いては、
「わたしの魂は希望に向かって高まってゆく。…Vaterherz[25]をもって民衆（Volk）の中にKindersinnを形成するであろう人々を、祖国の美徳（Vaterlands-tugend）と最も賢明で自由な憲法の精神とに基づいて、民衆の中にBürgersinnを形成するであろう人々を、汝は見出すだろう」（P.W.A.Ⅲ,S.135f.）
②『隠者の夕暮』（1780）に於いては、
「神のVatersinn、人間のKindersinn。君主のVatersinn、民のKindersinn。すべての浄福の源」（P.W.A.Ⅳ,S.145）
「Vatersinn und Kindersinn，汝の家のこの浄福（Segen）は、人間よ、信仰

25） Vaterherz と Vatersinn は、厳密には、異なっているものと推察されますが、邦訳されている文献の訳語にならい、ここでは、両用語とも、「父心」と邦訳しておきます。

の結果である」（P.W.A.Ⅳ,S.156）
「上に立つ人々の父心（Vaterherz）と父としての心付け（Vatergabe）は、下にある人々の従順をおこさせ且つそれを確かなものにする」（P.W.A.Ⅳ,S.160）
「彼（君主）の権利の冷酷で不遜な行使は、Vaterherz でもなければ、神への信仰の心（Sinn des Glauben an Gott）でもなくて、それは君主とその国の最高の要件（Angelegenheiten）でもなくて、それは君主とその国の最高の要件の破滅であり、君主に対する国民（Nation）の純粋なる Kindersinn の破滅である」（P.W.A.Ⅳ,S.161）usw.
③『リーンハルトとゲルトルート － 民衆のための書 － 第一部』（1781）に於いては、
「決心した一人の女性は実行し、そして Vaterherz をもった一人の領主をみいだす」（P.W.A.Ⅵ,S.14）
④『クリストフとエルゼ － わたしの第二の民衆の書 － 』（1782）に於いては、
「領主さまたちは親のようなものです。子どもたちがすべての領主さまたちがおもちの Vaterherz を自分たちのもとにたぐりよせる場合には、領主さまたちは Herz を子どもたちとともに分かち合えるのです。しばしばどんな外見をもっていようとも、またしばしば恐れながらも、一般に人はこの Vaterherz を信じ、たよるべきです」（P.W.A.Ⅶ,S.116）
「君主や領主に対する関係は家父（Hausvätter）に対する関係に等しいということを、わたしはいくら言っても言いつくすことが出来ません。子どもの反抗心（Kindertrotz）は最上の慈愛にみちた Vaterherz を破壊します。静かに感謝している Kinddersinn であるところの従順は Vaterherz のうちで最も過酷な Vaterherz さえも愛させて、とり抑えてしまうのです」（P.W.A.Ⅶ,S.118）usw.
⑤『立法と嬰児殺し － 真理と夢、探求と象徴 － 』（Über Gesetzgebung und Kindermord. Wahrheiten und Träume, Nachforschungen und Bilder, 1783）に於いては、
「…わたしの立法家（Gesetzgeber）の子どもは父の手や母の腕を最初の教師や恩人として成長し向上すべきである。そしてこの子どもの父と母は、彼ら

に真のVater-und Mutterherzが確かに欠けていないであろうから子どものそばで、彼らがわたしたちの国の大学で３年間父・母の義務（Vater-und Mutterpflichten）の本質と範囲とについて最良の講義を聴いた時以上に、子どもに対してより多く父や母であるようになるだろう」（P.W.A.Ⅷ,S.507）

⑥『ゲルトルートは如何にしてその子を教うるか － 子どもを自らの手で教育しようとする母親への手引書 － 書簡形式による一つの試み － 』（Wie Gertrud ihre Kinder lehrt. Ein Versuch, den Müttern Anleitung zu geben, ihre Kinder selbst zu unterrichten, in Briefen, 1801）に於いては、

「…もしも母親が盲目的な自然衝動に駆られて嬰児（Unmündig）のためにしてやったところのものを成長した子どものためにもなお賢く自由に継続するということが、Herzen der MütterにKunst（術）の助けによって可能とされるならば、そしてその場合にまたHerz des Vatersもこの目的のために利用され、Herz des VatersにもKunstの助けによって、子どもの地位と境遇に、彼が重要な業務を立派に処理することによって生涯を通じて心から自分自身満足し得るようになるために必要なすべての技能を結びつけてやることが可能とされたならば…」（P.W.A.XⅦ, S.311f.）

「わたしがあなたを忘れるとき、…そのときわたしの魂（Seele）にはもはや如何なるVatersinnもなくなり、如何なる神聖なSinnもわたしの従順を聖化せず、そしてわたしの皮相な義務感（Pflichtsinn）は偽りの仮象となる」（P.W.A.XⅦ,S.359）usw.

⑦『メトーデの本質と目的についてパリの友人達に宛てた覚書』（Denkschrift an die Pariser Freunde über Wesen und Zweck der Methode, Dezember, 1802）に於いては、

「人間の基礎教育（Elementarerziehung）は女性の自然の内にあるこの特殊な力の承認から出発し、そしてこの力の中心点を、即ち母の感情（Muttergefühle）を彼女の全領域のうちにある道徳的形成の諸要素として利用し、生かし、そして次にはわれわれの人類の一般的基礎陶冶の全建築をそれらの上に築くことによって始められなくてはならない」（P.S.W.XⅦ,S.349）

⑧『音声と言語とによる人間陶冶に関する聴覚の意義について』（Über

den Sinn des Gehörs, in Hinsicht auf Menschenbildung durch Ton und Sprache, 1803-1804）に於いては、
「人間にとって決して欠くことの出来ない Muttersinn が人間のために為すところのものは、自然がすべての他の Sinn の発達のために為すことと同じく、人類の術（Kunst）がいまなお付け加え得るところのすべてのものよりも無限に多いのである」（P.S.W.XX,S.315）
⑨『貧民教育施設の目的と計画』（Zweck und Plan einer Armenerziehungsanstalt, 1805）に於いては、
「まず第一に児童に愛情と同情とが欠けてはならない。というのはそれらの刺激をとおして家庭生活の内にある骨の折れる仕事に向けられた努力は、Herz des Kindes に主に呼びかけ、それを形成するのであるから」（P.W.A.XX,S.51）
「…Vater-und Muttersinn、貧困による刺激、貧困が与える力は必然的に施設のうちに持ち込まれ、そこに維持されていなければならない」（P.W.A.XX,S.52）usw.
⑩『基礎陶冶の理念に関する見解と経験』（Ansichten und Erfahrungen, die Idee der Elementarbildung betreffend, 1807）に於いては、
「民衆（Volk）に対する väterlicher Sinn と愛、抑圧された人々の苦悩に対する心からの同情（Erbarmen）、不正に対する反抗への勇敢なる活動力は、時代の風習だった」（P.W.S.I,S.231）
「子どもがその心身において成長させなければならないところのものは、すべて内的には子ども自身から出てくるように、外的には父・母の注意深さ（Vater-und Mutter-Sorgheit）から出てくるのであり、無数の接触点によってそれらと連関し、そして本質的にそれらと不可分でそれに依存している」（P.W.S.I,S.244）
「内的な人間性の書物は彼女の子どものためにただ純な父心と母心（Vater-und Muttersinn）にとってのみ眼の前に開かれている」（P.W,S.I,S.247）
「至高至善の人々は永遠に且つすべての関係において、彼らが玉座の上に住むと塵埃（Staub）の小屋に住むとにかかわらず、彼らの高潔な心（Edelsinn）と彼らの内的な崇高性との基礎を、彼らの Vater-und Muttersinn の真実の

なかにのみ認めるであろう。そうして人間の教育（Erziehung）において、常に確実で十分であるとして示されるものは、永遠に且つ不変にこの父親的・母親的な心（väterlicher und mütterlicher Sinn）の聖なる本質と関係するだろう」（P.W.S.I,S.249f.）

「わたしたちの本性の崇高な感情が、母の誠実と父の憂慮（Muttertreue und Vatersorge）によってその手の中に深く基礎づけられているそのような子どもは、既にそれ自体において善良且つ温和である」（P.W.S.I,S.255）usw.

⑪『一連の身体的練習で基礎体育を試みることへの導入としての身体陶冶について』（Über Körperbildung, als Einleitung auf den Versuch einer Elementargymnastik in einer Reihenforge körperlicher Übungen, 1807）に於いては、

「父心・母心（Vater-und Mutterherz）から出発するとき、この訓練は彼の心の力（Kraft seines Herzens）と子どもの愛の力の訓練以外の何ものでもない」（P,W,A,XXI,S.138）

「…子どもは母の感謝を得る。彼の兄弟も同様に彼の父親の手助けをし、父親に感謝されるだろう。子どもの魂（Seele der Kinder）と少女の魂（Seele des Mädchens）と少年の魂（Seele des Knaben）とは、彼らの身体的な力の訓練と道徳的ならびに知的な力の訓練のような神聖な自然的連関によって一層向上するだろう」（P.W.A.XXI,S.139）usw.

⑫『基礎陶冶の理念について － 1809年のレンツブルクにおけるスイス教育友の会でなされた講演 －』（Über die Idee der Elementarbildung, Ein Rede, gehalten vor der Gesellschaft der Schweizerischen Erziehungsfreunde in Lenzburug in Jahre, 1809）に於いては、

「…生活全体というこの見解とこの見解の唯一の純粋な基礎である父的な心（väterlicher Sinn）と子どもらしい心（kinderlicher Sinn）との家庭的の快適さとをわれわれの仲間のうちに助長し…」（P.W.A.XXII,S.287）

⑬『わが時代およびわが祖国の純潔と真面目さと高邁さを有する人々に対する時代の言葉』（An die Unschuld, den Ernst und Edelmut meines Zeitalters und meines Vaterlanandes. Ein Wort der Zeit, 1815）に於いては、

「もし母が自己の生活関係のひろがりの中で子どもに対して人間的に母親らしく振舞い、彼女の義務である憂慮（Muttersorge）と母の誠実（Muttertreue）とをつくすことが出来なければならないならば、そうしなくてはなりません」（P.W.A.XXⅢ,S.39）
「野蛮な居間では放任された子どもは…母の憂慮（Muttersorge）や父の誠実（Vatertreue）や兄弟の愛（Bruderliebe）なしに、神の認識も神の信仰もなしに、イエス・キリストなしに生存し、あるいはむしろ萎縮してしまいます」（P.W.A.XXⅢ,S.41）usw.
⑭『七十三歳生誕日講演、1818年1月12日に行われた私の家（イヴェルドンの学園）での講演』（Rede am dreiundsiebzigsten Geburtstage, Rede an mein Haus, gehalten am 12. Januar 1818）に於いては、
「このように上に述べられた貧民救済のその他の手段のすべてに関して、われわれがもっと詳細に吟味してみると、それらは一般に…神的に与えられた父と母の性向（Vater-und Muttertrieb）、子心（Kindersinn）を神的に高める刺激（Reiz）を…欠いているということを、わたしたちは認めないわけにはゆきません」（P.G.W.I,S.365）
「わたしたちが民衆の教育（Volksbildung）と国民の教養（Nationalkultur）と貧民の救済（Armenhülfe）とのために立脚せんと努めなければならない唯一の確実な基礎は、Vater-und Mutterherz です」（P.G.W.I,S.366）usw.
⑮『白鳥の歌』（Schwanengesang, 1825）に於いては、
「もしも自然の進行が人間の内にある人間的なものの発展に向かって自己を高めるべきであるならば、それは一面に於いては、われわれの本性の父心・母心・兄弟心・姉妹心（Vater-, Mutter-, Bruder-und Schwestersinn）のうちにその萌芽が感覚的（sinnlich）に制限されて、本能的（instinktartig）に宿っている賢明な愛によって援助しなければならないし、他面においては…」（P.W.A.XXⅣ,S.259）
「母の力（Mutterkraft）と母の誠実（Muttertreue）との影響がその乳児に愛と信仰との最初の徴候を合自然的に発展させ、同時に、父の力（Vaterkraft）や兄弟・姉妹の心（Bruder-und Schwestersinn）の浄福多き印象を準備し、確立し、かくして愛の心と父の誠実の心（Sinn der Liebe und des

Vatertrauens）を家庭生活の全範囲に拡張するようにすることが出来るのは、こうした道においてである」（P.W.A.XXⅣ,S.264）usw.

以上は、筆者による検討の直接の対象となった『わが故郷の都市の自由について』（1779）から『白鳥の歌』（1825）に至る一連の作品で言及された、いわゆる「父心」や「母心」にかかわる彼自身の言葉の一端です。言うまでもなく「父心」や「母心」にかかわる彼によって語られた語句は、それらの作品では枚挙に遑がないほどに見受けられるところの「父心」・「母心」思想に関する言及のほんの一部にすぎないのですが、しかしながら、此処に提示された若干の語句からも、「父心」や「母心」の在り方を、あるいはまた「父心」や「母心」そのものを、彼が如何に重視していたかということは、十分に受け止めていただけるのではないかと思っています。

ところで、上記の、筆者による彼によって語られた若干の語句の提示には二つの理由がありました。その一は、後出（「3. 邦訳された『父心』・『母心』の語源」、68－72頁）の考察の前段階として、そこでの考察に、少しでも妥当性を付与しておきたかったということであり、そして、その二は、邦訳されたペスタロッチーの諸作品に窺われるところの、「親心」とか「子心」、あるいは、「父心」とか「母心」等々の用語の原語、即ち彼がそれらの作品で実際に使用していた用語を、それによって明確にしておきたかったということであったのです。

前者については、既に所期の目的が達せられているので、後者についても、触れておくことにします。

さて、その二に関してですが、この点については、結論から先に述べさせていただけば、所謂「親心」とか「子心」、あるいは「父心」とか「母心」等々に関する彼自らの見解を表明する際に、彼は好んで、

Vatersinn, Vaterherz, Herz des Vaters, väterlicher Sinn, Vater-Sorgfalt, Vatersorge, Vatertreue, Vatertrieb, Vaterkraft, Kindersinn, (Bürgersinn, Bruder-und Schwestersinn), Herz des Kindes, kindlicher Sinn, Seele der Kinder, (Seele des Mädchen, Seele des Knaben), Muttersinn, Mutterherz, Herzen der Mütter, mütterlicher Sinn，Muttergefühle，Mutter-Sorgfalt，Muttertreue，Muttersorge，Muttertrieb，Mutterkraft，usw.

上記の用語を使用していたように思われるということです。

この事実は、一体、なにを意味しているのでしょうか。筆者としては、わが国の言葉に訳出された場合に、いわゆる「親心」とか「子心」、あるいはまた、「父心」とか「母心」等々と表現されている用語の原語を、Vatersinn から Mutterkraft に至る上述の、それら一連の用語に求めざるをえなかったのです。実際、彼の著わした作品で、邦訳され、われわれにも容易に入手し得る作品の中には、そのような関係を示しているものが多いということに、気づかされました。

3
邦訳された「父心」・「母心」の語源

「2．Vater-und Mutterherzの言及と諸作品」（本論考60－67頁参照）に於いて、筆者としては、『わが故郷の都市の自由について』（1779）から『白鳥の歌』（1825）に至る一連の作品中のいくつかをとりあげ、それらを吟味・検討し、そこには、いわゆる「親心」とか「子心」、あるいはまた、「父心」とか「母心」などと邦訳されても、殊更、疑義をはさむ余地がないようにも推察される若干のドイツ語の用語が存在することを、明らかにしてきたつもりです。しかしながら、「それらの用語のなかでも就中頻繁に使用されていた用語は…？」ということになれば、それらは、Vatersinn、Muttersinn、Kindersinn、Vaterherz、Mutterherz等々であったのではないかと思われます。それ故に、そのようなことから以下では、主に、それらの用語のみに焦点を合わせ、それら相互の関係を中心に、検討を進めていくことにします。

周知のようにVatersinnなる用語は、それが使用されている語句に占める意味内容からみて、その方がより適切であると見做される場合には、例外的に「親心」と訳出されるというようなこともあり得るわけですが、そのような例外を除けば、Vatersinnなる用語をも含めて一般に、Vatersinn、Muttersinn、Kindersinn、Vaterherz、Mutterherz等々の各々は、それぞれ、順次、わが国の言葉に置き換えれば、いわゆる「父心」、「母心」、「子心」、「父心」、「母心」等々に相当するところのものとして邦訳されることが多いようです。したがって、そのように訳出され得るということが、仮に当を得たものであるとするならば、当然のことながら、VatersinnとVaterherzとは、ともに、同一の訳語「父心」を有することになり、そしてまた、MuttersinnとMutterherzも同様に、同じ訳語「母心」をもつということになるわけです。しかしながら、厳密にみると、それには多分に疑問の余地があるのに気づかされる筈です。

「2．Vater-und Mutterherzの言及と諸作品」に於いて既にみてきたように、ペスタロッチーによって語られた語句、例えば、

「わたしの魂は希望に向かって高まってゆく。…Vaterherz をもって民衆（Volk）の中に Kindersinn を形成するであろう人々を、祖国の美徳（Vaterlandstugend）と最も賢明で自由な憲法の精神とに基づいて、民衆の中に Bürgersinn を形成するであろう人々を、汝は見出すであろう」（P.W.A.Ⅲ,S.135f.）

「彼（君主）の権利の冷酷で不遜な使用は、Vaterherz でもなければ、Sinn des Glaubens an Gott でもなくて、それは君主とその国の最高の要件の破滅であり、君主に対する国民（Nation）の純粋なる Kindersinn の破滅である」（P.W.A.Ⅳ,S.161）

「子どもの反抗心（Kindertrotz）は最上の慈愛に満ちた Vaterherz を破壊します。静かに感謝している Kindersinn である従順は Vaterherz のうちで最も過酷なそれさえも愛させて、とり押さえてしまうのです」（P.W.A.Ⅶ.S.118）usw.

上記の語句では、明らかに彼自身、後綴りがSinnなる複合名詞 － この場合には、KindersinnやBürgersinn － と、後綴りがHerzなるそれ － この場合には、Vaterherz － とを、意識的に区別して使用しているのです。それ故に、かかる事実に留意するならば、われわれにもまた、彼はVatersinnやMuttersinnとVaterherzやMutterherzというような後綴りの異なる２種類の用語を、たとえそれらが「父心」や「母心」なる同一の訳語をもつものとして訳出され得るものであったにせよ、自らは意識的に区別して使用していたのではないかということが、容易に、推察され得るのです。そして、この点に関しては、筆者は一応、次のように考えてみることにしました。

言うまでもなく、Vatersinn や Muttersinn なる用語は、Vater や Mutter なる前綴りと Sinn なる後綴りとから成る複合名詞ですが、後綴りとして使用された Sinn なる名詞には、例えば、彼によって語られた「直観（Anschauung）とは外的な対象が単に感覚の前に立つこと（das bloße Vor-den-Sinn-Stehen）であり、それらの印象の意識を単に刺激することにほかならない」（P.W.A.XⅧ,S.311）という語句にもその例がみられるように、もともと Sinn なる用語には、いわゆる「感覚・意識・自覚」に相当するところの意味が具備されているのです。したがって、Vatersinn や Muttersinn なる用語は、これらを直訳すれば、当然のことながら、「父心」や「母心」ではなしに、「父の感覚・父としての意識・父としての自覚」や「母の感覚・母としての意識・母としての自覚」に相当するものとして訳出され得る筈であり、又、Vatersinn や Muttersinn がそのように訳出され得るとするならば、上に立つ人々（Der Obere Vater des Untern, P. W.A.Ⅳ,S.157）の Vatersinn や Muttersinn は上に立つ人々の「父の感覚・父としての意識・父としての自覚」や「母の感覚・母としての意識・母としての自覚」を意味するところのものと見做すことができます*。

*以下においては、Vatersinn、Muttersinn なる用語を、「父心」、「母心」ではなしに、筆者としては、順次、Vatersinn =「父の感覚・父としての意識・父としての自覚」、Muttersinn =「母の感覚・母としての意識・母としての自覚」と邦訳し、両用語を、本論考では、そのまま使用することがあります。

そしてまた、同様に、Kindersinn なる用語もこれを訳出すれば、言うまでもなく、それは、「子心」ではなしに、「子の感覚・子としての意識・子としての自覚」を意味するところのものと見做されうる筈です*。

*以下においては、Kindersinn なる用語を「子心」ではなしに、筆者としては、Kindersinn =「子としての感覚・子としての意識・子としての自覚」と邦訳し、本論考では、そのまま使用することがあります。

いずれにしても、上に立つ人々の Vatersinn や Muttersinn や Kindersinn の回復というのは、そのようなものとして理解され得るのです。しかしながら、彼にあって最も重視されていたものは、すべての人々にとっての、「失われた Kindersinn の回復」（P.W.A.Ⅳ,S.164）であったので、『基礎陶冶の理念について － 1809 年のレンツブルクにおけるスイス教育友の会でなされた講演 － 』（1809）に於いても、「Vatersinn から出発して Kindersinn に作用する教育の家（Erziehungshaus）は…」（P.W.A.XXⅡ,S.288）と言及されているように、Vatersinn や Muttersinn を回復した上に立つ人々は、下位にある人々の Kindersinn の回復のためにも、また、手立てを講じなければならないというように考えられていました。そしてその際に、Vatersinn や Muttersinn を回復した上に立つ人々の、下位にある人々の Kindersinn を回復させるために採る方法に欠くことができないもの、それが、上に立つ人々の Vaterherz や Mutterherz であると、彼によって想定されていたのではないかと筆者としては推察したのです。Vaterherz や Mutterherz なる用語の後綴りとして使用されている Herz なる名詞は、明らかに、いわゆる「心・心遣い」というように訳出され得るところのものであり、したがって、Vaterherz や Mutterherz なる用語が、仮に「父の心・父としての細心の心遣いに基づいた方法」や「母の心・母としての細心の心遣いに基づいた方法」として訳出され得るとするならば、そのときには、既にみたところの、彼によって語られた「わたしの魂は希望に向かって高まってゆく、…Vaterherz をもって民衆のなかに Kindersinn を形成するであろう人々を、祖国の美徳と最も賢明で自由な憲法の精神とに基づいて、民衆の中に Bürgersinn を形成するであろう人々を、汝は見出すであろう」(P.W.A.Ⅲ,S.135f.) という言葉の意味も、無理なく解することができるのではないかと考えてみることにしたのです。

『基礎陶冶の理念に関する見解と経験』(1807) には、例えば、「子どもがその心身において成長させなければならないものは全て、内的には子ども自身から出てくるように、外的には父と母の細心の心遣い (Vater-und Mutter-Sorgfalt) から出てくるのであり、無数の接触点によってそれらと連関し、そして本質的にそれらに不可分に依存している」(P.W.S.I,S.244) というように、Vater-und Mutter-Sorgfalt (父や母の細心の心遣い) なる用語が使用されているのですが、Vater-und Mutterherz なる用語は、むしろ、これに比較的近似しているところのものであるのではないかと考えることができるのです。

したがって、筆者としては、Vaterherz や Mutterherz なる用語は、順次、「父の心・父としての細心の心遣いに基づいた方法」、「母の心・母としての細心の心遣いに基づいた方法」、というように解するのが当を得た解釈の仕方ではないかと推察しています*。

＊以下においては、Vaterherz、Mutterherz なる用語を、「父心」、「母心」ではなしに、順次、Vaterherz =「父の心・父としての細心の心遣いに基づいた方法」、Mutterherz =「母の心・母としての細心の心遣いに基づいた方法」と邦訳します。

そして、そのように解するなら、「…Vaterherz をもって民衆のなかに

Kindersinn を形成するであろう人々を、祖国の美徳と最も賢明で自由な憲法の精神とに基づいて、民衆の中に Bürgersinn を形成するであろう人々を、汝は見出すであろう」（P.W.A.Ⅲ,S.135f.）という言葉の意味もよく分かります。

Ⅳ.

Muttersinnの昂揚

1

Vatersinnの直接的昂揚

「Ⅲ. Vater-und Muttersinn と Vater-und Mutterherz」（本論考 55－72 頁参照）で概観したように、ペスタロッチーにあっては、「人類の父である神、神の子である人間」（P.W.A.Ⅳ,S.156）という神と人間との父・子の関係は、信仰の純粋な主題であると見做されていたので、いとも自然に、彼は、

「神を忘却すること、即ち、神に対する人類の子としての関係を誤認することは、全人類に於ける人倫と啓蒙と知恵とのすべての浄福力を破壊する源泉である。それ故に神に対する人類のかかる失われた Kindersinn[26] は世界の最も大きな不幸である」（P.W.A.Ⅳ,S.163f.）

上記のようにみて、地上において失われた神の子たちを救済するためには「この失われた Kindersinn の回復（Wiederherstellung dieses verlornen Kindersinn)」（P.W.A.Ⅳ,S.168）を図ることこそ焦眉の急であると考え、それを自らの努力の主要眼目の一つにすることができました。言うまでもなく、この、神に対する「失われた Kindersinn の回復」ということは、人間同士の間での Vatersinn・Kindersinn 関係の回復をも意味するところのものに外ならないのです。したがって、当然のことながら、当時に於ける彼にとっては、人間同士の間での Vatersinn・Kidersinn 関係の回復を可能にするための方策の究明とその実現が努力を傾けるべき直接的な対象となったのですが、その際に、彼は、いずれかと言えば、自らの努力を上に立つ人々の Vatersinn の回復により多く傾注していたのです。しかもそのような場合に、彼にあっては、政治、宗教、経済、学校、家庭、等々の諸分野にあってなんらかの意味で、いわば、指導的な役割を演ずべき地位にある人物が、男女の別なく、所謂、上に立つ人々として想定されていたもののようであったのでした。したがって、彼の意図した上

26）以下においては、Kindersinn なる用語を「子心」ではなしに、「子の感覚・子としての意識・子としての自覚」と邦訳し、理解することにします。

に立つ人々のVatersinnの回復というのは、より具体的、現実的に言うならば、それは、上に立つ人々のVatersinnないしはMuttersinnの回復を図ることを意味するところのものでもありました。実際、彼にあっては、VatersinnなりMuttersinnの回復が、あるいはまた、VatersinnなりMuttersinnそのものが如何に重要視されていたかということは、彼によって語られた「玉座の上に住むと塵埃（Staub）の小屋に住むとにかかわらず、至高至善の人間は永遠に且つすべての関係において、彼らの高潔な心（Edelsinn）と彼らの内的な高尚さ（Höhe）の基礎を彼らのVater-und Muttersinnの真実のなかにのみ認めるだろう」（P.W.S.I,S.249）との言葉からも推察され得るところであって、上に立つ指導的な役割を演ずべき地位にある人々に対するVatersinnやMuttersinnの回復を促す彼自身の切実な願いや、とりわけ、家庭における母親ないし「女指導者（Führerin）」（P.W.A.XXII,S.266）に対するMuuttersinnの回復を促すそれは、彼の著わした諸作品の随所に見出すことができるのです。そのようなことから、ここでは、彼によって記された語句の中から、そのいくつかを、例示しておくことにします。

「もしも彼（君主）が軍事会議（Kriegsrat）や狩猟及び出納局（Jagd-und Rentamate）に於いて人間性を、そしてまた、彼の家の内部において純粋なVatersinnを発揮するならば、彼は彼の囚人の裁判官や監視者を賢明に、真面目に、父らしく（väterlich）陶冶するようになるであろう」（P.W.A.Ⅳ,S.151）

「Vatersinnは支配者たち（Regenten）を陶冶し、－ Bürgersinnは市民（Bürger）を陶冶する。両者が家庭及び国家における秩序をつくりだすのである」（P.W.A.Ⅳ,S.152）

「父なるご領主さま！（Junker Vater!）…父なる牧師殿（Vater Pfarrer）…父なる学校の先生（Vater Schulmeister）…」（P.W.A.X,S.153f.）

「もしも母の心・母としての細心の心遣いに基づいた方法（Herzen der Mütter）にとって助成的な術（Kunst）によって、盲目的な自然衝動（Naturtrieb）に駆られて彼女が嬰児（Unmündig）のために必要としたところのものを、成長した子ども（Anwachsend）のためにも賢明に自由に継続することができたら、もしもまた父の心・父としての細心の心遣いに基づいた方法（Herz des Vaters）がこの目的のために利用され、そしてまた彼にとっても援助してくれるKunstによって、子どもの地位（Lage）と境遇（Verhältnisse）とに、子どもにとって本質的に重要な業務を立派に果たすことによって生涯を通じて心から自己自身満足しうるようになるために必要とするすべての技能（Fertigkeiten）を結びつけることが可能となるなら…」（P.W.A.XⅧ,S.312）

「われわれの学園（Haus）は、その目的に沿うためには、公共の教授の家（ein öffentliches Unterichtshaus）であるよりは、はるかに多く父らしい教育の家（ein väterliches Erziehungshaus）とならなくてはならなかった」（P.W.A.XIX,S.12）

「Vatersinnから出発してKindersinnに作用する教育の家たる学園（Erziehungshaus）は、現実の家庭生活そのものに起こる破壊を軽減し、欠けつつある家庭的なSinnを人間の間にいわば再び新しく創造するために人類が必要とするところの第一の現代的な手段の一つである」（P.W.A.XXⅡ,S.288）

「そのように教育（Unterricht）は理解され、心（Herz）に響く。しかしそれをするのはMutterである」（P.W.A.Ⅵ,S.115）

「人間教育（Menschenerziehung）が必要とする全精神を包括もせず、家庭的関係の全生活の上に建設もされないような学校教育（Schulunterricht）は、わたしのみるところでは、人類を人為的に萎縮させる方法（Verschrumphungsmethode）に導くより仕方がない。あらゆる人間教育は、居間における母の眼が毎日毎時彼女の子どもの精神状態（Seelenzustand）のあらゆる変化を確実に子どもの眼と口と額との上によみとることを要求する。それ（よい人間教育）は本質的に教育者の力が純粋でしかも家庭的関係の全範囲の存在（Dasein）によって一般的に生気づけられた父の力（Vaterkraft）であることを、要求する」（P.W.A.XⅥ,S.98）usw.

いずれにしても、以上のような語句等々からも「上に立つ指導的な役割を演ずべき地位にある為政者、聖職者、学校教師、家庭の父親等々に対するVatersinnの回復や家庭に於ける母親ないし女指導者に対するMuttersinnの回復を促すペスタロッチーの切実な願い」がいかほどのものであったのかを推し量ることができるのではないかと思われるのです。そして、それらについての、一つのまとまりのある作品で、しかも、その典型的な例をみせてくれた最たるものは、それは、『リーンハルトとゲルトルート － 民衆のための書 － 第一部、第二部、第三部、第四部』(1781, 1783, 1785, 1787) でした。

周知のように、『リーンハルトとゲルトルート － 民衆のための書 － 第一部、第二部、第三部、第四部』(1781, 1783, 1785, 1787) に於いては、彼は、彼自身よく知っている当時の村の実情を一つの物語に盛り込んで生き生きと描出しています。彼の究極目的の一つは、勿論、Vatersinn の何たるか、Muttersinn の何たるかを追究し、それに目覚めた人々の行動の例を提示することによって、上に立つ人々の Vatersinn や Muttersinn の回復や、それと合わせて、下にある人々の Kindersinn の回復を図らんとするところにありました。そして、その意図は、おおよそ、次のような荒筋の感動的な物語の中に秘められていたのです。

「ボンナル (Bonnal) 村に貧しい石屋・リーンハルト一家がある。その妻はゲルトルートといい、7人の子どもの母親である。村の代官・フンメルは悪漢で、居酒屋を営み、働く村の人々を自分の妻が関わっている店に誘惑して酒を飲ませ、金を巻き上げる。リーンハルトは正直者ではあるが、気が弱くて、フンメルに唆しつけられて酒を飲まされることがしばしばある。妻のゲルトルートは敬虔な堅い信仰をもち、夫を労わり、子どもたちを立派に躾け、隣人に親切で辛抱強く、正しい道を歩くことに努めている。もちろん、ゲルトルートは心から夫を信じ、夫を敬い、夫を愛しており、また7人の子どもを立派に育てたいと朝夕心に祈っているので、なんとかして夫が居酒屋に出入りするのをやめさせたいと思うが、気の弱い夫は悪代官・フンメルの脅迫と誘惑とからどうしても逃げることが出来ない。そこでゲルトルートは勇を鼓して、ボンナル村の領主・アーナーに事情を訴えてどうにかしてもらおうと決心し、領主の館へ出かけて行った。ゲルトルートは領主に面会が許されるや、借金の返済ができるまで、代官・フンメルが夫のリーンハルトを威嚇し、夫を誘惑しないよう骨をおっていただきたいと、心をこめて訴えた。領主・アーナーは高潔な考えと寛大な心をもっている新しい領主である。やがて彼はリーンハルトには村の教会を建設する仕事を与え、悪代官・フンメルはこれを処罰した。夫としての在り方に目覚めたリーンハルトの一家に、精神的にも物質的にも平安がもたらされたことは言うまでもない。しかしながら、それだけではなかった。リーンハルト一家から発露する浄化作用、醇化作用が、妻・ゲルトルートの精神と活動とにすっかり感激してしまった領主と牧師と学校教師との、主として、これら三人の人物の尽力によって、やがて、ボンナル村全体に波及し、彼らの事業が進展するにつれて、その浄化作用、醇化作用が、これまで悲惨な状態におかれていた村全体から、更に、国全体に波及していった」[27]

『リーンハルトとゲルトルート － 民衆のための書 － 第一部、第二部、第三部、第四部』（1781，1783，1785，1787）は上記のような筋道を辿って展開された村づくり、国づくりの物語であったのですが、ペスタロッチーは、自らの生きていた当時の社会そのものを、極端な言い方をすれば、いわば「国王や摂政が放蕩者や婦女子の先頭に立って、常々自由という永遠の法則をおかし、同胞市民を奴隷状態に突き落とし、そうして彼らの国家の安寧を破壊していた世紀」（P.W.A.I,S.20）であると見做していたので、かかる観点から内心に於いては、「民衆を彼らの本質の浄福の享受へと高めてやるために、人民の長たる父が存在するのである（Emporzubilden das Volk zum Genuß der Segnungen seines Wesens, ist der Obere Vater des Untern）」（P.W.A.Ⅳ,S.157）ということをよくわきまえており、且つまた、実行力をもかねそなえた、支配階級に属する人間が、例外的にもせよ、この世に出現することを痛切に望んでいたのです。だからこそ彼はまた、この物語に、人民の長の何たるかをわきまえた三人の指導的立場に立つ人物 － 領主と牧師と学校教師 － を登場させ、それによって社会周辺の浄化と更生とが、主に、彼らの上から下へと向けられた慈善と温情とによって、政治的に、宗教的ならびに教育的に実現され、しかもそれらがリーンハルト一家から近隣へ、近隣からボンナル村全体へ、ボンナル村全体からアーナーの仕えている侯爵領全体へ、侯爵領全体から国家全体へと、中

27） 長田 新編集校閲『ペスタロッチー全集（第２巻）』（平凡社、1959年、５－６頁参照）

心から次第に周辺へと波及し浸透していく有様を描いてみせたのです。

このように、われわれは、彼の著わした作品の随所に「上に立つ人々」に対する、Vatersinn や Muttersinn の回復をうながさんがための彼の努力の痕跡を見出すことができるのです。

しかも、彼の著わした作品に認められるそのような傾向は、シュタンツ（Stans）に於ける自覚的な教育活動を境に、その前後で、彼の努力の対象が、主として社会改革者的な活動と、教育実践家ないしは「メトーデ」（Methode）の探求者としての活動とに大きく二分されたとみるならば、それは、彼の生涯の前半生に著わされた作品に、概して、顕著にあらわれているというようにみることができるのです。

実際、その頃に著わされた『アギス』（Agis, 1765）、『希望』（Wünsche, 1766）、『ノイホーフに於ける貧民施設に関する論文』（1775-1778）、『わが故郷の都市の自由について』（1779）、『隠者の夕暮』（1780）、『繁栄の基礎を商業に置く小国家では市民の浪費をどの程度制限するのが適当か、という問いに関する論文』（Abhandlung über die Frage：Inwiefern ist es schicklich, dem Aufwande der Bürger in einem kleinen Freistaate, dessen Wohlfahrt auf die Handelschaft gegründet ist, Schranken zu setzen?, 1781）、『リーンハルトとゲルトルート － 民衆のための書 － 第一部』（1781）、『クリストフとエルゼ － わたしの第二の民衆の書 － 』（1782）、『スイス週報』（1782）、『立法と嬰児殺し － 真理と夢、探究と象徴 － 』（Über Gesetzgebung und Kindermord. Wahrheiten und Träume, Nachforschungen und Bilder, 1783）、『リーンハルトとゲルトルート － 民衆のための書 － 第二部』（1783）、『自然と社会の状態についての断片』（1783）、『リーンハルトとゲルトルート － 民衆のための書 － 第三部』（1785）、『人類の発展に於ける道徳的諸概念の生成について』（Über die Entstehung der sittlichen Begriffe in der Entwicklung der Menschheit, 1786-1787）、『リーンハルトとゲルトルート － 民衆のための書 － 第四部』（1787）、『然りか否か － 上層および下層のヨーロッパの人々の市民感情についての一自由人による意見の表明 － 』（1792-1793）、『わたしの ABC 本のための、あるいはわたしの思想の初歩的原理のための譬え話』（Figuren zu meinem ABC〃Buchen oder zu den Anfangsgründen meines Denkens, Fabeln, 1797 und 1823）、『馬鈴薯栽培への呼びかけ』（Aufruf zum Kartoffelbau, 1794）、『シュテーフナー運動の犠牲者のための代弁 － チューリッヒ政権へ － 、1795年初め』（Fürsprache für die Opfer der Stäfner Bewegung, An die züricherische Regierung. Anfang 1795）、『チューリヒ湖畔の自由の友へ』（An die Freunde der Freiheit am Zürichsee und der Enden, 1795）、『人類の発展に於ける自然の歩みについてのわたしの探求』（Meine Nachforschungen über den Gang der Natur in der Entwicklung des Menschengeschlechts, 1797）、『家のための祈り』（Oratio pro deomo, 1797）、『千七百九十八年九月十日月曜日 朝』（Montag, den 10. Herbstmonat, 1798, am Morgen）、『牧師ザムエルのもとでの七日間』（Sieben Tage bei Pfarrer Samel, 1799-1800）、等々の作品のいずれにも、われわれは、そこに脈打つそのような彼の精神のあることを、容易に感知することができるのです。

その理由の因ってくるところは、おそらく、当時における彼の関心が主に人間における外的環境の改善におかれていたということにあったからではないかと思われます。勿論、その時期に著わされたその他の諸作品にもMuttersinnの回復を昂揚せんとする彼の意図に関わる文言が全くみられなかったというわけのものではありませんでした。そして、その時期における彼の関心が人間における外的環境の改善にあったということであるならば、当然のことながら、家庭における母親や所謂「女指導者」たちの在り方が問われない筈はないのです。したがって、それは、先にも言及したように、「いずれかといえば」ということで、あくまでも程度の差の問題であったのです。事実、当時著わされた諸作品の中にも、Muttersinnの回復を説かんとしている彼の姿勢は、よくあらわれていました。ただそのあらわれ方が、Vatersinnの回復を促さんとする際のそれとは、多少、趣きを異にしていたというだけのことであったのです。

つまり、その時期に著わされた諸作品にあって、もしも、仮に、Vatersinnの回復を説かんとする際の彼の意図の表出が、「より直接的であった」というように表現しうるとするならば、上記の諸作品群に於いてMuttersinnの回復に関して言及する際の彼のそれには、どちらかと言えば、「間接的な傾向」が認められたように思われるのです。

2

Muttersinnの間接的昂揚

「1．Vatersinn の直接的昂揚」の最後の箇所(本論考 80 頁参照)で、筆者は、もしも、仮に、Vatersinn の回復を説かんとする際の彼の意図の表出が「より直接的であった」というように表現しうるとするならば、Muttersinn の回復に関して言及する際の彼の意図の表出には、どちらかと言えば、「間接的な傾向」が認められるように思われると述べておいたのですが、そのような言及によって、筆者としては、実は、Muttersinn を喪失している母親や「女指導者」たちにその回復を促さんとする彼の意図を表出するというよりは、そこでは、Vatersinn の回復を訴えるために著わされた作品の中に、既に Muttersinn の喪失から目覚め、Muttersinn を回復している家庭における母親や「女指導者」たちの在り方が「間接的」に描かれていたということを言わんとしたのです。そして、そのような場面は、実際、『アギス』(1765)、『ノイホーフに於ける貧民施設に関する論文』(1775-1778)、『わが故郷の都市の自由について』(1779)、『リーンハルトとゲルトルート － 民衆のための書 － 第一部、第二部、第三部、第四部』(1781, 1783, 1785, 1787)、『スイス週報』(1782)、『クリストフとエルゼ － わたしの第二の民衆の書 － 』(1782)、『牧師ザムエルのもとでの七日間』(1800)、その他の作品に、多々、見受けられました。それゆえに、以下では上記の、『アギス』から『牧師ザムエルのもとでの七日間』に至る作品を順次とり上げ、Muttersinn を回復したところの女性であるとして、どのような人物がそれらの作品で描かれていたのかということについても、触れておくことにします。

比較的若いころの作品である『アギス』は、「道義 (Sitte) の質朴さが失われていた時代」(P.W.A.I,S.12)に、自ら、「リュクルゴス(Lykurgs)の実例(Beispiel)にしたがい」(P.W.A.I.S.28)、あらゆる誘惑に抵抗し、単純な生活を味わい、世の人々をして彼の行為に倣わせ、それによって「国家をリュクルゴスが死後に残した、まさにその状態に再び返らせようとした」(P.W.A.I,S.28) アギスの崇高な企てが挫折し、ついには、彼自身もその犠牲となって殺害されたという、スパルタの国王・アギスに関する作品です。そして、この作品においては、「市民たち（Bürger）の不平等の中に堕落した国家の源泉をみた」（P.W.A.I,S.17）アギスの、

「すべての市民を軽蔑の目をもって見下ろすのが常であったスパルタの王妃たちも、すべての市民を国王と同等のもの、すべての女の市民を自己と同等のものとみなすべしとする法則（Gesetz）を是認すべきである。－スパルタの富を所有していたことにその名誉心（Ehrgeiz）がくすぐられていた王妃たちは、彼女らの黄金を国家のもとに投げ与え、ながい間の享楽（Genuß）が彼女たちにとって必要とさせたところの過剰の財宝を自発的に除去すべきである」（P.W.A.I.S.19）

上記のような見解を自発的に受け入れた彼の母と祖母との姿をかいまみることができるのですが、「２．Vater・Kinder 関係の自覚と Vatersinn・Kindersinn 思想の展開」（40－52頁）においても触れたように、彼における Vatersinn・Muttersinn 思想の原型としての Vater・Kinder 関係の自覚の思想が、実際、具体的に、はじめて彼の著わした作品の中に姿をみせるようになるのは、この作品『アギス』（1765）よりも後に執筆された『ノイホーフの貧民施設に関する論文』（1775-1778）であったことを考慮するならば － 厳密に言えば、『アギス』に登場した彼の母と祖母は Muttersinn を回復した女性であるとはみなし難いのです。しかしながら、その実質的な精神からみれば、それら二人の女性も、一応は、Muttersinn を回復した女性たちであると言えるのではないかと思われるので、ここでは、両者をあげておくことにします。

『ノイホーフの貧民施設に関する論文』は、ノイホーフに於ける彼の貧民施設への援助を「人類の友及び保護者（Menschenfreunde und Gönner）」（P.W.A.Ⅱ,S.33）に依頼するために著わされたものです。

その施設は、もともと、「比較的小さい子どもたちでさえ、都合の良い環境のもとでのわずかな労働で、彼らの生計をかなり早いうちから自分でまかなえるようになることを、既に長い間確信してきた」（P.W.A.Ⅱ,S.33）ペスタロッチーの信念ならびに宿願*に基づいて設置されたものであったので、そこでは、下層階級の子どもにも、彼らに可能な種々の労働の収益によって、単純な、し

かし農村の生活を満たすに足る教育の費用を十分に支弁することができ、青年期が終わるまでには必要な前借を返済するようにさせることができるという真理、更には、彼らも立派なキリスト教的心情の持ち主として成長することができるという真理を、経験によって十分に明らかにすることが、主たる目的の一つとなっていたのです。

＊「貧民（Der Aarme）は、彼が自ら必要とするものの収入のために養育されていないがために大部分は貧しいのである。一般に人は、ここでその源泉をせきとめるべきだ。貧民の養育（Auferziehung）における究極目的は人間の一般的な養育とひとしく彼らの境遇（Zustand）のうちに求めるべきである。貧民は貧困に耐えられるように養育されねばならない（Der Arme muß zur Armut auferzogen werden）」（P.W.A.Ⅱ,S.40）
「これらの人々をわたしは救いたい。彼らに有益で活動的な生活（Leben）をおくれるようにするための教育（Erziehung）を得させたい」（P.W.A.Ⅱ,S.35）…という宿願。

そのようなことから、この施設には、施設運営の必要上、「一人の織物教師（Webermeister）と二人の熟練織工（gelernte Weber）」（P.W.A.Ⅱ,S.92）と「一人の糸紡女教師（Spinnermeisterin）と二人の習熟した糸紡工（Spinner）」（P.W.A.Ⅱ,S.92）、「糸巻きのかたわら読み書きの初歩のめんどうをみる人」（P.W.A.Ⅱ,S.92）、「殆どもっぱら農事にあたってもらっている二人の従僕と二人の下女」（P.W.A.Ⅱ,S.92）や彼によって、「この施設の運営のためにわたしはシュトラスブルク出身の卓越した才能と驚くべき活動力の持ち主である若いマデロン・シュピンドラー（junge Madlong Spindler）さんから子どもたちに対する多大な援助をうけている」（P.W.A.Ⅱ,S.92）と言及されていた人物、等々の中に女性が雇用され、あるいは関係していたのです。そして、その最後にその名前があげられていたマデロン・シュピンドラーなる女性の在り方が、Muttersinnを回復した「女指導者」のそれであったと言えるのではないかと思われます。

『わが故郷の都市の自由について』（1779）は、彼の故郷の都市の自由が侵され、失われるのではないかという一種の危機感から生み出されたものであるので、政治的色彩のかなり濃厚な作品であったのです。したがって、この作品に於いては、

「われわれの時代のこの流行の動揺は、一切の人間の感情（Menschengefühl）

と一切のBürgersinnとの無力化であり、憲法の最も高名な目標における法規や宗教や宣誓の一切の効力を力強く押しひしぐことである」(P.W.A.Ⅲ,S.109)

「世界のあらゆる革命はほんのささやかな発端をもつにすぎず、そして、しばしば幾世紀の間にゆっくりと成長するのである。しかしまた革命は憲法の精神からの人目にもつかないような逸脱のうちに国家をゆるがすことへの素早い手掛りをしばしば見出すのである」(P.W.A.Ⅲ,S.129)

「いまなお善意と節制とがまさしく残っているからこそ、一般に人は土地の危機の源泉を堰き止めねばならないのである」(P.W.A.Ⅲ,S.129)

と、時代の動向に対する上記のような見解を抱いていたペスタロッチーが、そのような時代であるにもかかわらず、そこでは、「自由国家の尊大な大市民たちはこの事実に目もくれない」(P.W.A.Ⅲ,S.107)として、悲憤慷慨し、「祖国よ！ わたしは今や沈黙すべきであるのか、わたしは欠陥だらけの風習(Sitte)を、われわれの民衆(Volk)の欠陥だらけの自由精神を隠すことが許されるであろうか？ わたしは沈黙し、無能者たちの自由に対する空虚なお喋りを非難してはならないのだろうか？」(P.W.A.Ⅲ,S.110)と自問し、反論していたのです。

そのようなことから、この作品には、「祖国よ、君主から賜る勲章をみたときに、廷臣にとっては彼の胸がどきどきするように、祖国の繁栄のために市民の胸はゆり動かされるべきなのだ」(P.W.A.Ⅲ,S.135)とする立場に立つ彼が叫ばずにはいられなかった言葉、即ち、

「祖国の息子や娘たちの顔の中にわたしは、わたしの書いたものを手に持ち、その真理によって貫かれ、かれの妻を抱擁しているわたしの同胞市民(Mitbürger)の一人をみる。わたしは彼をみる。涙が彼の頬の上にある。『友よ、わたしはわたしの家政を改めなければならない。さもなければわたしは破滅してしまう。そしてわれわれの子どもたちは無意味なことや無価値な行為の犠牲にされてしまう』と、その涙は語っている。妻の涙、虚栄心の強い娘の死人のように蒼白い顔色、なんという光景だろう！ 彼は母親を立ち上がらせる。母親は勇気を取り戻し、そしてやさしく真面目に娘に決意するように教えるのである。 − わたしはそれをみる、自由の最も美しい光景を、わたしはそれを見る！ それは涙を流させた。問題は克

服されたのだ」(P.W.A.Ⅲ,S.135)

上記のような言葉の中に、Muttersinnを回復した母親という一人の女性の姿を瞥見することができたのです。

『リーンハルトとゲルトルート － 民衆のための書 － 第一部、第二部、第三部、第四部』の物語に関しては、既に、若干、言及している（本論考、77－79頁）ので、その荒筋については、殊更ここでは触れませんが、同作品では、ゲルトルート（Gertrud）がMuttersinnを回復した母親像として描かれていたということについては今更説明するまでもないことであると思われます。しかしながら、この作品にはゲルトルート以外についてもMuttersinnを回復した母親ないしは女指導者についての描写がいたるところにうかがわれるのです。例えば、この物語に登場した領主夫人の「テレーゼ（Therese）」(P.W.A.X,S.154)や「牧師夫人（Pfarrerin）」(P.W.A.X,S.154)、ボンナル村の生活を一新しようとする領主アーナー（Arner）の意図を積極的に援助しようとしたものたちの一人であった紡績師の妹の「マライリー（Mareili）」(P.W.A.X,S.56)、結果的には、みずからの企図の困難さにうちひしがれて殆ど絶望に瀕していた領主アーナーを再び立ち上がらせることになるアーナーのところへお礼に行く貧乏人の子どもたちのあの行列を周囲の反対に抗して世話をした「レーノルディン(Renordin)」(P.W.A.X,S.136)、そしてまた、臨終の床にありながら、なおも、「どうか、坊や、ひもじくても、だがしかし、もはや盗んだりしないでおくれ！ 神さまはだれも見捨てたりはしません」(P.W.A.Ⅳ,S.68) と孫のルデリ（Rudeli）に盗みの非をさとし、隣人であるゲルトルートにその子が馬鈴薯を盗んだことを詫びながら死んでいった「ヒューベルルーディ（Hübelrudi）の母」(P.W.A.Ⅳ,S.68) や本来の自己にたちかえったヒューベルルーディの後添えとなる「マイエリン(Meyerin)」(P.W.A.XI,S.333)、学校教師であるグリューフィ（Glüphi）の設立した学校で子どもたちに手仕事（Handarbeit）を教えることになった「マーグレート（Margreth)」(P.W.A.X,S.182)、等々の女性がそれです。しかしながら、第一部から第四部に至るこの物語の全体を通じて、その描写に彼の努力が最も傾けられた人物は、なんと言っても、

「読者よ！ わたしはあなたのためにそれにもかかわらずやはり、彼女があなたの眼前に生き生きと浮かび、そして彼女の静かな行為があなたにとっ

て常に忘れられないようにするために、この婦人についての一つの像（Bild）を求めたい。わたしが言いたいことは数多くある。しかしわたしは思い切ってそれを言おう。神（Gott）の太陽がそのようにして朝から晩までその道（Bahn）を歩んで行く。汝の眼はその如何なる歩みも気付かず、そして汝の耳はその音を聞かない。しかし太陽が沈むさいに汝は、それが再び昇ってきて、大地（Erde）をその果実が熟するまであたためるよう活動しつづけるということを、知っている。読者よ！　わたしの言いたいことは数多くある。しかしわたしはおもいきってそれを言おう。大地をはぐくむこの偉大な母の姿（Bild）はゲルトルートの姿であり、その居間（Wohnstube）を神の聖域（Heiligtum）にまで高め、夫や子どもたちに天国（Himmel）をかちうるあらゆる女性（Weib）の典型である」（P.W.A.IX, S.297f.）

上記のように、その在り方が讃えられているところのゲルトルートその人であったといえるのではないでしょうか。

『クリストフとエルゼ － わたしの第二の民衆の書 － 』（1782）を著わした彼の意図は、「彼の祖国の教養の高い読者界（Das kultviert Publikum meines Vaterlands）やそれ自身正直な彼らなりの仕方において啓蒙されている祖国の田舎の人々（die aufgeklärten Landsleute）の眼の前に民衆の堕落の包み隠された原因とその原因とフンメルのような上役の悪行との関係を提示してやろうとしたことでありました」（P.W.A.XXⅣ,vgl.S,460）。そのために、彼は、同作品では、ある農家の一家を登場させて、『リーンハルトとゲルトルート － 民衆のための書 － 第一部』を一緒に読ませ、そこに登場するところの人物についての、彼自身の力では、直接、同胞（Mitbürger）の Sinn に訴えることができないような事柄について話し合いをさせるという手法をとりいれていたのです。そうすることによって、彼は、『リーンハルトとゲルトルート － 民衆のための書 － 第一部』においては読者のものにすることができなかった教訓を浮きぼりにし、発展させようとしたのです。したがって、同書に於いて展開された母親であるエルゼの子どもに対する働きかけは、端的に言えば、例えば、『居間の児童教育』（Die Kinderlehre der Wohnstube, 1781）の場合と同じように、おそらく、下記のような、

「1．子どもたちをほかのすべての人たちの子どもよりもよく教育しているボンナル村のあの婦人はなんといいますか？　2．彼女の夫の名前は？　3．夫の職業は？　4．彼女には何人の子どもがおりますか？…」（P.S.W.Ⅳ,S.3）

問いかけをするという仕方で展開されるであろうということは、容易に、推察されます。実際、同作品、即ち、『クリストフとエルゼ － わたしの第二の民衆の書 －』では、ターラウ（Thalauw）のしっかりした家長（Hausvater）であるクリストフ（Christoph）がその妻の「エルゼ（Else）」（P.W.A.Ⅶ,S.9）、その子「フリッツ（Fritz）」（P.W.A.Ⅶ,S.18）、下男の「ヨースト（Joost）」（P.W.A.Ⅶ,S.10）、下女などと毎晩、『リーンハルトとゲルトルート － 民衆のための書 － 第一部』を読みあって、かれらの各々が、この物語の与えた感銘について、すべてを包み隠すことなく率直に語り合うというかたちで、その筋が展開されていました。

この作品に登場するクリストフの妻エルゼが、そこでは、Muttersinnを回復した家庭における母親として描かれていたのです。そしてまた、この作品においては、その「第二十一日目の晩・生と死、もしくは善良なヤーコブはどのようにして息子を教えたか、その第十五章から（Einundzwanzigste Abendstunde・Leben und Tod oder das fünfzehhnte Kapitel aus dem Buch：Der gute Jakob, wie er seinen Sohn lehrt）」（P.W.A.Ⅶ,S.231）に、亡くなった「マルチ（Marti）お爺さん」（P.W.A.Ⅶ,S.231）の年老いた妻の如何にも悟りきった姿が描かれているのですが、この人もまた、Muttersinnを回復している女性であったとみることができます。

『スイス週報』は1782年1月3日（木曜日）に創刊され、同年末まで発行され続けていたもので、そこでは、風俗、習慣、道徳、宗教、教育、社会等々、極めて多様な分野にわたる問題についての執筆者ペスタロッチーの見解が様々な形式のもとに展開されていたのです。そして同週報には、Muttersinnを回復している母親像としては、二人の人物がその姿をみせていました。その一人は、「善良なヤーコブ、彼はどのように彼の息子を教育するか（Der gute Jakob, wie er seinen Sohn lehrt）」（P.S.W.V,S.38）というような『クリストフとエルゼ』の第二十一日目の晩と同じ題目のもとに展開された物語に登場する９人の子どもをかかえ、しかも忍耐と平静とをもって幸せに暮らしている未亡人の「エルスベート（Elsbeth）」（P.S.W.V,S.39）であり、他の一人は、困窮の内にあっても、人間の父である天なる神を忘れず、ペスタロッチーによって、「いまや死ぬような飢えの苦しみの中にあり、衰えていく子どもたちの叫び声のもとで、祈り－そして絶望しない女のすがたをわたしは考えている」（P.S.W.Ⅵ,S.210）と記されている「ボーノーとネリー（Boono und Neli）」（P.S.W.Ⅵ,S.208）という物語のボーノーの妻ネリーが、それであったのです。

『牧師ザムエルのもとでの七日間』（1800）は、所謂スイス革命により、旧い連邦制が崩壊して外国の軍隊がスイスに侵入してきた混乱期に著わされたものですが、この作品では、ある貧しい家庭の主婦「カテリー（Katheri）」（P.S.W.XV,S.152）がMuttrtsinnを回復した女性として描かれていました。彼女の生活法は、『リーンハルトとゲルトルート－民衆のための書－第一部、第二部、第三部、第四部』に於けるゲルトルートのそれと非常に近似していました。

以上、概観したように、彼の生涯の前半生に著わされた諸作品では、Muttersinnに目覚め、それを現に回復している母親ないしは女指導者の家庭における在り方は、いずれも主としてVatersinnの回復を昂揚せんがために著わされた作品に間接的に描写されているにすぎないものであったのです*。

＊前半生に著わされた彼の作品には、上述のような傾向が確かに認められます。しかしながら、後半生に著わされた一連の作品を検討していくと、一転し、逆にMuttersinnの回復を昂揚せんがための傾向が、そしてまた更には、Muttersinnを回復した母親ないしは女指導者が、その際にどのような心づかいに基づく方法を用いて、揺籃から６・７歳に至るわが子ないしは子どもの教育に専念したらよいのかということまでをも意味するMutterherzに関するそれが中心となっていっているのです。

V.

Muttersinnの在り方と「母の書」の構想

1

女指導者とその家庭教育

ペスタロッチーの著わしたその生涯の前半生に於ける諸作品では、Muttersinn（母心）に目覚め、それを現に回復している母親ないし「女指導者（Führerin）」（P.W.A.XXII,S.266）の家庭における在り方は、いずれも、Vattersinn（父心）の回復を昂揚せんがために著わされた作品に、間接的にのみ描写されているにすぎないという程度のものであったのです。したがって、例えば、前出（「2．Muttersinn の間接的昂揚」，81－88 頁参照）のアギスの母と祖母、マデロン・シュピンドラー、勇気を取戻してやさしく真面目に娘に決意させる母親、ゲルトルート、領主夫人・テレーゼ、牧師夫人、マライリー、レーノルディン、ヒューベルルーディーの母、マイエリン、マーグレート、エルゼ、マルチ爺さんの年老いた妻、エルスベート、ネリー、カテリー、等々の女性のそれは、無論そのような在り方を示していたわけですが、その際に、彼によって描かれた女性の多くは － 一部の例外を除くその殆どが － ゲルトルートやエルスベート、更にはカテリー等々に顕著に認められ得るような、ある種の共通の傾向を具備していたように思われます。そして、その傾向というのは、とりわけ「居間」（Wohnstube）に於ける彼女たちの、子どもたちに対する生活態度についての描写のうちに、それが、顕著に見受けられたのです。以下にその例をあげておきます。

ゲルトルートの場合

居間で彼女の子どもたちが糸繰りをしているのをルーディの子どもたちに見せている場面や、居間で子どもたちに紡いだり縫ったりさせながらものを数えたり計算したりもさせるという彼女の教育方針についての言及がなされた場面や、居間で展開されている仕事と学習とを直結させた子どもたちの生活活動を、領主と牧師と少尉との三人の指導的立場にたつ人物が見物する場面、等々。

「ルーディの子どもたちは、石屋の子どもたちがみな彼らの仕事についているのを見出した。彼らはルーディの子どもたちを喜んで親しげに迎えたが、しかしそのために一瞬も仕事をやめなかった。…ルーディの子どもたちはこの部屋における立派な仕事ぶりや嬉しそうな状態にかたずをのんで眼をまるくしたかのように、そこに立っていた。 － お前さんたちも糸繰りができますか、とゲルトルートは尋ねた。いいえ、と子どもたちは答えた。ゲルトルートは再び言った。じゃ、お前さんたちもみんな習得したらいいでしょう。…ああ、どうかそれをわたしたちに教えて下さい！ と子どもたちは言って、親切なゲルトルートの腕にすがりついた」(P.W.A.IX,S.264f.)

「ルーディの子どもたちは今では毎日ゲルトルートのもとにいて、自分自身や自分たちの周囲に起こるすべてのことに注意を払い、配慮することを学んだ。紡いだり縫ったりする際に、彼女は、よい子どもたちが物を数えたり計算したりすることをも教えたのであった。物を数えたり計算したりすることは、頭脳の一切の秩序の基礎である。これはゲルトルートが熱心に主張し、彼女の教育（Erziehung）において大きな影響力をもっていた意見の一つだった。その方法は紡いだり縫ったりする間に、彼らの糸や針孔を彼らに小声で数えさせたり、異なった数をもちいて省略し、数えさせたり（Ließ…überspringen)、加えたり、減じたりさせることだった。…彼らは疲れてくると歌をうたった。朝と夕には彼らは彼女とともに短いお祈りをした」(P.W.A.IX,S.296)

「彼ら（領主と牧師と少尉）が入ってきたとき、ゲルトルートの部屋は一杯になったので、彼らは殆ど糸車の前へ寄って行くことができなかった。…それは、領主にとっては、しばらくの間はまるで一層よく教育された人民の嫡子の姿を白昼夢において眼前にみていたかのようであったのであり、少尉は彼の鋭い眼を、まるで電光のように子どもから子どもへ、手から手へ、仕事から仕事へ、眼から眼へとめぐらした。…子どもたちはしかしながら相変わらず元気よく紡ぎ続け、お互いに目と目で笑いあっていた。…少尉はどの車の上にも書物があるのに気付き、ゲルトルートにそれでもって何をするのかと尋ねた。ゲルトルートは彼の方をみて、それから言った。『もちろん子どもたちはそれで学ぶのです』。『しかし、紡ぐときには学習できないでしょう』と少尉は言った。『はい、もちろんです』とゲルトルートは答えた。『わたしは、いまや、それを見たくなった』と少尉は言った。すると領主も言った。『そうだ、ゲルトルートさん、あなたはわれわれにそれを見せてくれなくてはいけないよ！』、『さあ子どもたち、あなたがたの本を手にもって学習しなさい！』とゲルトルートは言った。『いつものように高い声で！』と子どもたちは尋ねた。『そうです。いつものように高い声で、しかし正確によ！』とゲルトルートは言った。そこで子どもたちはかれらの書物をとりあげ、それぞれ自分に示された頁を開いて前におき、今日自分のために課されたところの課業を学習した。しかし子どもたちが彼らの眼を完全に書物の上に注いでいても、糸車はやはり前と同じようにまわっていた。少尉は見足りなかった。そして、日ごろ彼女が子どもたちに対してなし、かつ教えていることを全部やって見せてもらいたいと彼女に乞うた。彼女はもちろん容赦してもらおうとし、『こんなことはあなたさまの方が遥かによくご存じです』と言った。しかし領主もまた、それをすべきであると言った。そこで彼女は急に子どもたちに彼らの書物を閉じさせ、彼らと一緒に今度は、次のような歌の一節を暗唱した。…ゲルトルートは子どもたちのためにこの節の各行を一行ずつ順次に大きな声でゆっくりと読んでやり、子どもたちはそれを同様に大きな声ではっきりと口まねした。それを彼女は何回も繰り返したので、ついにある子どもは言った。『わたしにはもうできます』。そこで彼女はこの子どもに独りでこの節を言わせたが、この子どもが一字一句も間違えなかったので、今度はこの子どもに他の子どもたちを教えさせた。他の子どもたちはみんな出来るようになるまでこの子どもについて口まねした。次に彼女は彼らと一緒に、この歌の三つの節を歌ってみせたが、彼らはこの中の二つの節は、すでに歌えるようになっていた。これらすべての後で、なおも彼女は紳士たちに、彼女が子どもたちと一緒にどんなやり方で計算するかをやって見せたが、またそれもきわめて単純で、有用なものだった」（P.W.A.X,S.57 ff.）usw.

エルスベートの場合

経済的に悲惨な生活をしていると思われたエルスベートが、子どもたちに仕事をさせながら、子どもたちができなければならない全ての事を学習させているので、結果的に内職の儲けもあり、貧しいながらも幸せに暮らしている様子が描かれていた。

「村はずれにある小さな丘の上に、１軒の低い古びた家がある。…その家にはわたしが知っているエルスベート（Elsbeth）という正直な女が住んでいる。…わたしはこの家の家計はきっと悲惨な状態にあるだろうと思っていたが、言葉につくせないほど幸福であるのにきづいた。狭い低い部屋では、母親とならんで９人の子どもたちが仕事をしていた。従順な羊でさえ、紡ぎ車をもったこれらの子どもたちより親密で仲良く寄り添えなかったであろう。彼らはすべて快活で、健康で、朗らかだった。全ての車が元気よく動き、すべての糸がよどみなく滑らかだった。梳られた糸束や完全に紡がれた糸巻きは小ぎれいに行儀よく、それぞれの子どものそばに置かれていた。…わたしはまた彼らにあらゆることを自分で教えます。…わたしは彼らに問答書や賛美歌を言って聞かせます。すると彼らは、仕事をしながら、彼らが出来なければならぬすべてのことを学びます。…それからわたしは家のうしろに小さな畑を持っていて、彼らはそれを除草したり、鋤いたり、耕作したりするのを手伝ってくれます。これがまた絶え間ない糸紡ぎのために、とかく害されがちな彼らの健康を増進するのに、たいへん役立っていると思います。…わたしはこの家の秩序、この子どもたちの終始一貫した乱れない仕事ぶり、彼らが紡いだ糸の申し分のない滑らかさ立派さを見たとき、そして学習においても、問答書や賛美歌の抜粋によってすばらしく進歩しており、どの子どもも立派に書いたり読んだりすることができ、かくして朗らかな楽しげな落ち着いた様子で、真面目に勤勉に仕事に励んでいるのを眼前に見たとき、人間の自然関係の人間の教育（Auferziehug）に及ぼす力の偉大さを、いまだかってないほど強く感じた。人間の陶冶（Bildung der Menschheit）のこのような一般的な進歩を、

Kunst（術）と学校はわれわれにもたらさないが、賢明で善良な母親は、わがエルスベートの道を、ほとんど苦も無くたどりゆくのだ」(P.S.W.V.S.38 ff.)

カテリーの場合

貧窮にあえいでいるのではないかと思い、牧師がカテリーの半部屋（Halbstube）を覗いてみると、貧窮の気配は見えず、そこではカテリーが子どもたちとともに紡ぎ車をまわしながら、楽しそうに、お祈りの言葉やその他いろいろのことを学習させながら生き生きと暮らしていた。

「扉を開け、わたし（牧師）はいわゆる半部屋（Halbstube）にはいった。…部屋はきれいであった。なるほどおしめが暖炉の上にかかり、紡いでいる子どもの頭の上に糸がかかっていた。しかし子どもたちは成長していたし、木綿を紡ぎながら歌をうたってもいた。…幼い子どもは母親（？　筆者注：原典には Eltern と書いてある）が歌うあとをつけていた。彼は自分が会いに来た婦人の手を握った。…すべての子どもたちが紡ぎ車から立ち上がり、彼の周囲に詰めかけた。…しかし電光石火のように彼らは母親が手を拍つと再び紡ぎ車の前に座った。…牧師：『あなたがたはきちんとお祈りしていますか？』子どもたち：『はい、だけど、神さま（In Gottes Namen)、と言って起きて、われらの父よ（Vatterunser)、と言って寝るだけです。外のお祈りはお母さんと一緒に糸を紡ぎながらやるのです』…ハイルリー（Heirli)：『…ぼくたちはお祈りをしていることを考えなければなりません。ぼくたちは愛する神に、それはぼくたちには非常に重要なことなのです（daß es〔uns〕ums Herz sei）と言うのと同じように、お祈りをする際にも、そうでなければならないのです』牧師：『だれがそれを教えてくれた』ハイルリー：『お母さんです』牧師：『だけど糸を紡ぐことは、また、深く考えることを妨げない？』…カテリンリー（Katherinli）は言った。:『はい、しかし、紡ぐことを上手にできるようになる前には、実際、お祈りを考え、同時に他方で糸を上手に紡ぐことは大変でした』、『でもねえ、牧師さま、ぼくたちは今ではできるよ。お祈りして、勉強して、そしてお母さんのためにお金を儲けてやることが』とハイルリーは言った。
牧師：『そうして、お母さんの口真似をしながらものを覚えたり、同時に糸を紡いだりすることは、きみたちには楽しいことではないだろうか？』
ハイルリー：『うん、ただ本だけで学習するのよりも、ずっと楽しい。ぼくたちは物事をはじめに口真似によって頭の中に入れておくと、本を読んだり、書いてあるものを読んだりすることも、とても早く進歩するのです』」
（P.S.W.XV,S.69ff.）

上記の語句等が歴然と物語っているように、それらの女性の家庭教育の在り方には、いずれにしても、わが子の教育を、「居間（Wohnstube）」（P.W.A.Ⅶ,S.145）に於ける子どもの実際的な労働と直結せる学習活動をとおして着実に遂行せんとする姿勢が多分に認められた、ということであったのです。

2

居間の教育と労働

ペスタロッチーによれば、Muttersinn に目覚め、それを回復した母親や「女指導者（Führerin）」（P.W.A.XXII,S.266）たちによる子どもの教育の在り方については、総じて、居間（Wohnstube）に於いてなされるべきであり、しかも、教育すべき内容を実際的な労働と直結させて行うべきであるとする考えが強かったように思われます。その理由のよってくるところは、言うまでもなく、『ノイホーフの貧民施設に関する論文』（1775-1778）や『クリストフとエルゼ －わたしの第二の民衆の書 －』（1782）、『シュタンツ滞在について一友人に宛てたペスタロッチーの書簡』（Pestalozzis Brief an einem Freund über Aufenthalt in Stans, 1799）、『ゲルトルートは如何にしてその子を教うるか － 子どもを自らの手で教育しようとする母親への手引書 － 書簡形式による一つの試み －』（1801）、等々に於いて語られた、

「わたしは読み（Lesen）・書き（Schreiben）・計算（Rechnen）をわたしの教育（Auferziehung）の主要目標にし続けてきている。けれどもこれらは彼らの労働（Arbeit）にも収入（Verdienst）にもならないから、これらはここでは町の教育における（in der städtischen Auferziehung）ように、非常に多くの時間と努力とを費やして行うわけにはゆかない」（P.W.A.II,S.80f.）

「施設のために一人の織物教師と二人の熟練織工と一人の糸紡ぎ女教師（Spinnermeisterin）と二人の習熟した糸紡ぎ工（erwachsener Spinner）にきてもらっている。この外に糸巻きと読み書きの初歩を教える人がきている」（P.W.A.II,S.92）

「人間の住居（Wohnung des Menschen）は神聖な場所です。…息子は父親とともに葡萄を摘み、それを計算する。娘は糸を紡ぎ、紡ぎながら母親がそばでうたう歌をすべて学ぶ。そこでは人は学ぶために手を休めない。土地の民衆にとっては、学ぶためにいかなる労働時間をも失わず、学習す

るためにいかなる手をも休めたりしないことが、大切なのです。…でも子どもたちは紡いだり織ったりする間に学習しながらも、そのために手を休めたりしてはならない。…都会（Stadt）においてなら、ぼくのとるこういうやり方は正しくないだろうと思います。なんとなれば、そこでは一般に人は、腰をおろしたり、あたふたと立ち上がったり、字を書いたりして、パンやビスケットを手に入れているのですから。…人間は自分の天職（Beruf）に相応しいものを学ぶべきです。…ところでぼくたちの地方の子どもたち（Landkinder）の場合は、手仕事が本来の天職です」（P.W.A.Ⅶ,S.152f.）

「時間が倹約され、手仕事をしながら訓練することが、地方の子どもたちにとっては肝心な事柄である。したがって、地方の子どもたちは土曜日や日曜日に書いたり、計算したりすべきこと」（P.W.A.Ⅶ,S.152f.）

「わたしはもともと学習（Lernen）を労働（Arbeiten）に、学校（Unterrichtungsanstalt）を作業場に結びつけて、両者を融合させようとしたのである。しかし、わたしはそのことのために全然全く人手についても仕事についても、またそのために必要な機械についても、備えがなかったので、ますますわずかしか実現することが出来なかった。学園解散の直前にやっと二、三人の子どもが糸を紡ぐことを始めた」（P.W.A.XVI,S.118）

「わたしはこの点ではすでにわたしの試みで30年前に決定的なる成果を得ていた。わたしはすでに当時子どもたちを糸紡させながら、わたし自身、紙上の筆算なしにはついてゆけないほどに計算に熟達させた。…こどもは学習しつつ行っている手仕事（Handarbeit）を自らの力で完全に行わなければならない」（P.W.A.XVII, S.193f.）usw.

上記の語句を待つまでもなく、かって、彼が精魂を込めて取り組んでいたことのある地方の下層階級の子どもを対象にした具体的な実践活動上での辛苦に満ちた諸経験に求めることができます。その頃の彼は、「学校で教育されるところの一人の子どもに対して、それ以外の働きかけなしに、家庭教育（häusliche Erziehung）を受けるだけにすぎない一万人の子どもたちが、常に、存在すること」（P.W.A.XXII,S.285）に注目し、「上流階級（höher Satnd）」（P.W.A.XXII,S.285）や「中流階級（Mittelstand）」（P.W.A.XXII,S.285）の子弟以外の、手仕事を天職とする地方の下層の人々の子どもの教育についておもいを巡らし、実際に、そのような子どもたちの教育に、家庭における生産技術もしくは生産労働へ教育方法を結びつける教育の実践活動に取り組んでいたのでした。参考までに付け加えれば、これに関連し、長田 新は、

> 「この小説を書いた頃のペスタロッチーは、働く者の教育については生産技術もしくは生産労働への教育を重視し、家庭教育も学校教育もこれに従属すべきであるとの意見だったが、それは下層民の精神的向上のための経済的条件を満たすことが必要であると考えていたからである。したがってゲルトルートの家庭教育の模範にならって作られたグリューフィの学校へは、いちはやく職業的の生産労働が持ちこまれた。とくに当時のスイスには農業から工業への国民経済の一大変動が起こり、従来単に農業にのみ適応しうるように躾けられていた村民の間に、いきなり工業労働と労働賃金の所得とが問題となってきたことが、あらゆる社会的病弊の原因となった。そこで政治と教育とが協力して、この病弊の救済に当たらねばならないというのがペスタロッチーの信念だった」[28)]

と、上のように述べています。

下層階級の子どもの教育について、ペスタロッチーが学校教育ではなしに、家庭における生産技術や生産労働への教育を重視していたということについては、もちろん、当時にあって、彼がいずれかといえば「環境が人間をつくる（Die Umstände machen den Menschen）ことを知った」（P.W.A.XIV,S.439）ということを、より強力に支持する立場に立脚し、そこから外的環境の改善こそ、したがってまた、下層の人々の立場にあっては、経済的条件を満たすことこそが、先ずは、かれらの精神的道徳的向上のために必要不可欠であるということを信じきっていたからです。勿論、この、労働と直結せる学習活動を重視するそのような、当時に於ける彼の見解は、どのような境遇におかれている人にあっても、「人間（Menschen）が同胞（Mitmenschen）によって世話されるというようなことはあってはならない」（P.W.A.XI,S.343）とするそれに立脚するところのものでもありました。実際、彼は、『リーンハルトとゲルトルー

28） 長田 新編集校閲：『ペスタロッチー全集（第３巻）』（平凡社、1959 年、６頁）

ト － 民衆のための書 － 第四部』では、貧しい人々に、自己自身を自分で世話することの必要性を訴えていたのでした。

彼によれば人間は自己自身を自分で世話することができるようになるためには、人間は主要な教え（Hauptlehre）を主要な労働（Hauptarbeit）において求めるべきで、書物による頭の空虚な教えを、決して自分の手の労働に先立ててはならない、というのです。『スイス週報 － 第二の冊子 － 』や『リーンハルトとゲルトルート － 民衆のための書 － 第四部』には、以下のような文言が記されています。

「人間は主要な教え（Hauptlehre）を、その主要な労働（Hauptarbeit）において求めるべきで、頭の空虚な教え（leere Lehre des Kopfs）を彼の手の労働（Arbeit seiner Händen）に先立たせてはならない。彼は彼の教えを主として彼の労働から見つけ出すべきで、労働を教えから引き出そうとしてはならない。だからすべての子どもの幼い時代の教え（Jugendlehre）は、子どもの真の労働のまわりを徘徊すべきであり、全くそのまわりのことに限られるべきである。…読者よ、われわれは、確かに、確かに、若い時代に、われわれの子どもたちを労働から遠ざけ、書物に向かって導かれるような無意味なことを考えるための浅薄な頭の持ち主たち（Schaalköpfe）で満ち溢れている世界をもっているので、確かに確かに老衰期の人々（sieches Alter）の困窮は無限にそれらの人々の多くの人々を縁遠いこと、無益なこと、役に立たないこと、不消化なこと、一面的なこと、彼らの青年時代のピカピカ光ることへと向かわせられた知識の腕の上で準備されているのです」（P.S.W.Ⅵ,vgl.S.246f.）

「人間が同胞によって世話されるようなことはあってはならない。全自然及び全歴史が人類（Menschengeschlecht）に、めいめいが自己自身を世話すべきであって、誰も彼の世話をしないし、誰も世話することが出来ないと呼びかけています。…だから一般に人が人間のためになすことができる最善のことは、自己自身で行うようにと彼に教えてやることでしょう。…貧しい人々よ（arme Menschen）！ 自己自身を世話するよう学びなさい。あなたがたを誰も世話しないのです」（P.W.A.Ⅺ,vgl.S.343f.）

彼は書物に記された言葉よりも実践を重視していたのでした。したがって、そのような彼の思想は、例えば、『リーンハルトとゲルトルート － 民衆のための書 － 第一部』(1781)、『クリストフとエルゼ － わたしの第二の民衆の書 － 』(1782)、『スイス週報 － 第二の冊子 － 』(1782)、『リーンハルトとゲルトルート － 民衆のための書 － 第二部』(1783)、『リーンハルトとゲルトルート － 民衆のための書 － 第三部』(1785)、『牧師ザムエルのもとでの七日間』(1799-1800)、等々に記された、

「人はすべてのことを、饒舌のためにではなく、ただなさんがために知らなくてはならない。そしてもし人が饒舌（Schwätzen）のために多くのことを知ろうと欲するなら、その人は確かに何の役にも立たないであろう。知識（Wissen）と行為（Tun）とは手仕事（Handwerk）と同じだ。…実行すること（Ausüben）と行為とが、すべての人間にとって主要事(Hauptsache）なのだ。知ること（Wissen）と理解すること（Verstehen）は、人間が主要事をうまくやるための手段だ。だから人間のすべての知識も、各人において、彼が実行し、なさねばならないこと、もしくは彼にとって主要事であるところのものに向かっていなければならない。…怠惰で饒舌や年代記（Kalenderhistorie)、もしくは雲や月からの他の夢からは、確かにだらしなくなるよりほかに何も学ばない」(P.W.A.Ⅵ.vgl.S.139f.)

「一般に人が子どもの頭につめこむところのいろいろな知識（Lehrsache）は蠟細工のリンゴや梨が食用とならないのと同様に、家庭生活に役立つことはないということ、それは確かです。…両親が彼らの子どもたちに地上の生活（Erdeleben）の主要事、即ち、彼らがたいてい関わりをもたされるであろう諸事情（Umständ）や人々についての経験を教えるかわりに、彼らが理解しないところの生活からとった事柄や、それに関しては彼らがカレンダーに書かれていること（Kalenderschreiber）をばかにしているところの生活からとった物語についてより一層このんで話す、というようなことは確かによいことではないことです。そのためにわれわれはまた、その他の点ではよく指導され教育されているかもしれないリーンハルトのような軽率な多くの人をもつことになるのです」(P.W.A.Ⅶ,S.17)

「一般に書物や技巧による指導（Buch-und Kunstführungen）は、如何なる点に於いても家庭的陶冶（häuslich Bildung）の代用ではあり得ない。

書物の中の最もよい物語や最も美しい絵でさえ、子どもたちにとってはいわば何らの関連も統一も内的真実性もない幻影のようなものだ。これに反し、居間の中で子どもの眼前に現れる事象は、自然に彼の頭の中で、同様な分野における過去の無数の相似た心象（Bild）と結びついており、したがってそういう事象は、子どもにとって内的真実性をもっている。だから子どもは、家人（Haus Genosse）や隣人（Nachbar）との交渉をとおして正しい人間的の認識（Menschenerkenntniß）や時期尚早でない観察的精神（Beobachtungsgeist）へと陶冶されることが、きわめて容易であるのに、反対に書物や技巧的な教育方法による場合には、それはきわめて困難だ」(P.S.W.Ⅵ,vgl.S.289)

「ゲルトルート：『書物というものを正しく考えるなら、一人の婦人の書物は日曜日の晴着服（Sonntagsrock）のようなものであり、仕事は平常日の衣服（Werktagsjuppe）でなくてはならない』。ルーディ：『今ではわたしはわたしの不幸を嘲り笑わずにはおれません。彼女はまさにその晴着を毎日着、まるで祈禱と読書とがこの世に生きる理由のすべてでもあるかのように、子どもたちを養育したのです』。ゲルトルート：『そんなにするから、子どもたちはまさに必要なときに、祈ることも読むことも忘れてしまっているのです』。ルーディ：『残念ながらわたしたちにはまさにそのとおりでした。彼女が病気になって、どこにもパンの一切れもなくなったとき、彼女はもはや子どもたちと書物なんかには手も触れず、子どもたちの誰かが眼の前にあらわれると、ただ泣くばかりでした』。ゲルトルート：『ルーディさん、それはまことによい戒めです。だからお前さんは子どもたちにいろいろお喋りするよりも、働いて生計を立てるように教えてやりなさい』」(P.W.A.Ⅸ,vgl.S.262)

「牧師殿、わたしは学校における馬鹿げた愚事（Lirilariwesen）ということで、わたしは児童に、物事（Sachen）に関して途方もなく喋りたてるやり方をしつけ、彼らの頭に人間生活における正しい日常の知力（Alltagshirn）や習慣となっている理解力（Brauchverstand）がそのもとでは損害を被るというような妄想を満たすところのすべてのことを考えているのです。…牧師：『そうです。完全に！ 一般に人は人間をあまりに口先ばかりで教えようとし、そして悟性（Verstand）や経験（Erfahrung）を持つ前に、人間の頭に沢山の言葉を詰め込むことによって、人間の最善の素質を破壊し、家庭の幸福の基礎を破壊してしまう、ということを、わたしは確信しています』」（P.W.A.X,S.53）

「ぼくはかっては意見によって祖国が救済できると考えていました。そして、こうした意見（Meinung）をもっていた人間が自分自身すら救えないことに気がつかなかったのです」（P.S.W.XV,80）usw.

上記の語句等々によっても瞥見できるように、彼の著わした作品の随所に窺うことができるのです。

繰り返すことになりますが、いずれにしてもそのように、ペスタロッチーの生涯の前半生に著わされた諸作品においては、Muttersinn に目覚め、それを現に回復している母親ないしは女指導者の家庭における在り方は、主に、Vatersinn の回復を昂揚せんがために著わされた諸作品に、間接的に描写されているにすぎない、というような程度のものであったのですが、それにしてもこの時期に、強調されていたのが Vatersinn や Muttersinn の回復であったということは、やはり、注目すべき事実であったと言えるでしょうし、また、それはそれなりの意味を有するものであったと考えられます。その点については、勿論、種々の理由が指摘されるのではないかと思われるのですが、「二つの民衆の書の計画（Plan meiner 2 Volksbücher）」（P.S.W.Ⅵ,S.247）との関わりで、彼みずからも、「わたしは物語（Gesichte）や比喩（Bilder）が唯一の効果ある民衆指導（Volkslehre）の材料であるに違いないことに気づき、民衆にとって興味のある物語を基礎にすることによって、民衆に、実際、後にはすべての単純さでもって一定の確定した原則を持ち出し得るようになる視点を準備することが可能であると考えた」（P.S.W.Ⅵ,S.247）と述べているように、当時にあっては、彼は、二つの民衆の書以外の作品に於いても、「二つの民衆の書」の場合と同様に、「後にはすべての単純さでもって一定の確定した原則を持ち出し得るようになる視点を準備」するために、その、前段階としての、Vater- und Muttersinn の回復重視の在り方に自らの努力を傾け，自ら著わした作品の中にそれを回復していた女性像を登場させていたのではないかというようにも、考えられないわけではないのです。そして、もしも、そのように解することが可能であるならば、上述のような、彼の生涯の前半生における諸作品に窺われる Muttersinn を回復した女性についての「間接的な描写」という彼自身の姿勢が、後半生の作品では一変し、逆に、積極的に、Muttersinn の回復を直接的に昂揚せんがためのそれへと、そしてまた更には、Muttersinn を回復した母親が、その際に、いかなる心遣いに基づく方法をもちいて揺籃から６・７歳に至るまでのわが子の教育に専心したらよいのかということまでをも意味する Mutterherz 重視の姿勢へと変貌していったのかということの理由も、ある程度は、納得することができるのです*。

＊既に、本論考の69－72頁で、Vatersinn、Muttersinn、Kindersinn と Vaterherz、Mutterherz なる用語については、Vatersinn、Muttersinn、Kindersinn は、「父心」、「母心」、「子心」ではなしに、順次、Vatersinn=「父の感覚・父としての意識・父としての自覚」、Muttersinn=「母の感覚・母としての意識・母としての自覚」、Kindersinn=「子の感覚・子としての意識・子としての自覚」、Vaterherz、Mutterherz は「父心」、「母心」ではなしに、Vaterherz、Mutterherz は順次、Vaterherz=「父の心・父としての細心の心遣いに基づいた方法」、Mutterherz=「母の心・母としての細心の心遣いに基づいた方法」と邦訳することにした、と言及しています。

尚、ケーテ・ジルバーは、ペスタロッチーが、Muttersinn に目覚め、それを回復している母親ないしは女指導者の在り方を重要視するようになった契機について、

「ペスタロッチーは、生活に奉仕することや、現象する多くのことがらを一つの中心点に結びつけることを、とりわけ女性の特性だと認めている。夫が外の世界のことがらに従事しているうちに、妻の心（Sinn）や努力は内部へ、『最も近い生活圏』へ、個々人とその要求へ向けられる」[29)]

「『隠者の夕暮』ではいまだに『親（父）心』と『父の力』を賛美していた彼が、人類の（乳幼児期の）教育を女性の手に委ねることにしたきっかけは、主としてノイホーフの体験から学んだ女性の　－　彼の妻の　－　忍耐力に対する高い評価と彼自身の事業の失敗が惹起した男性の力に対するイメ

---

29)　Käte Silber：PESTALOZZI：Der Mensch und sein Werk, Quelle & Meyer, Heidelberg 1957, revidiert von der Autorin für japanische Auflage 1976, S. 48

ージ・ダウンとであった。おもえば、『リーンハルトとゲルトルート』ではゲルトルートの夫・リーンハルトが実に弱々しく描かれているが、これはペスタロッチーにおける罪責感情の文学的な発露であったのではないだろうか。リーザベートの支援が、バーベリーの親切な行為に対する回想と結びついて彼のうちに呼び起こした印象が、しかしとりわけ実践的には停滞していた彼自身の愛の力（Liebesfähigkeit）・母の献身に比肩されうる博愛的な態度が、－ それらが、迷える人類に対する救済策を提示するために、愛情深い母の理想を詩的に創り出すことへとみちびいたのである。したがってそれは、まさに『万人がそれへと自己を変えようとする婦人の師表（Meisterweib）』を彼が世の人々に示し、それでもって、彼が民衆から受け取ったものを民衆にかえしてやったことになる」[30)]

上記のように言及しているのですが、それもまた、それなりに、的を射た見解ではなかったかと思われるのです。

30） 前掲書，vgl. S. 49

3

Mutterherzと「母の書」の構想

ペスタロッチーが生涯の後半生に入ってから著わした『わが時代およびわが祖国の純潔と真面目さと高邁さを有する人々に対する時代の言葉』(1815)には、

「世の堕落の中にあっては、Menschenbidung（人間陶冶・人間形成・人間教育）は最も必要な最も急を要するKunst（術）であるだけではなしに、また最もまれな難しいKunstである。…しかし、わたしはそれをどこに求め、どこに見出し、わたしをその真理なり内的本質なりへと導く最初の手がかりを、私自身、いや人間そのもの以外のどこに求め、どこに見出すべきでしょうか。…わたしはそれをTun der Mutter（母の行動）、mütterlicher Sinn（母的な感覚・母的な意識・母的な自覚）のあらゆる力(Kraft)と配慮（Sorge)、したがって、母ではあっても人間ではない女性(weibliches Wesen）のあらゆる行動とは決定的に異なっている限り、母自体の純真さ（Reinheit）のうち以外にどこに求めるべきでしょうか」(P.W.A.XXIII,S.31）

上記のような語句が記されています。その語句からもみてとることができるように、彼の生涯の後半生にあっては、彼は「揺籃から六、七歳の時期に至るまで」[31]の子どもの教育を「母ではあっても人間ではない女性のあらゆる行動とは決定的に異なっている限り、母自体の純真さにゆだね、自然によっていとも明瞭に（auffallend）定められているところのものに向かって母親を再教育する（die Mutter wieder…zu bilden)」(P.W.A.XVII,S.219）ことの必要性を痛感し、それを実現するのに相応しいものとして、「メトーデ（Methode)」(P.S.W.XVI,S.101）の構築に本格的に取り組むことになったのです。いうまでもなく、それを支えていたのは、彼をして「わたしは教師になろう（Ich will Schulmeister

31）　長田 新編集校閲『ペスタロッチー全集（第12巻)』:『ランゲンタールの講演』(平凡社、1959年、487－488頁)

werden.)」(P.W.A.XⅦ,S.174) と言わしめ、足を踏み入れさせるに至らしめたシュタンツにおける孤児たちとの出会いならびに彼らとともに過ごした生活や、『人類の発展における自然の歩みについてのわたしの探求』(1797) や『シュタンツ滞在について一友人に宛てたペスタロッチーの書簡』(1799) 等で語られた、

> 「やがてわたしは、環境が人間をつくる (Die Umstände machen den Menschen) ということを知った。だが同時にわたしは、人間が環境をつくる (Der Mensch macht die Umstände) ということ、人間は彼の意志にしたがって環境をさまざまに支配する力を自分自身のうちに持っていることを知った」(P.W.A.XⅣ,S.439)
>
> 「わたしの活動 (Gang) をはじめ、それによって子どもたちが彼らの内的なものにおいて沈みこまされ荒廃させられた環境 (Umgebung) の汚れ (Schlamm) や粗野 (Roheit) からわたしの子どもを救い出すための出発点 (Anfang) とすることが出来、またそうすべきであったものは、一般に経済的なものでもなければ、また何らかの外面的なるものでもなかった。…必然的にわたしは、先ず第一に、彼らの内的なるものそのものと正しい道徳的な情調 (Gemütstimmug) とを彼らの心のうちに目覚まし、鼓舞し、それによって外的なものに対して彼らを活発ならしめ、注意深くあらしめ、愛情をもたせ、従順たらしめざるを得なかった。…わたしは『先ず内を浄めよ、然らばまた外もまた浄まるべし (Macht erst das Inwendige rein, damit auch das Äußere rein werde.)』というイエス・キリスト (Jesu Christus) の崇高な原理 (Grundsatz) を信頼せざるをえなかった」(P.W.A.XⅥ,S.104f.) usw.

上記のような見解や原理であったのです。そしてそのような見地や原理に導かれて、彼自身も孤児たちとともに学びつつ、遂には、「すべての教材 (Lehrmittel) の単純化 (Vereinfachung) を非常に広範囲に行い、普通の人の各々が、その子を教え、漸次学校は最も初歩 (erste Element) の教育のためには殆どなくても事足るところまで、容易にもたらすことが出来る」(P.W.A.XⅥ,S.122) のだという確信を抱くまでに至るのです。彼が「揺籃から六、七歳に至るまで」の子どもを対象とする「メトーデ」をも内包する「民衆陶冶 (Volksbildung)」

の「メトーデ」の開発・構築に身を捧げ、尽力するようになったのは、上に言及したような境地にまで、彼が到達していたからです。彼は、「子どもの身体的方面の最初の養育者（Nährerin）であると同様に、神の指図によって子どもの最初の精神的な養育者であるべきである」（P.W.A.XVI,S.122）とする母親たちに対する心情的な見方に立脚して、「教授の手段（Unterrichtsmittel）を単純化し、その結果、すべての母親をして他人の助けなしに自分自身で教え、それによって同時に自己自身も絶えず学びつつ向上することができるように」（P.W.A.XVI,S.122）させることができたらと、それを、願っていたのです。

周知のように、1800年前後に著わされた彼の作品、即ち、『シュタンツ滞在について一友人に宛てたペスタロッチーの書簡』（1799）や『メトーデ －1800年6月27日のペスタロッチーの覚え書き －』（Die Methode, Ein Denkschrift Pestalozzi's 27. Juni 1800）、『ゲルトルートは如何にしてその子を教うるか － 子どもを自らの手で教育しようとする母親への手引書 － 書簡形式による一つの試み －』（1801）、『メトーデの本質と目的についてパリの友人達に宛てた覚書』（Denkschrift an die Pariserfreunde über Wesen und Zweck der Methode, 1802）、『ヘルヴェチアの立法がとりわけ目指さねばならないものについての見解』（Ansichten über die Gegenstände, auf welch die Gesetzgebung Hervetiens ihr Augenmerk vorzüglich zu richten hat, 1802）等々を手掛かりにして、彼が構築した「メトーデ」の輪郭を描けば、おおよそ次ページの図のようなものであったのですが、その「メトーデ」の内容構成に彼は、日夜、思案をめぐらすことになります。

彼によれば、「揺籃から六、七歳に至る」までの子どもを対象にした「基礎陶冶（Elementarbildung）」（P.S.W.XVII,S.330）は「身体的基礎陶冶（Phüsische Elementarbildung）」（P.S.W.XVII,S.330）、「知的基礎陶冶（Intellektuelle Elementarbildung）」（P.S.W.XVII,S.330）、「道徳的基礎陶冶（Sittliche Elementarbildung）」（P.S.W.XVII,S.330）という三つの部分から成るものとして想定せられていたのですが、その際に彼は、基礎陶冶の初歩段階の極限点、ならびに、教えられる子どもの最初の時期の第一歩の時期を究明し、その結果、「子どもの教授の最初の時期は彼の誕生の時期であり（die erste Stunde seines Unterrichts ist die Stunde seiner Geburt）」（P.W.A.XVII,S.184）、「子どもの

Sinn（感覚）が自然（Natur）の印象（Eindruck）を感じるようになるその瞬間、実にこの瞬間から自然がかれを教育する（unterrichten）」（P.W.A.XⅦ,S.184）ことを確信していたのです。そしてその際に、彼は、「直観（Anschauung）とは外部の諸対象が単に感覚の前に立つこと（das bloße Vor-den-Sinnen-Stehen）であり、それらの印象（Eindruck）の意識（Bewußtsein）を単に刺激することに外ならない。直観をもって自然はいっさいの教授（Unterricht）を始める。乳呑児（Säugling）はそれを受け、母親はそれを与える」（P.W.A.XⅦ,S.311）と、教授の出発点であるとして直観を重視し、「今もし自然のこうした崇高な歩みが利用されたら、それに結びつきうるものに結び付けられたら、もし、母親が盲目的な自然衝動に駆られて、未だ話せない子ども（Unmündiges）のためにやったところのことが、Herzen der Mütter（母の心・母としての細心の心遣いに基づいた方法）に助成してくれるKunst（術）を通して成長した子ども（Anwachsendes）のために賢明なる自由さをもって継続することが出来るなら…」（P.W.A.XⅦ,S.312）と、母親のHerz（心・細心の心遣いに基づいた方法）をKunstに結合せんとしました。

「メトーデ」の輪郭

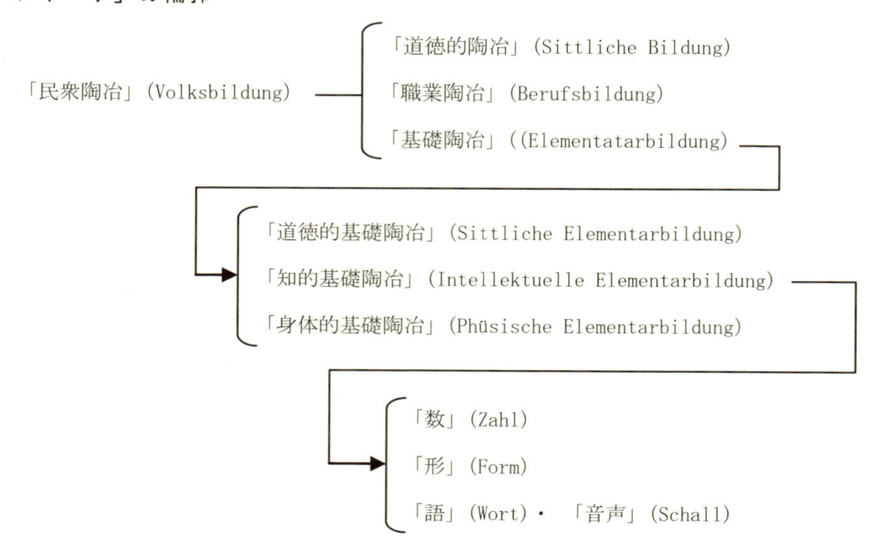

彼をして言わしめれば、「人間は術によってのみ人間となる（Der Mensch wird nur durch die Kunst Mensch）」（P.W.A.XVII,S.236）ということで、特に知的基礎陶冶の部門については、「われわれの認識（Erkenntnis）はすべて数（Zahl）、形（Form）、語（Wort）から発する」（P.W.A.XVII,S.248）という発想に基づいて、彼は、「言語音声（Sprachtöne）」（P.W.A.XVII,S.253）についての研究も進めていっていました。そこでは、彼は、子どもに未だ個々の音声を発することができないうちから、音声の意義を子どもにとって一般に忘れ得ぬものにするために「綴字本（Buchstabierbuch）」（P.W.A.XVII,S.253）の作成を試みるとともに、それとならんで、「絵（Bild）や事物（Gegenstand）を未だ口がきけない子どもの前にもたらすことは音声（Tön）をかれの耳にもたらすことと同様に重要でなくはない」（P.W.A.XVII,S.254）との確信のもとに、母のために（für Mütter）一冊の本（ein Buch）・「直観表（Anschauungstafeln）」（P.W.A.XVII,vgl.S.254）を作成したのでした。このAnschauungstafelnについては、彼は、以下のように述べていました。

「わたしは直観表（Anschauungstafeln）のなかで、数と形との出発点を明瞭にしただけではなくて、五官（die fünf Sinne）がわれわれに明示する最も本質的な他の諸性質をも、色付きの木版刷り（illuminierte Horzschnitte）で図示した。わたしは数多い名称をこのように確実に、また多様な直観（Anschauung）によって生き生きと意識させることによって、後に行われる読みの準備をし、それを容易にしようとするのだ。これは綴り字（dem Buchstabieren）に先立って音声を印象付けること（Einprägen）によってこの時期の子ども（Kind）に読みの準備をさせ、それを容易にさせてやるのと同じことだ。そこにおいてはこの本（Buch）をとおしてわたしはこれらの音声を、子どもがまだその一綴りも発音しないうちから、子どもの頭の中にいわば根付かせ、あるいは住みつかせようとしているのだ。

わたしは最初の子どものためのこの直観表（Anschauungstafeln für die erste Kindheit）につぎのような方法の書（Methodenbuch）を添えたいと思っている。この書物の中には子ども（Kind）に示される一つ一つの事物について子どもに言って聞かせなくてはならない言葉を一々明瞭に書いておき、どれほど未熟な母親でも、この点でわたしの意図を十分実現することができるように －というのは母親はわたしの述べていることがらに一言も付け加える必要がないから － しておくつもりだ。

また母親の書（das Buch der Mütter）をとおして準備され、綴り字本（Buchstabierbuch）のたんなる読み聞かせ（Vorsprachgebrauch）によって音声の全領域を知るようになったら、次に子どもの発語器官（Organe）が育成をみせ始めると、ただちに丁度子どもが覚えず知らず様々な音声を習い覚える気楽さで、日に何度か綴り字本の中の幾つかの音声を模倣して言うように慣らされなくてはならない」（P.W.A.XVII,S.254f.）

勿論、当時に於ける彼の「言語音声（Sprachtöne）」に関する研究の程度はシュプランガーも、

「『ゲルトルートは如何にしてその子を教うるか』の著作においては、言語教授に関する手紙 － 第七信であるが － は次のような考慮を要する文章でもってはじまる。『教授の最初の基礎的手段はそれ故に音声である（“Das erste Elementarmittel des Unterrichts ist also der Schall”）』、それから次のような段階が続く。すなわち音声教授（言語音声を育成する手段）、単語教授、言語教授である。一般に人はここでも話すことを究極の基本活動に還元しようとする意図、ないしは逆に、話すことを総合的にもっと単純な要素から構成しようとする意図を認識する。しかしその際にペスタロッチーは、彼がその分析とともに重大な限界、つまり感性の限界（Sinngrenze）を越えていることに気づかない。言語表現は、たしかにまた人間によってもたらされた身体的な音の形成物（Physische Klanggebilde）である。しかし言語表現は、それだけ独立では、子どもが意味を理解する以前の、小児語や、子どものつくり出す音響（Lautproduzieren）と同様に、まだ言語ではない。音の形成物は、それにくっついている意味内容によってはじめて言語となる。そしてそれは実際、当該の言語社会に、すなわち単に感覚的でなく精神的に媒介されたつながりに属するその主体にとってのみ言語となるのである。本来的な話すことの学習は、それ故に単語や文章の意味を理解することに基礎をおいている。発音通り正しく音声を出すことは教育以前（Vorschulung）の問題である。だからこのことをペスタ

ロッチーが、physisch（身体的）な基礎陶冶に附属させたらもっともっとよかったろうに。後に、『白鳥の歌』に於いてペスタロッチーは、先に述べた『感性の限界』（“Sinngrenze”）を認識して言っている。『言語の外面的なもの、音声そのものは、その意味が基礎をおいている印象との生き生きとしたつながりなしには、空しい空虚な音響なのである。音は、直観対象の印象とのつながりの意識をとおして、はじめて真の人間の言葉になる』」[32)]

と、述べているように、未だ十分なものではなかったのです。しかしながら、そのために彼による言語教育に対する考え方のすべてが台無しになったというようなことではありませんでした。『ゲルトルートは如何にしてその子を教うるか － 子どもを自らの手で教育しようとする母親への手引書 － 書簡形式による一つの試み － 』が著わされた1801年の時点では、確かに彼は、未だ、「感性の限界」（音の形成物はそれに付随している意味内容と一体になってはじめて言語となるということ）に気づかず、いずれかと言えば乳児に対して、発音通り正しく発声するようにさせるためにあれこれと手立てを講じようとしていた状態にあったのですが、そのような努力の積み重ねがあったからこそ、やがて、感性の限界（Sinngrenze）をも認識するようになり、『白鳥の歌』（1825）では、

「もし、彼女の子どもに速やかに話すことを望み、また、それを欲する限りは、彼女は彼女の子どもに言語の音（Sprachtön）をあるときは強く、あるときは弱く、あるときは歌うように、あるときは笑うように、等々、常に変化させながら生き生きとした軽快さをもって、子どもの耳にもたらし、その結果、子どもがそれらを模倣したいという気持ちを必然的に子ども自身において感じさせねばならない。そしてまた同様に母親はそれらの言葉（Worte）をそれらの名称を彼女が子どもの記憶（Gedächt）にもたらそうとしている諸対象の印象（Eindruck der Gegenstände）とともに導くのである」（P.W.A.XXIV,S.267）

「言語の外側の部分（Das Äußere der Sprache）、音（Töne）そのものは、

32） EDUARD SPRANGER：PESTALOZZIS DENKFORMEN, Drtte Auflage 1966, QUELLE & MEYER・HEIDELBERG, S. 58 f.

その意味（Bedeutung）を基礎に置いている生き生きとした印象（Eindruck）との関連なしには空虚な空しい音（Töne）なのである。音は直観的対象（Anschauungsgegenstände）の印象（Eindrücken）との連関の意識をとおしてのみ、真の人間の言葉（menschliche Worte）となる」（P.W.A.XXIV,S.291）

と、シュプランガーが指摘したような上記の語句を残すところまで、到達することができるようになったのです。

しかしながら、それはともかくとしても、当時にあって、ペスタロッチーが「母の書（Buch der Müter）」（P.W.A.XVII,S.254）を作成しようとしていたのは事実であったのでした。

ペスタロッチーは、その時点では、自ら作成しようとしていた「母の書（Buch der Mütter）」（P.W.A.XVII ,S.254）の中で、「数と形との出発点を明瞭にせんとしただけではなしに、われわれに五感（fünf Sinne）がそれらの対象について明示する最も本質的な他の諸性質をも、着色された木版刷り（illuminierter Horzschnitt）で直観的にとらえることができるようにさせ」（P.W.A.XVII,S.254）、「そのようにして確実にされ、多面的なる直観によって生気づけられた沢山の名称の意識を通じて後に行われる読み（Lesen）を準備し容易にしようとしていました」（P.W.A.XVII,S.254）。そして、そのために彼は、更に、その「母の書（Buch der Mütter）」（P.W.A.XVII,S.254）に、「方法の書（Methodenbuch）」（P.W.A.XVII.S.254）を添えることも考えていたのです。そして、「その書物には、幼児に示される一つ一つの事物について幼児に言って聞かせねばならないすべての言葉が、明確に印刷されていて、最も未熟な母親でもこの点で彼の最終目的を成就することが出来る」（P.W.A.XVII,S.254）ようにしようとしていたのでした。

いずれにしても、それらは、当時、彼の抱いていた「最初の幼児のための直観を養う書物（Anschauungsbücher für die erste Kindheit）の必要」（P.W.A.XVII,191）、「これらの書物の確実明晰なる説明方法（Erklärungweise）の必要」（P.W.A.XVII,S.S.191）、「いまなお文字を綴ったり読んだりする（Buchstabieren）時期が到来する前に、子どもたちに熟知させられねばならない名称や言葉のための、この書物ならびにその説明方法に基づいた指導（Führung）の必要」（P.W.A.XVII,S.191）という、それら三つの必要性の確信に由来するところのものであったと見做すことができるのではないかと思われます。そしてまた、この「母の書（Buch der Mütter）」の構想は彼によってそのまま「母の書（Buch der Mütter）」あるいは「母のための手引き（Anleitung für Mütter）」（P. S.W.XIX,S.341）のそれとなるわけで、その構想の一部を実現するために執筆されたところのものが、1803年に著わされた、所謂、『母の書、あるいは母がその子に観察したり話したりすることを教えるための手引き、第一部』（Das Buch der Mütter, oder Anleitung für Mütter, ihre Kinder bemerken und reden zu lehren, Erstes Heft, Zürich und Bern, Tübingen 1803）[33] であったのです。

尚、1800年に著わされた『メトーデ － 1800年6月27日のペスタロッチーの覚え書き －』には、「わたしのABC Buchは平易の物語集（Sammlung leichter Erzählungen）以外のなにものでもなく、それによってすべての母親は各々の文字の音をだす際に、その子どもをして身体的な性質（Physische Natur）の本質的なものを全体にわたってよくしらせるようになっていなければならない」（P.S.W.XVI,S.110f.）と記されており、実際、著わされた1803年の『母の書、あるいは母がその子に観察したり話したりすることを教えるための手引き、第一部』では、「この手引きでは人間の身体（menschlicher Körper）を10の練習によって多くの視点から注目する（P.S.W.XIX,S.347）ようにさせるという意図のもとに、そこでは、七つの練習がとりあげられていたのですが、その後に著わされた『基礎陶冶の理念について － 1809年のレンツブルクにおけるスイス教育友の会でなされた講演 －』（1809）に於いても、「『母の書』（“Buch der Mütter”）の最初の六つの練習（Übungen）は子どもの身体的存在（Dasein）の空間的なもの、即ち、四肢（Glieder）及びそれらの性質（Eigenschaften）を明らかにし、第七の練習は子どもの身体的存在の時間的なもの、即ち、感官（Sinne）およびそれらの活動を或る段階まで明らかにします」（P.W.A.XXII,S.196）とだけしか記されてはいませんでした。そこでは、第八、第九、第十の練習については、実際には、言及されてはいなかったので

33）以下では、『母の書、あるいは母がその子に観察したり話したりすることを教えるための手引き、第一部』（チュウリッヒ、ベルン、チュウビンゲン、1803）を本論考に於いては『母の書』（1803）なる略称を用いて表記したりすることがあります。

す。結局、『母の書、あるいは母がその子に観察したり話したりすることを教えるための手引き、第一部』(1803) の内容は第七の練習までであったのでした。

4
『母の書、あるいは母がその子に観察したり話したりすることを教えるための手引き、第一部』の内容構成

『母の書』、即ち、『母の書、あるいは母がその子に観察したり話したりすることを教えるための手引き、第一部』が刊行されたのは1803年のことでした。この書によって、ペスタロッチーは「メトーデ（Methode）」をめぐる一連の著作 －『メトーデ － 1800年6月27日のペスタロッチーの覚え書き －』(1800)、『ゲルトルートは如何にしてその子を教うるか － 子どもを自らの手で教育しようとする母親への手引書 － 書簡形式による一つの試み －』(1801)、『メトーデの本質と目的についてパリの友人達に宛てた覚書』(1802)、『基礎陶冶の理念について － 1809年のレンツブルクにおけるスイス教育友の会でなされた講演 －』(1809)、『わが時代およびわが祖国の純潔と真面目さと高邁さを有する人々に対する時代の言葉』(1815)、『七十三歳生誕日講演、1818年1月12日に行われた私の家（イヴェルドン学園）での講演』(1818)、『白鳥の歌』(1825) － 等々で展開されたあの「母の書（Buch der Mütter）」・「母のための手引き（Anleitung für Mutter）」構想の一部の実現を試みたのです。同書に付された副題としての表題によれば、この書の意図するところは、自分の子どもに観察することと話すこととを教えるための手引を提供することにおかれていたのですが、その具体的な、直接の内容は、専ら、子どもをして人間の身体を多くの視点から注視するようにさせるための練習に関することがらに終始していたのです。

彼はこの作品の序文に、以下のような語句を記していました。

「一般に人は、人間のすべての知識はかれ自身に由来し、また、由来しなければならないという原則を常に知っているものである。わたしはその原則にしたがい、この手引きでは人間の身体（Körper）を十の練習によって多くの視点から注目したい。…この書の第一の練習（Die erste Übungen dieser Buch）は、母親に、彼女の子どもに自己の身体の外的な部

分を示して命名することを教える。即ち、彼女は子どもに身体の外的な部分を正確に注視してそれらに名称を与えることを教えるのである。第二の練習では（In der zweyten Übung）、彼女は子どもにこれらの部分のそれぞれの位置を示す。即ち、彼女は子どもに、彼女が子どものために、観察するところのそれぞれの部分のまわりにはどんなほかの部分があるかということを示すのである。第三の練習では（In der dritten Übung）、彼女は子どもに、彼の身体の部分の関係に気づかせる。第四の練習では（In vierten Übung）、彼女は子どもに、身体の如何なる部分がただ一つだけで、如何なる部分が対になっており、如何なる部分が四つで…usw. …あるかを、示してやるのである。第五の練習では（In der fünften Übung）、彼女は子どもに自己の身体の各部分の最も本質的な性質を観察して命名することを教える。第六の練習では（In der sechsten Übung）、彼女は子どもに、自己にとっていまや認識されているなんらかの諸性質を共通に有している身体のその部分を拾い集めて、この場合には一緒に属するものとして共通的に命名することを教える。第七の練習では（In der siebenten Übung）、母親は子どもに、子どもが身体のそれぞれの部分をもちいて何をなし、何を達成できるか、ということや、人間の身体の部分をこのように使用することが如何なる機会にどのようにして普通行われるかということを観察して、それについて自己の心中を表現することを教える。第八の練習では（In der achten Übung）、彼女は子どもに、身体の管理（Besorgung）の一部をなし、それにとって不可欠であるところのものに関して、本質的なものに気づかせる。第九の練習では（In der neunten Übung）、彼女は子どもに認識されている身体の部分の性質の細かい点について、この性質に関する多面的な利益に気づかれるようにし、それから確実にそれについての自己の心中を表現することを子どもに教える。第十の練習では（In der zehnten Übung）、彼女は子どもが前の九つのすべての練習において自己の身体のあらゆる部分を確実に観察することと命名することを学んだその全てのことを総括し、そこから子どもがそれらの部分を前述の練習を通じて確実に学び知った通りに十分に描写することを子どもに教えるのである」（P.S.W.XIX,S.347f.）

上記の語句によっても明らかなように、当初の予定では『母の書、あるいは母がその子に観察したり話したりすることを教えるための手引き、第一部』（チュウリッヒ、ベルン、チュウビンゲン、1803）では人間の身体を「10の練習によって多くの視点から注目する」（P.S.W.XIX,S.347）ようにさせるという意図のもとに著わされるはずであったのですが、実際に刊行された作品である『母の書』の内容をみると、そこには、「第一の練習」から「第七の練習」に至る七つの「練習」だけしか採り上げられてはいませんでした。しかも、「六つの最初の部分と第七番目以降の一つの部分を包含することになった」（P.S.W.XIX,S.347）『母の書』の「第一部（Erstes Heft）」のこの七つの「練習」に関する部分は、ペスタロッチーとクリュウージー（Krüsi, Hermann, 1775-1844）とによって分担執筆されていたのです。しかも、ペスタロッチーが執筆したのは、結果的には、序文（Vorrede）と「子どもの身体的存在（Körperliches Dasein）の時間的なもの（Zeitliches）、即ち、感官（Sinne）および感官の活動を或る程度まで明らかにする」（P.W.A.XXII,S.196）「第七の練習」との部分だけであって、それ以外の「子どもに子どもの身体的存在の空間的なもの（Raumliches）、即ち、四肢（Glieder）および四肢の性質（Eigenschaften）を明らかにする」（P.W.A.XXII,S.196）最初の六つの「練習」は、クリュウージーが執筆することになったのです。そしてまた、『母の書』の第二部以下の刊行はなされなかったので、序文で予告された第八、第九、第十の「練習」の部分は、結局、実際には採り上げられずに済まされてしまいました。

いずれにしても、刊行された『母の書、第一部』の内容は、専ら、子どもをして、人間の身体を多くの視点から注視するようにさせるための「練習」に関わることがらで占められていたというわけです。

5

身体の練習と自然的遠近・自然的機制

ペスタロッチーは、常日頃、「現在一般的には殆ど利用されていないようにみえる六、七歳までの時期ははなはだ大切である」[34] のに、「子どもが生まれて最初の数年間に確乎たる基礎陶冶を受けるために、まだほとんど何ごともなされていない」[35] ということをいたく憂え、母親に対する「外的指導（äußere Leitung）」（P.S.W.XⅦ,S.347）の必要性を痛感していたのでした。したがって、長年にわたる教育の実践と研究とを通して体得するに至った「子どもの教授（Unterrichten）の最初の時期（erste Stunde）は彼の誕生の時期（Stunde seiner Geburt）であり」（P.W.A.XⅦ,S.184）、「子どもの感覚（Sinn）が自然の印象（Ein Drücke der Natur）を感じるようになるこの瞬間から、実に、この瞬間から、自然が彼を教授するのである」（P.W.A.XⅦ,S.184）という確信に導かれて、彼は、「自然（Natur）や環境（Lage）や母親の愛（Mutterliebe）が、未だものの言えない年齢の子どもの感覚にもたらすものを偶然（Zufall）に任せるようなことはしない」（P.W.A.XⅦ,S.313）ようにするために、「母の書（Buch der Mütter）」・「母のための手引き（Anleitung für Mütter）」の構想を打ち出したのです。ペスタロッチーがBuch der Mütter・Anleitung für Mütterを構想するに至った動機の一つをこのようにとらえることはあながち誤りであるとは言えないのではないでしょうか。繰り返すことになりますが、彼の著わした作品に見出される、

「わたしは偶然的なものに側を通り去らせるとともに、あらゆる直観認識（Anschauungserkenntnisse）そのものの本質的なものをすでにこの年齢の子どもの感覚（Sinne）の前にもたらし、その印象の意識（Bewußtsein ihres Eindrucks）を彼にとって忘れ難くするのを可能にするためにすべて

34）　長田 新編集校閲『ペスタロッチー全集（第12巻）』:『ランゲンタールの講演』（平凡社、1959年、488頁）
35）　前掲書、476頁

のことをおこなった」(P.W.A.XVII,S.313)

「この書はわれわれの認識のもっとも本質的な諸対象の最も包括的な叙述を含むだけではなくて、これらのもろもろの対象の飛躍のない配列を示す素材(Stoff)をも載せるべきで、それによって子どもは対象をはじめて直観したとき、すでに、対象の間の多様な関連と、多様な類似性とに気づくようにしなくてはならない」(P.W.A.XVII,S.313)

「子どもが音声を口まねすることの出来る以前に,音(Schall)や調子(Ton)の意識が重要であるというこの原理(Grundsatz)にしたがい、音声の調子(Töne)がまだ口のきけない子どもの耳の前にもたらさせるのと同様に、絵(Bild)や事物(Gegenstände)が彼の目の前にもたらされることは決してどうでもよいことではないという確信のもとに、わたしは母親たちのために一冊の本を作りあげた。その中でわたしは数(Zahl)と形(Form)の出発点のみならず五官(fünf Sinne)がわれわれにこれらの事物について明示する最も本質的な他の諸性質をも着色された木版画(illuminierte Holzschnitt)によって直観的(anschaulich)にさせ、そして数多い名称の確実な、多様な直観(Anschauung)によって生気づけられた意識(Bewußtsein)を通じて将来の生活(Künftiges Leben)を準備し、それを容易にしようとしたのだ。…わたしは最もはやい時期の子どものためのこれらの直観表(Anschauungstafeln)を一冊の方法の書(Methodenbuch)によって案内したいと思う。その本の中には、示されるそれぞれの事物について子どものために述べられねばならないそれぞれの言葉が非常に明瞭に表現されているので、最も未熟な母親にもこの点ではわたしの目的を達成させることができるのである。そこでは、わたしが述べている事がらに一言も付け加える必要がないから」(P.W.A.XVII,S.254) usw.

上記の語句はいずれもそれを裏づけているように思われます。

「母の書(Buch der Mütter)」・「母のための手引き(Anleitung für Mütter)」構想の動機をめぐる上記のような語句の解釈の真偽は別にしても、いずれにしても、それを構想する段階では、彼は、「世の中の最も本質的な諸事物(Gegenstände)、なかんずく、種(Geschlecht)や属(Gattung)として事物の全系列を含むようなものが一般的にそこに言葉として述べられ、母親たちは子どもにそれらの事物の明確な名称を知らせ熟知させる状態（Stand）におかれる」（P.W.A.XⅦ,S.259）ような内容の書物を念頭においたもののようでした。しかし、その点では実際に刊行された『母の書、あるいは母がその子に観察したり話したりすることを教えるための手引き、第一部』（チュウリッヒ、ベルン、チュウビンゲン、1803）の内容が、もっぱら、子どもをして人間の身体を多くの視点から注目するようにさせるための練習に関する事がらで占められていたことに比し、一見、矛盾しているようにも思えないわけではないのです。

構想の段階では、「Buch der Mütter」・「Anleitunng für Mütter」の内容が「世の中の最も本質的な諸事物」を対象としているのに対して、『母の書、あるいは母がその子に観察したり話したりすることを教えるための手引き』の「第一部（Erstes Heft）」では、子どもに対し自分の身体の主要部を全体にわたってよく知らせたいという意味で、その内容がいたって狭く限定されてしまっているのです。内容としての対象の幅を広く無限定にするか、それとも、それを狭く限定するか、というような両者の差異、それは、一体、如何なる理由によるのでしょうか。言うまでもなく、それは、彼が常に「自然的遠近（physische Nähe oder Ferne）」（P.S.W.XⅥ,S.115）にかかわる「自然的機制（physischer Mechanismus）」（P.S.W.XⅥ,S.115）の範囲内にて物事に対処していたことを示す一つのあらわれに外ならないもののようです。即ち、彼の遵奉していた「自然は子どもにより近いものをより遠いものよりいつも強力に印象づける」（P.W.A.XⅦ,S.319）という「自然の崇高な法則（höhes Gesetz der Natur）」（P.W.A.XⅦ,S.319）が、これにもまた適用されたわけです。「自然的遠近」にかかわる「自然的機制」を重視する彼の姿勢は、実際、彼の生涯の思索と活動の全ての領域に一貫して顕著に認められ得るところのものであり、『母の書』以前の作品でも、それは各所に様々な形態において瞥見することができます。例えば、『息子の教育に関するペスタロッチーの日記』（Tagebuch Pestalozzis über die Erziehung seines Sohnes, 27. Januar bis 19. Februar 1774）では、

「わたしは、彼がいままで真の意味をしることなしに暗記して唱えている言葉の概念を、最初の数の真の意味を知らせることでもって規定しようとした。この例によって、事物の正しい理解と結びついていない言葉の知識が、真理の認識に如何に有害であるかということを、どんなに愚かな人で

も理解するだろう。…なぜわたしは愚かなことをなしたのだろう。わたしが最初の数を彼に言った時に、その概念を同時に規定するという細心さなしに、なぜ私は彼に真理の認識にとってかくも重要な言葉をあんなに性急に語ることを教えたのだろう。彼が常にすべての与えられた材料において2を正しく知るまでは彼に3を語らせないということは、どんなにか自然であったことだろう。そうすればどんなに自然に彼は数えることを学んだことだろう」(P.S.W.Ⅱ,S.118f.)

『隠者の夕暮』(1780)では、

「それによって人間が彼の境遇において幸福にされる知識の範囲は狭い。そしてこの範囲は近く彼の周囲から、彼の本質(Wesen)のまわりから、彼の最も近い関係(Verhältnisse)の周囲から始まって、そこから広がってゆく」(P.W.A.Ⅳ,S.146)

「純粋の真理感覚(Wahrheitssinn)は狭い範囲で形作られる。そして純粋の人間の智慧(Menschenweisheit)は彼の最も近い関係の知識ならびに彼の最も近い事がらを立派に処理する錬成された能力(ausgebildete Behandlungsfähigkeit)の確乎たる基礎の上に立っている」(P.W.A.Ⅳ,S.146)

「人間よ、汝自身、汝の本質(Wesen)と汝の諸力(Kräfte)の内的感情(innere Gefühl)は陶冶的な(bildend)自然の第一の主題である。しかし汝は地上において汝ひとりだけのために生きているのではない。それ故に汝を自然は外部との関係のために、また外的な関係によって陶冶する。これらの関係は汝に近ければ近いだけ、人間よ、それは汝の使命のための汝の本質の陶冶にとって汝には大切であるのだ。近き関係から形成された力は、常に、近い諸関係に対する人間の智慧と力との源泉である」(P.W.A.Ⅳ,S.152) usw.

『スイス週報 － 第二の冊子 － 』(1782)では、

「わたしはわたしの子どもに、あまり多くのことを語らない。わたしは子どもの周囲にあるものをすべて単純に見たり聞いたりするように習慣づける。そこにおいて子どもが生活しているすべての事物は、子どもにとって、その秩序を作ったとわたしが信ずる愛する神(Gott)によって、あるいは近くあるいは遠く、置かれているが、わたしは子どもと一緒にためらわずにこの秩序の中に入り込んでゆく。わたしは、子どもがその中に置かれている境遇（Lage）において子どもにとって最も近い事がらについて、子どもに教えることから始める。そして、わたしがわたしの子どもと一緒により遠方へ歩いてゆく前に、即ち、現に存在している秩序の中でいっそう彼から隔たっているものの方へ歩いてゆく前に、わたしの子どもはこのことを完全に知り、徹底的に練習することを知らなければならない」（P.S.W.Ⅵ,vgl.S.245）

「わたしの生涯の全経験から得た最も重大な結論は、人間の幸福（Glückseligkeit）は自分が現に置かれている境遇（Verhältnisse）や業務（Geschäfte）において理性的に行動するよく陶冶された能力に依存するということである。この理性的な行動は、しかしながら、彼の手もとにあるところの全ての事物についての正しい判断を前提としており、純粋に制限された、そして長い間すべての縁遠いものや遠方の事物からは隔離された観察心（Beobachtungsgeist）に全く確かに依存している」（P.S.W.Ⅵ,S.246）

「『いたずらに遠方のみを窺うものは足下の径を踏み誤る（Wer gern weit ins ferne gukket, der fallt leicht in der Nähe die Steg herunter)』という古語がある」（P.S.W.Ⅵ,S.275）usw.

『立法と嬰児殺し － 真理と夢、探究と象徴 － 』（1783）では、

「無知（Unwissenheit）は先入見や眼鏡にしかすぎない認識よりましである。ゆっくりと自分の経験を積むことの方が、他人が洞察する真理を早く暗記して覚えこむことによって記憶にもたらしたり、言葉でもって一杯にされて彼自身の頭の自由な、注意深い、研究的な観察心（Beobachtungsgeist）を失うよりはましである。しかもさらに、家庭の子ども（Hauskind）の無知は好学的（lernbegierig）であるが、学校の子ども（Schulkind）の誤りは拭い難いのだ。家庭の子どもは彼の目や耳をいたるところで使用するのに、学校の子どもは 学校教師の目や耳で見たり聞いたりするのである」（P.W.A.Ⅷ,S.505f.）

『シュタンツ滞在について一友人に宛てたペスタロッチーの書簡』(1799)では、

「必然的にわたしは第一に彼らの内的なものそのものと正しい道徳的な情調（Gemütsstimmung）とを彼らの内に目ざまし、生気づけ、そのことに

よって彼らを外的なものに対して活動的で、注意深く、愛情あらしめ、従順ならしめねばならなかった。わたしはそうする外はなかった。わたしは『先ず内を浄めよ、然らば外もまた浄まるべし（Macht erst das Inwendige rein, damit auch Äußere rein werde）』というイエス・キリスト（Iesu Christi）の崇高な原理を信頼せざるを得なかった。そしてそうしたときに、この原理はわたしの歩み（Gange）において異論なく正しいものであることが証明された」（P.W.A.XVI,S.105）

『牧師ザムエルのもとでの七日間』（1800）では、

「人間は余計なものや彼に無関係であるものを頭の中に取り込むべきでは決してありません。さもないと彼は一瞬のうちに、自分に関係のあるものや、最愛でなければならないものを失ってしまいます」（P.S.W.XV,S.81）

『メトーデ － 1800年6月27日のペスタロッチーの覚え書き － 』（1800）では、

「どのようにして母なる自然が最初に出てくる芽生えを発展させる際にすでにまた根の萌芽をも発展させ、木の最も重要な部分を深く大地の中に埋めているかを、注視してご覧。自然はさらにまたいかにしても動かすことが出来ないような幹を深く根の本質から形成し、太い枝をば幹の本質から形成し、小さな枝を太い枝の本質から形成し、また最も弱い、最も外側の部分をも十分につくりだし、しかも如何なる部分に対しても無用な不釣り合いな不必要な力をつくりださないかをご覧。感性的な人間自然の機制（Mechanismus der sinnlichen Menschennatur）はその本質においては、自然的自然（physische Natur）が一般にその力を発展させるのと同じ法則に従っている。この法則に従って、すべての教授はその認識部門の本質的なものを深く人間精神の本質のうちに刻み込み、次にあまり本質的でないものは実際漸次的に、しかも不断の力でもって本質的なものと結びつけ、そしてすべての部分をその部分の最も末梢的なものにいたるまで生き生きとして、しかも釣合のとれた関係で保たせるのである」（P.S.W.XVI.107f.）

「わたしは、わたしの直観とわたしの努力とわたしの目的とが、わたしの意志を決定する事物（Gegenstände）の自然的遠近（physische Nähe oder Ferne）に結び付いているという自然法則（Naturgesetz）のあの点に再び逢着した。彼の家の戸口に生えている木を探すために一時間も遠方を走っている子どもは決して木を見分けるのを学ばないであろう、ということは真実です。自分の居間になんら努力のための刺激を見出さない子どもは、広い世界にもそれを容易に見出さないであろう。…世界の事物はわたしの感覚から遠ざけられると、それはそれだけわたしにとっては欺瞞と誤謬との源泉であり、それだけまた罪悪の源泉である。しかしわたしは繰り返す。自然的機制のこの法則も一つのより高きもののまわりを回転する。それは汝の全存在の中心点を回転する。そしてこれは汝自身であるのだ。自己認識（Selbstkenntnüß）はこのように全人間教授の本質（das Wesen des ganzen menschlichen Unterricht）が出発すべき中心点である」（P.S.W.XVI,S.115f.）usw.

『ゲルトルートは如何にしてその子を教うるか － 子どもを自らの手で教育しようとする母親への手引書 － 書簡形式による一つの試み － 』(1801) では、

「自然が最も幼少の子どもの意識にもたらすところの直観認識（Anschauungserkenntnisse）の測り難い範囲のものが、この書（『母の書』）では心理的に提供され、統一されている。自然は子どもにより近いものを常により遠いものよりも強力に印象づけるという自然の崇高な法則は、事物（Dinge）の本質は子どもに事物の変化する性質よりも一層強力な印象を与えるようにするという、教授にとって非常に重要な原則と結びついている」（P.W.A.XVII,S.319）

上記のような文言がそれです。

ところで「自然的遠近」に関わる「自然的機制と『母の書、あるいは母がその子に観察したり話したりすることを教えるための手引き、第一部』（チュウリッヒ、ベルン、チュウビンゲン、1803）に於ける「練習」の対象が身体のそれに限られていたことについては、シュプランガーやケーテ・ジルバーによる指摘もないわけではありません。

シュプランガーの場合、

「真理の把握は、諸対象の遠近にかかっている。それは、生物学的な（biologische）近さと、例えば、貧民というような階層に結び付けられている（Standesgebundenheit, z. B. des Armen.）社会学的な近さ（soziologische Nähe)が考えられている。さらに次のようなことが推論される。すなわちその点に於いては、すべての認識は自己認識とともに始まるということである。『真理の認識は、人間の場合には自己自身を知ることに由来する（Die Kenntnis der Wahrheit geht bei dem Menschen von der Kenntnis seiner selbst aus)』。この脈絡に於いては、クリュージーの『母の書』でなされていた誤った企ては、どちらかと言えば理解される。クリュージーは『母の書』では、言うに言われない単調さで子どもが自分の身体の個々の部分に注意し、命名するようにさせられる」[36)]

「クリュージーによる『母の書』(1803）は、次のような誤った思想に基礎を持つ不幸な代用品である。即ちあらゆる認識は自分の身体の諸部分の観察や命名のような、最も近いものとしての自己認識からはじまらなければならない、という思想である。しかし、技術なき直観から直観の技術（方法化された直観）への、漸進的な移行を生み出すという原理そのものはその後でもしばしばあらわれている」[37)] usw.

ケーテ・ジルバーの場合、

「彼はまた、直観を『悟性の作品』あるいは『わたし自身の作品』としている。ここから、すべての認識は『わたし自身に由来する』、という結論が出てくる。しかしまた『直観』のうちには他の観点がある。すなわち『わたし』はわたしの世界の中心であって、外界の事物は『わたしの感覚に触れ』、それによってわたしに謂わば啓示される、という見解である（一種の世俗化された神秘主義)。人間は、ペスタロッチーの言うところによれば、彼が決して自分で選びもしない（！）生活圏の中心に – 生活圏の中心に坐っている蜘蛛のように – 坐っていて、世の中のすべての真理を、諸対象が彼の活動しているこの中心点に接近する程度に応じて、認識する。目の前にある対象の自然的な遠近はそれ故に感覚的な印象と認識の明瞭性とに決定的な影響をもたらす。すべての経験の中心点としてのわたし自身はわたし自身に最も近い存在であるので、わたし自身についてのすべ

36） EDARD SPRANGER：PESTALOZZIS DENKFORMEN. Dritte Auflage, QUELLE & MEYER・HEIDERBERK, 1966, S. 65
37） 前掲書、S. 104

ての認識とすべての意識は、わたしの外にある事物についての他のすべての認識よりも一段と明瞭である。こうした方法でもペスタロッチーは、『真理の認識は人間にあっては自分自身の認識から出発する』、という原則に到達する」[38)]

「もっとも基礎的な書物、それは『母の書』であるが、それはペスタロッチーが、『普通の母親』の指導に対してきわめて必要だと思っていたような形式では、決して現れなかった。クリュージーによって改訂された現在の草稿では、ペスタロッチー自身がその言語の練習問題でおかしていた誤謬をただ強めているにすぎない。すなわちそれは、最初の会話教授の際、子どもが自分自身の肢体を命名し始めるというやり方で『子どもから出発する』ようにしている」[39)] usw.

視点を変えれば、これについての疑問は、また、子どもにおける「言語力（Sprachkraft）」（P.W.A.XXII,S.194）の発達過程と「自己意識（Bewußtsein von sich）」（P.W.A.XXII,S.195）の覚醒との関係についての彼自身の見解に注目することによって、ある程度までは、解き明かされるのではないかとも思われるのです。

ペスタロッチーは、子どもには音を通して自己をあらわしたいという内的衝動が、本来、そなわっており、この音を通じて自己をあらわしたいという「内的衝動（innerer Drag）」（P.W.A.XXII,S.194）とこの衝動を鼓舞する「母の言葉の印象（Eindruck der mütterlichen Rede）」（P.W.A.XXII,S.214）とが、子どもの表象において相互に混合することによって言語力の発達は展開され、それによって自己意識が覚醒されるにいたるのである、と考えていたのではないかとも思われるのです。

彼は『基礎陶冶について － 1809 年のレンツブルクにおけるスイス教育友の会でなされた講演 － 』（1809）において次のように述べていました。

「母の言葉は子どもにとっては最初から既に単なる動物の声ではない。子どもが母の口から聞く言葉を直接他の音声から区別できなくても、それに

38） Käte Silber：PESTALOZZI, Der Mensch und sein Werk, Quelle & Meyer, Heiderberg 1957, revidiert von der Autorin für japanische Auflage, 1976, S. 129

39） 前掲書，S. 133

もかかわらず、その言葉は子どもに人間的に話しかけます。母の言葉の印象はそれにもかかわらず存続し、すでにいまなお話すことも、子どもが聞く言葉を完全に理解することが出来ないうちから、子どもの言語力の陶冶を準備する。…子どもは言語に到達するための最初の努力において、かれの子どもらしい年齢に固有な感性的要求（sinnliches Bedürfnis）のための音声（Tone)、即ち叫声（Schreien）から出発して、次に間もなくこの叫声から微笑ましい愛らしい片言（Lallen）へと高まります。子どもの、愛らしい母の言葉は、子どもにとって同様に愛らしい微笑ましい片言です。子どもはこの母の片言のうちにすでに愛や配慮や指導や厳粛さを見ます。子どもは愛の片言を厳粛さの片言から、配慮の片言を好意（Freundlichkeit）の片言から区別することをはじめます。子どもは日ごとにより多くの愛の言葉やより多くの厳粛さや配慮の言葉を意識するようになる。感性的な必要のための音声は子どもにとってはもはや十分ではありません。子どもの叫声は減じて、子どもの片言が増えます。子どもはいまや母の片言を、母の愛の音声や母の厳粛さの音声を模倣したくなる。母の言葉の意義は子どもにとってはもはや空虚な響きではありません。言語と言語能力との両者の最初の意義が子どものうちに発達しているのです。語ることが出来るようになりたいという衝動が子どものうちにますます生き生きとしてきます。それは子どもにとっていまなお困難であるが、子どもは力を出します。子どもは語ろうとします。一つの言葉が彼に成功します。母は驚喜し、話しつつある子どもを胸に抱きしめる。子どもは母にとっては一つの新しい出現物（Erscheinung）である。子どもは母にとっては新たに創造された子どものごとくであります。子どもは母にとって一層人間的な存在のように思われます。子どもの力の感情（Kraftgefühl）は、かれの成功の意識と母の愛との両者によって生気づけられます。子どもはますます多く語ります。母は歓喜と愛との嬉しい感情をもって、子どもの語る衝動（Rededrang）を満足させ生気づけるためにますます骨折ります。子どもの精神的自我（geistiges Ich）が組織される。子どもの内的な自己意識が目醒める。子どもが初めて発言する Ich（わたし）という言葉とともに、わたしはあるという荘厳な表現とともに（mit dem erhabenen Ausdrdruck：

ich bin)、子どもは自己自身を獲得し、それとともにあらゆる世界観（Weltanschauung）やあらゆる世界経験（Welterfahrung）の永劫の確乎たる中心点を獲得したことになる。子どもを同時に間断なく無限の様式で世界と世界の諸対象へむすびつけるこの彼自身という世界の鏡（Dieses sein Selbst：ein Spiegel der Welt）はまた普遍的な出発点となる。この出発点から言語の基礎的学習（Elementallehre）はあらゆる方面へ導かれる。それらを集中させる中心点を『母の書（Erstes Heft)』において提示しようとわたしたちは試みたのである」（P.W.A.XXII,S.194f.）

そのように、ペスタロッチーは、「それらを集中させる中心点を『母の書』（Erstes Heft）に於いて提示しようとわたしたちは試みたのである」と言って、そこにみられるような「中心点」を『母の書』で提示しようとしていたということを、自ら、明らかにしているのですが、この「中心点」こそ、「自然的遠近」に関する「自然の機制」からみれば、まさに、「近」たるものの最たるものであったわけでした。勿論、『母の書』が子どもに対して自分の身体の主要部分を全体にわたって知らせるようになっていたことについては、既に『スイス週報 － 第二の冊子 － 』（1782）に認められる、

「人間の最初の要求は身体的であり、感覚的であって、この感覚的で身体的な要求の満足は、この世に存在する人間の子どもへの最初の陶冶的印象を与えるものである。即ち、この満足は子どもの教育（Auferziehung）の最初の基礎であり、子どもの諸力と素質との最初の発展は、それに依存する。この世の如何なる被造物よりもより一層依存的で役に立たないのを人間の子どもは母親の胸で感じ、彼の乳母の膝で道徳性の最初の印象を愛と感謝のおぼろげな感じのうちに感じとるのであって、この感じは憐れな人間にあっては殆ど常に自己の弱さや絶え間のない要求の感じを通してもっとも純粋に維持される。この感覚的身体的な要求は次には子どもを次第に彼の精神や身体の素質のあらゆる発展へ導く。飢えてかれは自分の手をパンの方へ差し出す。彼は自分のミルクのある場所に向かって歩いてゆく。彼は援助してもらいたい人の愛を獲得するすべを学ぶ。子どもの目はあなたの目の中に、あなたの心が彼に対して好意をもっているかどうかを探る。子どもはあなたの愛や喜びや怒りの音声（Töne）を知っている。という

のは子どもはあなたを必要としているから。このように子どもの身体的な要求は、彼の諸能力の発展の基礎だ。…自然はそれ故に人間性の素質を、彼の身体的な要求の満足への子どもの注意力をとおして発達させる」(P.S.W.Ⅵ,S.284)

上記のような従前からの彼自身の考え方も、無関係ではなかったでしょう。しかしながら、いずれにしても、彼は『母の書、あるいは母がその子に観察したり話したりすることを教えるための手引き、第一部』（チュウリッヒ、ベルン、チュウビンゲン 1803）で、「中心点」を提示し、人間の身体に関する七つの「練習」を通じて、子どもに自己自身の全体から、すなわち、自己の自我から、心情として精神として身体として自己を観察することを教えようとしていたのです。

6 『母の書、あるいは母がその子に観察したり話したりすることを教えるための手引き、第一部』の実態

身体に関する七つの練習より成る『母の書、あるいは母がその子に観察したり話したりすることを教えるための手引き、第一部』（1803）は、「身体的基礎陶冶（phüsische Elementarbildung）」（P.S.W.XVII,S.330）のための手引書ではありません。それは、端的に言えば、「自然的遠近」に関する「自然の機制」からみて、ペスタロッチーによって、まさに「近なるもの」の最たるものとも見做されていた自己の唯一の要素である自己自身の全体を、子どもに、観察したり話したりさせることを、母親に教えるために著わされた手引書なのであって、そこでは子ども自身の全体は、身体としては自己直観および自己感覚の対象と、精神としては自己活動および自己意識の対象と、心情としては自己意欲および自己感情の対象とされていたのです。そして、それについては、彼自身、それとの関わりで、『基礎陶冶の理念について － 1809年のレンツブルクにおけるスイス教育友の会でなされた講演 －』（1809）では、それを補足するかのように次のようにも言及していました。

「自主的な精神発達の中心点としての子どもの自我（Das Ich des Kindes als Mittelpunkt selbständiger Geistesentwicklung）は、基礎陶冶と同様にすでに本源的にその存在とともに三つの方面から成り立ちます。…身体としては子どもは自己には自己直観（Selbstanschauung）及び自己感覚（Selbstempfindung）の対象であり、精神としては自己活動（Selbsttätigkeit）及び自己意識（Selbstbewußtsein）の対象であり、心情としては自己意欲（Selbstwollen）及び自己感情（Selbstgehfühl）の対象であります。これら三つの側面のもつ力の存在は、さらに空間的なもの（Räumliches）と時間的なもの（Zeitliches）とから、すなわちそれの能動的な側面（wirkende Seite）と受容的な側面（aufnehemende Seite）とから成り立ちます。身体にあっては前者は四肢（Glieder）にあらわれ、後

者は感官（Sinne）にあらわれます。精神にあっては前者は内的な力（innere Kräfte）として顕現し、後者は内感（innere Sinne）、即ち真理感（Wahrheitssinn）や芸術感（Kunftsinn）や道徳感（moralischer Sinn）や宗教的な感覚（religiöser Sinn）として顕現します。『母の書』（Buche der Mütter）の最初の六練習は子どもに子どもの身体的存在の空間的なもの、即ち、四肢および四肢の性質を明らかにし、第七練習は子どもの身体的存在の時間的なもの、即ち、感官および感官の活動をある段階まで明らかにします」（P.W.A.XXII,S.195f.）

既にみたように、『母の書、あるいは母がその子に観察したり話したりすることを教えるための手引き、第一部』（1803）の発刊は第一部（Erstes Heft）だけでその続編は刊行されませんでした。同作品は、母をとおして発達させられた出発点としての子どもの自己から出発して、母の行動と子どものうちなる本性の行動とに調和的にしたがいながら、子どもの直観能力や注意能力を活動させることをとおして、四肢および四肢の性質やその外的関係、更には、感官および感官の活動、等々の観察から、子どもをして、漸次、自己自身を意識させ、そうすることによって自然と環境とに対する彼自身の関係をますます明瞭にますます包括的に予知するようにさせる筈でした。けれども、その「第一部（Erstes Heft)」が刊行された段階で早くも行き詰まってしまったのです。勿論、それについては様々な理由が考えられるかと思われるのですが、いずれにしても、Erstes Heftの序文に記されたメトーデに関する、

「わたしの諸形式の貧弱な外皮（arme Hülle）は、多くの人々によって、さながら、その本質とみなされるであろうということをわたしは知っています。わたしはこれらの諸形式を＜かれら自身の制限されたすべての貧弱な考え＞（alle Elendigkeitten ihrer eigenen Beschränkung）やこの＜特性となっている貧弱な考え＞（Eigenheits-Elendigkeiten）のあらゆるがらくた（Wust）に結びつけ、そして次には、メトーデの真価（Gehalt）をそれが特性となっている貧弱な考えとの変な関係の中で生じるであろうし、また生じるにちがいない結果によって判断する多くの人々に出会うであろうということを知っています。それが、その精神を予感せず、求めもしない人間の手中におちいるときには、わたしのメトーデの諸形式も他の

すべての諸形式と共通の運命におかれるであろうということは避けられない」(P.S.W.XIX,S.350)

上記のような彼自身の予想と警告がまさしく的中してしまったのです。ある批評家たちは彼がそれを刊行したことの意味が分からなかったし、これをもって単なる不合理な実験とみなしたりもしていたようでした。また、この『母の書、あるいは母がその子に観察したり話したりすることを教えるための手引き、第一部』(チュウリッヒ、ベルン、チュウビンゲン 1803)は、世の母親たちからも無視されてしまいました。旧い教育をうけた彼女たちには、自分たちの教わってきた方法を忘れ、その周囲で用いられている方法を打破して、同書で展開されたメトーデとその精神を受けいれるだけの能力がなかったのです。もしも、同書の続編が著わされたならば、おそらく、Erstes Heft で残された第八、第九、第十の身体の練習に関する部分も取り上げられることになったでしょうし、それだけではなしに、「母の書(Buch der Mütter)」・「母のための手引き(Anleitung für Mütter)」構想の段階で、彼自身、

「世の中の最も本質的な諸事物(Gegenstände)、なかんずく、種(Geschlecht)や属(Gattung)として事物の全系列を含むようなものが一般的にそこに言葉として述べられ、母親たちは子どもにそれらの事物の明確な名称を知らせ熟知させる状態(Stand)におかれる」(P.W.A.XVII,S.259)

と、述べていたことからも類推されるであろうように、子どもの次には植物、その次には動物、それから無機物、人間の事業、その次には神の事業、等々へと、その対象の範囲は拡大されていったに違いありません。「母の書(Buch der Mütter)」・「母のための手引き(Anleitung für Mütter)」の構想の段階における対象としての内容の幅と実際に出版された『母の書、あるいは母がその子に観察したり話したりすることを教えるための手引き、第一部』で採用されたそれとの差異も、その原因を、『母の書』の続編の刊行を中断せざるを得なかったという点に求めることができるのではないでしょうか。そのように推察することができるのです。

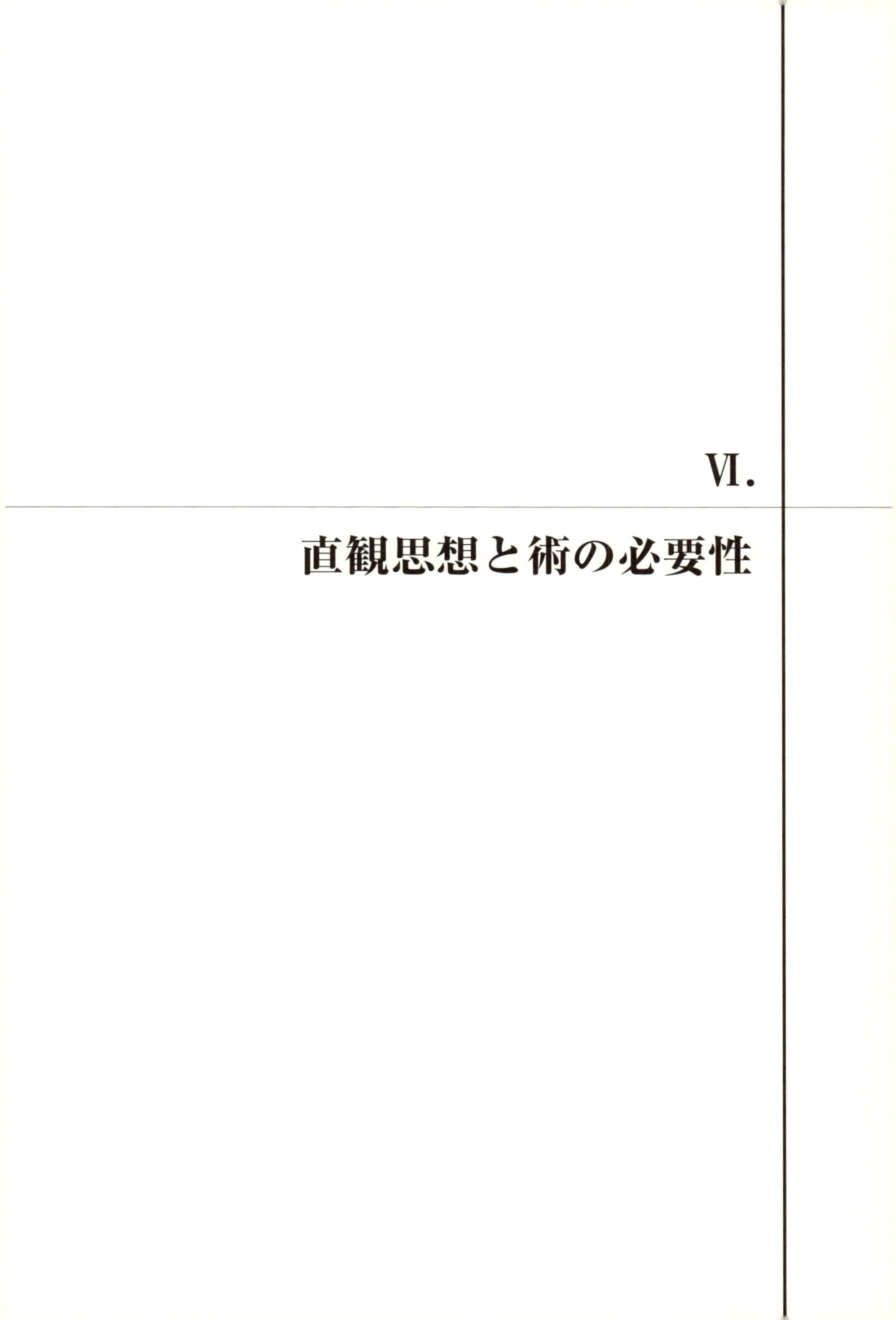

Ⅵ.

直観思想と術の必要性

1 直観の機能にかかわる用語の使用例

ペスタロッチーは、「子どもの教授の最初の時期は子どもの誕生の時期であり（die erste Stunde seines Unterrichts ist die Stunde seiner Geburt)」（P.W.A.XⅦ,S.184)、その時期から「自然（Natur）は直観をもっていっさいの教授（Unterricht）を始める」（P.W.A.XⅦ,S.311）とみて、民衆陶冶（Volks-bildung）の「メトーデ」を構築するに際しても、その根底に人間のもつ「直観（Anschauung)」の力を据えることを考えていました。したがって、そのようなことから、筆者は、彼の抱く直観重視のそのような在り方は、当然のことながら、彼によって構想された『母の書、あるいは母がその子に観察したり話したりすることを教えるための手引、第一部』（1803）に対しても、影響力をもつものであったのではないかと想定し、「民衆陶冶のメトーデ」や「基礎陶冶」、『母の書、あるいは母がその子に観察したり話したりすることを教えるための手引き』等のなんたるかを真に解するためには、ペスタロッチーにおける直観思想の把握が必要・不可欠であると考え、彼の重視していた直観（Anschauung）をめぐる若干の事項をとりあげ、それらについての吟味・検討を進めてみることにしました。

「直観」の機能にかかわる用語（1765 ～ 1801 年）

ペスタロッチーの使用した用語・「直観」（Anschauung）についてですが、彼の用いた「直観」は、一般的には、感覚的・精神的なものであるなどとされているかと思われるのですが、それはともかくとしても、実際に、彼が好んで「直観」なる用語を使用するようになったのは、フランス革命およびスイス革命に遭遇したペスタロッチーが、人々が船を改善しようとしてかえって難船していったのを目のあたりにして、この貴重な体験から国民の完全な覚醒のために「私は教師になろうとおもいます（Ich will Schulmeister werden)」（P.

W.A.XⅦ,S.174・P.W.A.XXⅣ,S.465）と言ってシュタンツへ向かって旅立っていった次の年に著わされた作品『シュタンツ滞在について一友人に宛てたペスタロッチーの書簡』（1799）あたりからでした。

シュタンツに於ける彼の活動は、彼の自覚的な教育活動の最初のものであり、彼の生涯を二分する後半生の、すなわち、教育実践家・教授法の改革者としての彼の出発点をなすものでもあったのです。それ故に、そのころから彼が直観（Anschauung）なる用語そのものを好んで用いるに至った理由も、民衆陶冶の「メトーデ（Methode）」（方法）の開発に彼が取り組みはじめたのがその頃からのことであったという事実を想起するならば、容易に推察されうるところです。しかしながら、「直観」という用語そのものの使用は別にしても、1799年頃に至って、彼が突如、彼の著わした作品のうちに「直観」の重視にかかわる考え方、直観思想を採りいれるようになったのか、それとも、この時期以前にも彼の作品のうちには、既に直観を重視する直観思想の萌芽ともいえるようなものが芽生えてきていたのであったのかというようなことになると、それらに対しては、依然として疑問が残ります。そこで、筆者としては、ここ、「『直観』の機能にかかわる用語（1765～1801年）」に於いては、1801年以前に著わされた彼の作品、即ち、『アギス』（1765）、『希望』（1766）、『息子の教育に関するペスタロッチーの日記』（1774）、『ノイホーフの貧民施設に関する論文』（1775-1778）、『わが故郷の都市の自由について』（1779）、『隠者の夕暮』（1780）、『繁栄の基礎を商業に置く小国家では市民の浪費をどの程度制限するのが適当か、という問いに関する論文』（1781）、『居間の児童教育』（1781）、『リーンハルトとゲルトルート －民衆のための書－第一部』（1781）、『クリストフとエルゼ －わたしの第二の民衆の書－』（1782）、『スイス週報－第二の冊子－』（1782）、『リーンハルトとゲルトルート －民衆のための書－第二部』（1783）、『立法と嬰児殺し －真理と夢、探究と象徴－』（1783）、『自然と社会の状態についての断片』（1783）、『リーンハルトとゲルトルート －民衆のための書－第三部』（1785）、『人類の発展に於ける道徳的諸概念の生成について』（1786-1787）、『リーンハルトとゲルトルート －民衆のための書－第四部』（1787）、『人類の発展における自然の歩みについてのわたしの探求』（1797）、『シュタンツ滞在について一友人に宛てたペスタロッチーの書簡』

(1799)、『教養の基礎としての言語 － 断片』(Die Sprache als Fundament der Kultur, Ein Fragnent, 1799)、『メトーデ － 1800年6月27日のペスタロッチーの覚え書き － 』(1800)、『ゲルトルートは如何にしてその子を教うるか － 子どもを自らの手で教育しようとする母親への手引書 － 書簡形式による一つの試み － 』(1801)、以上の作品をとりあげ、それらの作品を順次検討することによって、そのような疑問に対処してみることにしました。

ペスタロッチーが比較的若い頃（学生時代）に著わした作品に『アギス』(1765) という作品があります。この作品は、自らリュクルゴスの「Beispiel (模範、実例)」(P.W.A.I,S.28) にしたがい、あらゆる誘惑に抵抗し、単純な生活を味わい、世の人々をして彼の行為に倣わせ、それによって「国家をリュクルゴスが死後に残した、まさにその状態に再び返らせようと企図した」(P.W.A.I,S.28) が、結果的には、彼の企ては挫折し、ついには彼自身その犠牲となって殺害されるに至ったというスパルタの国王アギスと関連づけて著わされたものでした。

そこではペスタロッチーはアギスやアギスに感化されたスパルタの青年達の行為に感激し、感動するままに自らの心情を吐露して、

「スパルタの青年達諸君よ、諸君の Beispiel（模範、実例）はわれわれにとって、神聖である。ああ、われわれの胸もまた、諸君のように深く真理（Wahrheit）と道義（Tugend）とを fühlen（感じる）したいものだ！ 諸君にならってわれわれもまた真理と道義とに従うべく決意したいものだ。そうして厳格で正しい共和主義の下で、ひとえに我々の義務を遵法することに、道義と祖国とのために献身しようとする心を減少させる危険のあるすべてのものを抑制することに、われわれの幸福を求めたいものだ！ われわれの父たちの Beispiel（模範、実例）がわれわれにあなたがたの進んだ道を教えるなら、われわれは実に幸福だ」(P.W.A.I.S.18)

上記のように、彼がいかに強く、Beispiel（模範、実例）のもつ意義の重要性を痛感していたかということを強調していたのですが、それだけではなく、また、アギス王の企図・努力が水泡に帰したという歴史的事実から、更に自分たちの生きている18世紀の世界に対してもおもいをめぐらし、

「現在の我々もまたこのような奸知に陶酔して怠惰と享楽との結果、この

世界を眠って過ごしているが、このわれわれもまたこのような道義のBeispielによって、このような偉大な考えを抱くよう呼び覚まされればよいのにとわたしが希望しても、おそらくそれが何になろう。それが何の役に立とう。そんな偉大な人に出会っても、それはまるで狂暴な神にでも出会ったかのように、ただわれわれを悲しませるだけで、われわれを改善しはしないだろう」(P.W.A.I,S.27)

と、嘆息してもいたのです。しかしながら、彼の偽らぬ気持ちにおいては、やはり、彼自身、Beispielのもつ意義を十分に感じ、考え、確信していたであろうということは、Beispielの有効性がこの作品の随所で強調されていたことからも、十分に窺うことができます。そして『アギス』において強調された人間に真理と道義とを感じさせる有効な手段としてのBeispielのもつ意義を強調するそのような見解は、その翌年に著わされた『希望』(1766)に於いて、より一層明確なものとなっていったのではないかというように推察することができるのです。

『希望』も『アギス』と同様に、過激革命主義者と見做されていた青年(学生)時代のペスタロッチーの思想をわれわれに告げ知らせてくれる数少ない作品の一つですが、この作品に於いても彼は真理や道義に対する「高尚な感情(edele Empfindungen)」(P.S.W.I,S.27)を覚醒させ、生気づける手段としてのBeispiel(模範、実例)の果たす役割の重要性を強調していました。しかしながら、ここでのBeispiel重視の主張は『アギス』に於けるそれよりも、彼自身の意識においては、より一層明確なものとなっていったもののようです。何故ならば、『アギス』では作品の主人公の口を借りて、また、それとの関連において、ペスタロッチー自身のBeispielのもつ効用性の主張がなされていたのですが、『希望』に於いては、例えば、

「聖書のなかで非常に教訓に富んだ物語を読むと、わたしはいつも思う。人々はこのような一つ一つの物語(Geschichte)についても物語ったらよいのに！　何故ならそのようにすれば、多くの立派な事柄を最も印象的な仕方で(auf die nachdrüucklichste Weisen)もちだすことができるから。わたしは『最も印象的な仕方で(auf die nachdrücklichste Weisen)』と言う。何故なら、一般にBeispielは最も印象的だから(Weil Beispiel immer am meisten Nachdruck haben)」(P.S.W.I,S.26)

と、いうように、そこでは、単にBeispielの重要性を説くことのほかに、それではどのように、人々に真理や道義を感じさせるための手段としてBeispielを使用したらよいのかという、Beispielの使用方法までもが考えられていたからです。

そして、『アギス』や『希望』に於いて強調されたBeispiel(模範、実例)のもつ機能の重要性についての主張や、この世を眠って過ごしている人々をして、真理や道義に対する高尚な感情をもつように覚醒させるためには、Beispielをどのような仕方で用いたらよいのかということの主張は、それから8年後になって著わされた『息子の教育に関するペスタロッチーの日記』(1774)になると、また、別のかたちで、継承され、発展していくことになったのです。

この『日記』は、ルソー著:『エミール』(Emile, ou l'éducation, 1762)を読んで感激したペスタロッチーが『エミール』の教育法にならって、3歳と6ケ月になる自分の息子を彼なりの方法で教育しようとした一種の実践記録であったのです。

もっとも、ケーテ・ジルバーによれば、

「ジャン・ジャック(1770年8月13日生まれ)は、意味深長にそう呼ばれたがなつきやすい扱いやすい少年であった。しかし身体的にも精神的にもひ弱で、傷つきやすく、そして忍耐も力もなかった。父親によって彼は思いつくままに取り扱われた。彼の幼年時代にはペスタロッチーは彼にひどく没頭し、息子の教育について、教育原理の最初の記録を含んでいる日記をつけた。しかし家が(ノイホーフに於ける貧民施設の経営のために)乞食の子どもであふれていたとき、彼は殆ど息子の面倒を見てやることができなかった。しかも彼はこのことを有益であると思っており、自分の『自然的な』教育に関する見解と一致しているとみていた。たしかに、12歳のジャックリがエミールのように、読むことも書くこともできないのを、ほとんど誇っていたのであった。その代わり息子の心情面は、ますますたくましく育成されていると考えた。しかしそれはルソー的な教育方法の結果ではなくして、息子の発達を遅らせる生活力や天賦の才の欠如であった。母親はよりはっきりと見ていて、いくつかの悲しむべき経験に直面して、教育についての日常的な見解に立ち還った。彼女はひそかに息子に読み書きを教え、なかんずく宗教的心情を育成した。しかし彼女もまた貧民学校の繁忙のなかで、時間が見出せず、いまなお彼女の厳しい性向からみて、自分の子どもに生活の『内的な安らぎ』をあたえるように『居間』を用意してやれる力をもっていなかった」[40)]

と、言われているのですが…。

しかしながら、それにしても、この『日記』が記された時期のペスタロッチーは、既に、以前のままの彼ではなかったのです。『アギス』や『希望』が著わされた時期のペスタロッチーは、書物からのみ知識を仕入れて、理想の世界に憧れるといういわば夢見る人であったのですが、この『日記』が記された時期の彼には、もはや、そのような甘い生活を送ることは事実上許されてはいなかったのです。しかし、ノイホーフに於ける生活は、彼に、日常生活の経験から、生きた知識、実生活に役立つ知識を吸収することの必要性を感じさせてくれるようになりました。したがって、書物から学ぶということと経験から学ぶということとの知識吸収の方法の差異、それは、自ずとBeispiel（実例）に対する彼の見解にも何らかの影響を及ぼす筈です。『アギス』や『希望』にうかがわれるBeispielの効用性の強調は、書物からのみ知識を吸収する者のとかく陥りやすい、エリートとしての自意識から生み出されたBeispielのそれでした。それは、自らは既に知っている者として、書物からのみ得た知識を、物語など、言葉を媒介とするBeispielによって、無知蒙昧な人々に印象づけ模倣させるという意味でのBeispielの強調であったのです。それは、書物からえられた所謂真理の真偽を未だかって一度も疑ったことのない人間の、Beispielのもつ効用性の主張でした。

しかしながら、ノイホーフに於ける生活は彼が以前に夢みた生活とは、およそ、異なる生活でした。そこでは、日常の些事のことごとくが書物による真理の無意味さ、空虚さを彼に教えてくれたのです。結果的には、ここでは彼はもはやBeispiel（模範、実例）を民衆や貧しい子どもたちに提示するものの側に

40）　Käte Silber：PESTALOZZI. Der Mensch und sein Werk, Quelle & Meyer, Heidelberg 1957, revidiert von der Autorin für japanische Auflage 1976, S. 35

は立つことができなかったのです。Beispielを示され、それをNachahmung（模倣）する者の側に、教えてもらう者の側に立たざるを得なくされてしまっていたのです。それ故にこの新しい立場に立つ彼には、知識を授けてくれるものはもはや書物ではありませんでした。彼の求める真理、彼の求める知識は、現実の生活に役立つものでなければならなかったのです。ここでは彼がNachahmen（模倣）しようとしたBeispiel（模範、実例）は、Natur（自然）そのもの、自然のSache（事物）そのものでした。したがって、愛児ヤーコブ（Jacob, Pestalozzi, 1770-1801）の教育に際しても、やはり、彼は、例えば、

「わたしは彼に水の流れが軽快に山を下って流れてゆく有様をみせた。彼は喜んだ。わたしはほんの少しばかり下流の方へ歩いていった。彼はわたしについてきたが、水にむかってこんなことを言った。『水さん、待ってて下さい。すぐ帰って来るからね』。そこでわたしはやや下手の同じ流れのところまで彼を連れていった。『おとうさん。ご覧なさい。水もやって来るよ。あれあの通り上の方から下の方へ。そしてずんずん流れてゆくよ』。われわれは流れに沿っていった。わたしは彼に『水は山を下って流れるんだよ』と二、三度言って聞かせた」(P.S.W.Ⅱ.S.117)

というように、自然のSacheを示し、そこから真理をくみとらせるやり方をとっていたのです。それ故に彼はこの『日記』には、

「事物の内的必然性の結果によって教えうるすべてのことを、決して言葉で教えてはならない。彼をして見（sehen）せ、発見させ、倒れさせ、起きあがらせ、失敗させよ。行動や行為が可能な場合には言葉はいらない。彼は自分でなしうることは自分でなさなくてはならない。君は人間よりも自然が一層よく彼を教育することを発見するだろう」(P.S.W.Ⅱ.S.127)

とも記し、言葉による教授に先立つべき、子どもの生き生きとした体験の必要性を強調するのですが、この時期になると彼は、言葉というものはSache（事物）の本性に、人類がそれ自身のためにつくりだす表象の仕方を自分自身で与えた証言であるので、この世の万物に対して何らの概念をももっていない幼い子どもの教育には、言葉は不要なもの、必要なのは、子どもの心にSacheについての諸印象をうみだす機能をもつ子どもの感覚器官の訓練とその発達の促

進であると、考えていくようになってきていたのです。それだからこそ、また彼は、この『日記』で水の流れを息子にみせたのと同じ要領で、

「真理（Wahrheit）や発達した事物（entwiklete Objets）あるいは多方面的な様相を呈する事物（villseitig sich vorstellende Gegenstande）を出来るだけ多く子どもの眼前に行き過ぎ（vorübergehen）させ、再び来させ、再び去らせよ。押しかけさせるな。彼をして常に見（sehen）且つ聞かせよ。めったに判断を要求するな。…子どもに十分興味を与える場合には、彼をして判断せしめよ。しかしどちらかと言えば、判断させるよりも眺め（schauen）させ通り過ぎさせよ」（P.S.W.Ⅱ,S.121f.）

と、事物や事柄に関する正しい知識を獲得する手段としての sehen することや、schauen することの重要性を極力強調していたのです。そしてこの『日記』以後、彼の著わした作品には、真理獲得の、認識の手段として、人間の視覚の働きを重視する思想、したがって、人間の直観にかかわるとも言えなくもない、sehen・schauen の機能に何らかの意味合いにおいて関わりをもつ用語が、意図的であったかのように、次第に姿をみせるようになっていったのです。

『ノイホーフの貧民施設に関する論文』（1775-1778）についてですが、ペスタロッチーには、下層階級の子どもにも、彼らにできる種々の労働の収益によって、単純な、しかし農村の生活の必要を満たすに足る教育の費用を十分支弁することができ、青年期が終わるまでには必要な前借を返済するようにさせることができるだけでなく、彼らを立派なキリスト教的心情の持ち主として社会に送り出すことができるのだということを実証するために、ノイホーフの農場の跡地に下層階級の子どもたちのための施設を設けていた時期がありました。そしてその際に、その施設を維持するための援助を、「人類の友および保護者（Menschenfreund und Gönner)」（P.W.A.Ⅱ,S.33）に依頼するということで書かれたものが、この『論文』であったのです。

この『ノイホーフの貧民施設に関する論文』においても、『息子の教育に関するペスタロッチーの日記』（1774）で重視され、自然の事物認識の手段として使用されるようになっていた直観の機能と関わりがあるともみなされる、sehen（見る＝無意識的な知覚を表す用語）及び schauen（直観する＝目的を

もつ意志的意識的行為を表す用語)[41] を重視する彼の思想は継承されていったもののようです。

この『論文』に於いても、「善を見（sehen)、聞き、感じる」(P.W.A.Ⅱ,S.79) というように、認識の手段として sehen なる用語を使用している例は各所に見受けられるのですが、そのほかにも、直観の機能とも関わりがないとは思われない sehen・schauen の機能に関わりをもつ用語が新たに姿をみせています。それは、例えば、

「人間性の要求、神の啓示の慰安、諸々の悩みの真中で神を静かに見つめようとする信仰（ein in allem Leiden auf Gott still aufsehenden Glauben), この信仰の語りかける激励の言葉等々、これらを彼らの前から遠ざけるとき、またわれわれの享ける永遠の生命への希望の躍如たる力が彼らの魂から奪い去られるとき、それらが必要なのだ。事業主よ、汝の家の慈父たれ」(P.W.A.Ⅱ,S.60f.)

という場合の aufsehen（仰ぎ見る、注目する）なる用語の用い方ですが、それは、視覚によっては本来とらえられない筈の神に対して使用されていることを示すもので、明らかに、それは、自然の Sache を認識する手段として用いられた先の日記『息子の教育に関するペスタロッチーの日記』に於ける sehen や schauen なる用語の使われ方よりも、一歩進んだ用語の使用法であったとみることができます。つまり、『息子の教育に関するペスタロッチーの日記』で使用された sehen や schauen では、そのみられるところの、若しくは映されるところの対象は、明らかに外的な自然的なものであったのですが、ここで使用されている aufsehen のそれは全く内的な精神的なものであったのです。このように、この論文に於いては、『息子の教育に関するペスタロッチーの日記』の中にうかがわれた sehen や schauen なる用語のほかに、新たに、aufsehen なる用語が使用されていたのですが、しかしながら、われわれは、この論文を検討する際に、aufsehen そのものの用例とともに、また、次のような諸点にも留意しなければならないのです。それは、彼がこの貧民施設を経

41) 相良守峯編：SAGARA Großes DEUTSCH-JAPANISCHES WÖRTERBUCH（博友社、1972年、参照）

営しながら、常に、「素朴と喜びと光に照らされて、しかも興味をもたせ元気づけてもくれる暖かい人間性に照らされて、どうかわが施設が生きた手引き（Lehrbuch）となるように」（P.W.A.Ⅱ,S.81）と考えていたということと、「どれほど落ちぶれた人間の魂にも人間性は生まれてくるもので、厳しかった長い歳月の後に、優しい人間らしい手がさしのべられた折には、惨めにうち捨てられた子どもの目から感じ易い驚きの光がさしてくるものです」（P.W.A.Ⅱ,S.34）と言って、人類の友および保護者たちに、人間らしい手をさしのべてくれるように訴えた彼が、この施設の仕事に従事して、「わたしの理想を実現する可能性は完全に心が込められた（施設の子どもたちに対する）父としての関わり（ganzes empfundene Vaterverhältniss）の基礎の上に築かれねばならない」（P.W.A.Ⅱ,S.81）と確信するようになっていったということです。そしてここで得られた「完全に心が込められた父としての関わり（ganzes empfundenen Vaterverhältniss）の強調、即ち、「父・子」関係重視の思想は、やがて、形を変えて、次の作品、『わが故郷の都市の自由について』（1779）に受け継がれていくことになります。

『わが故郷の都市の自由について』（1779）は、彼の故郷の都市の自由が侵され、失われるのではないかという一種の危機感から生み出されたものであるので、政治的色彩のかなり濃厚な作品です。したがって、これもまた、『アギス』（1765）や『希望』（1766）と同様に、愛国者・ペスタロッチーとみなされていた時期の彼の思想の片鱗を探るには甚だ都合のよい作品の一つであると言えるものです。この作品では、彼は、当時、人々が、彼らの都市の自由が失われるのではないかと危惧し、かなり動揺していたという事実に着目しています。そしてその結果、彼らの考えている「自由」（Freiheit）とは何を意味するものなのかという疑問に端を発し、やがて、それでは真の自由とは一体如何なるものなのか、また、われわれは、動揺しつつあるこの時代のさ中にあって、どのように身を処さねばならないのか、という問題にまで、彼は、論を展開していったのです。

彼によれば、「自由は、祖国の問題に暖かい心で賢明に参与する人々の目立たぬ感覚（Sinn）であり、また自らの家庭が幸福であるようにと穏やかに、しかし真剣に心を配る人々の精神である」（P.W.A.Ⅲ,S.101）ので、人々に自由の享受が可能となるのは、「民衆が自由の権利の程度にしたがってその節度を守っている場合に、国民がその福祉の源泉にふさわしく教育され、国民の道義的風習や諸関係に基づいて高められている場合に、ただただ限られているのである」（P.W.A.Ⅲ,S.101）というように考えられていました。したがって、そのようなことから、彼らの都市の自由の喪失を恐れて動揺している一般の人々に対して、彼は、「自由は、はったり屋の貴族の精神でもなければ、一面に偏した民衆の権力の反逆的な傲慢でもない」（P.W.A.Ⅲ,S.100f.）と、率直に自らの心の内を吐露することができただけではなしに、また、時代の動揺に対しても、「今日流行している動揺は、人間の一切の感情（Menschengefühl）と市民の一切の感覚（Bürgersinn）との無力化である」（P.W.A.Ⅲ,S.109）と決めつけるような言葉を口に出すこともできたのです。そして、ここより、民衆に真の自由を獲得させるための方策が彼によって考えられていくことになりました。結論から言えば、彼は、「自由な国の第一の不可欠の必要事は、その風習や法律が啓発的で、暖かく、しかもすべてを生き返らせるような自由感覚（Freiheitssinn）を呼吸し、市民の家庭的な風習的な環境とさらには彼らの内心の状態と外面の調子とが、憲法の究極目標と合致している」（P.W.A.Ⅲ,S.102）ことが大切であるというのです。そこで、そのような状態に国家および市民をおくのに必要なものとして、彼は、市民各自に於ける「愛国心」（Patriotismus）の昂揚を説くことになるのですが、彼の意味する愛国心とは、「たとえ自らを犠牲にしなければならないような羽目に立ちいたったとしても、祖国に払う至当な敬意を忘れないように教育された市民の力」（P.W.A.Ⅲ,S.101）を意味するところのものでした。しかも、彼によれば、このような市民の力は、「献身的で不動の内面的な父親的な感覚（Vatersinn）と、暖かく生き生きとした兄弟的な感覚（Brudersinn）と、また穏やかで愛と感謝とでいっぱいの子ども的な感覚（Kindersinn）とに根をおろしている」（P.W.A.Ⅲ,S.101）と捉えられていたのです。そして、そのような見地から、彼は、政権担当者に対してはVatersinnが、一般民衆に対してはKindersinnが特に大切であるということを、強調し、政権担当者とその他の一般市民との相互において、VatersinnとKindersinnとの関係を内心深く感じ合うことが可能になれば、つまり、すべての人々が「愛国心」（Patriotismus）を確固として自己の胸に抱いて生きることができるようになれば、そのときになってはじめて、彼ら全てに、真の自由が享受されるようになるのであると、結論づけていたのです。

ペスタロッチーは、この論文に於いて、真の自由を全ての人々が享受することができるようにするためには、政権担当者と一般市民との相互におけるVatersinnとKindersinnとの関係の正しい把握が大切であるということを強調していたのですが、この論文の中にも、直観の機能ともかかわりがないとはいえない、sehen・schauenの機能とかかわりのある用語が新たに姿を見せていました。それは、

「土地に対する徹底的の裏切りが暴露され、市民たちが選挙された人々の内的な精神を見通すように（durchzusehen den innern Geist）啓発された目立たない実直な父親たちを、偽善的なペテン師の恋人から区別することを学ぶことが…土地の賢明な父親にとって、国家が真に必要とするものだ」（P.W.A.Ⅲ,S.114）

という場合の、durchsehen（見通す、見抜く）なる用語の用例ですが、このdurchsehenの使われ方は、明らかに、先にふれたsehenやschauen，aufsehenの使われ方とは異なるもので、ここでは、人間の内的精神というような実際には、視覚ではとらえられない対象を把握する機能をもつものとして、特に、使用されていたのです。

『わが故郷の都市の自由について』に於いて力説されたVatersinnとKindersinnとの相互の関係を重視する思想は、そのまま『隠者の夕暮』（1780）に継承されていきます。「神の父心、人間の子心。君主の父心、民の子心。すべての浄福の源（Vatersinn Gottes：Kindersinn der Menschen. Vatersinn der Fürsten；Kindersinn der Bürger. Qeullen aller Glückselichkeit）」（P.W.A.Ⅳ,S.145）という『隠者の夕暮』冒頭の箴言はそれを示す何よりの証拠です。しかしながら、ここでは、ただ単に、VatersinnとKindersinnとの相互の関係そのものだけが強調されているというものではありませんでした。勿論彼は、当時、君主（Fürst）にはVatersinnが一般市民（Bürger）にはBürgersinnが欠如していることを痛切に感じていました。そこで、この作品に於いては、君主にはVatersinnへと、一般市民にはKindersinnへと、彼らを覚醒、向上させるための方法が考察されることになります。それ故に、そこでは、彼は、

「人間の本質をなすもの、彼の必要とするもの、彼を向上させるもの、そして彼を賤しくするもの、彼を強くしたり弱くしたりするもの、それこそ国民の牧者にも必要なものであり、もっとも賤しい小屋に住む人間にも必要なものなのだ」(P.W.A.Ⅳ,S.145)。それなのに、「何故に、人間は人生の悦楽と浄福(der Genuß und der Segen seines Lebens)とを得るために彼の本性の要求(Bedürfnisse seiner Natur)を探究しないのか。何故に彼は安らぎでもあれば生の悦楽でもある真理(Wahrheit)を求めないのか。彼を心の奥底に於いて満足させ、彼の諸力を発展させ、彼の日々を慰め、彼の年々を幸福にする真理を求めないのか」(P.W.A.Ⅳ,S.145)

と、人々をして自省するよう促し、これらのことが遂行されて、はじめて、Vatersinn や Kindersinn は真の意味で人間のものになるというように述べていたのです。

それでは、Vatersinn や Kindersinn へと覚醒、向上させる手段、「真理」探究の方法は、ここでは一体どのように考えられていたのでしょうか。

彼は、「人間は彼の本性の要求に駆り立てられて、この真理への道(Wahn zu dieser Wahrheit)を彼の本性の奥底に(in Innersten seiner Natur)見出す」(P.W.A.Ⅳ,S.146)ものだと考えて、「人間よ、もし汝が、自然のこの秩序のうちに(in dieser Ordnung der Natur)真理を探究したら、汝はこの真理が必要に応じて汝の立場に対しても、汝の行路に対しても役立つことを見つけるだろう」(P.W.A.Ⅳ,S.146)と述べていました。彼によれば、自然の道(Wahn)、自然の秩序(Ordnung)のうちに真理(Wahrheit)を探究すること、合自然の原理を探ること、これが重要だというのです。そしてそのような観点より、彼は、純粋な真理感覚(reine Wahrheitssinn)を培う方法についての考察に取り組むのですが、ノイホーフの農業生活に身を投じて以来、彼にあっては、人間をその境遇に於いて幸福にする知識は、常に、彼の周囲の近くから、彼の身の近くから、彼の最も近い関係から始まって、そこから遠方へと広がっていくものであるというのが、彼自身の信念となっていたので、ここでも、彼は「純粋の真理感覚(reine Wahrheitssinn)は狭い範囲で形作られる。そして純粋の人間の智慧(reine Menschenweisheit)は、彼に最も近い関係の知識並びに彼に最も近い事柄を立派に処理する錬成された能力の確乎たる基礎の上に立っている」（P.W.A.Ⅳ,S.146）と考えていました。したがって、その方法として、彼が、言葉による知識よりも、事実に基づく知識を重視したのも当然の成り行きであったのです。それ故に、

「満足している乳呑児（Der befriedigte Säugling）はこの道において母が彼にとってなんであるかを知る。しかも母は幼児が義務（Pflicht）とか感謝（Dank）とかいう音も出せないうちに、感謝の本質である愛（Liebe）を乳呑児の心に形作る（bilden）。そして父親の与えるパンを食べ、父親と共に囲炉裏で身を暖める息子は、この自然の道で（auf dieser Bahn der Natur）子どもとしての義務のうちに彼の生涯の浄福をみつける」（P.W.A.Ⅳ,S.146）

上記のように、彼は、人間をして、「彼が現実の事物の事実的認識（Realkenntnis wirklicher Gegenstände）によって彼らの精神を真理と知恵とに副うように陶冶する（bilden）」（P.W.A.Ⅳ,S.147）ことを考えることになります。しかも、彼によれば、「われわれの境遇上の要求からあらわれてくるこの人間の智慧（Menschenweisheit）は、われわれの活動力を強め且つこれを陶冶する（bilden）」（P.W.A.Ⅳ,S.146）ものであるととらえられていて、しかも、「この人間の智慧のもたらす精神の傾向（Geistesrichtung）は、単純でもあればまた凝視的（hinsehend）でもあり」（P.W.A.Ⅳ,S.1456）、更には、それは、「この知恵の現実的な関係のうちに確立している事物の自然状態の全体の力によって形作られるものであるから、真理の如何なる方面にも向けることができる」（P.W.A.Ⅳ,S.146）というように考えられていたのです。

ここでは、何らかの意味に於いて、sehen・schauen の機能に関わりをもつ用語として、hinsehen（凝視する、じっと見つめる）が使用されているのですが、この hinsehen なる用語の使用例は、『隠者の夕暮』に於いて初めて姿を見せた新しい用語のそれです。そして、ここに於いて使用された「この人間のもたらす精神の傾向は、単純でもあれば、また hinsehend でもある」という場合の hinsehen なる用語のもつ機能は、明らかに、sehen や aufsehen や durchsehen のそれとは、異なるものであったのです。それでは、次に、その翌年に著わされた作品に目を向け、検討を進めてみることにします。

1781 年に著わされたペスタロッチーの作品の中には、『繁栄の基礎を商業に

置く小国家では市民の浪費をどの程度制限するのが適当か、という問いに関する論文』（1781）と『居間の児童教育』（1781）、『リーンハルトとゲルトルート － 民衆のための書 － 第一部』（1781）等々の作品がありますが、『繁栄の基礎を商業置く小国家では市民の浪費をどの程度制限するのが適当か、という問いに関する論文』や『居間の児童教育』等に於いては、sehen・schauen の機能ともかかわりをもつ用語としては、別にこれといって目新しい用語は使用されていないので、ここでは、後者、即ち『リーンハルトとゲルトルート － 民衆のための書 － 第一部』の中で使用されている直観の機能にも関わりがないとは言えない sehen・schauen の機能に関わりのある新しい用語の使用例だけをとり上げてみることにします。彼は、この作品の「序」（Vorrede）に於いて次のように述べていました。

「読者よ！ これらの草稿は、国民に対して、国民にとって重要な若干の真理（Wahrheit）をば、彼らの頭（Kopf）と心情（Herz）とに訴えるような方法で伝えようとする試みの物語的（historisch）な基礎である。わたしは事実的な物語（das gegenwärtige Historische）とともに、それに基づく教訓的なものを、出来るだけ注意深く（sorgfältig）自然を模倣（Nachahmung）し、至る所に既に存在しているものを単純に叙述することによって基礎づけようと試みた。わたしは、ここに物語ること、すなわちわたしが実生活の途上で、たいていは、みずから見たり（sehen）聞いたり（hören）したことを叙述することにおいて、わたしが見たり聞いたりしたことにわたし自身の意見（meine eigene Meinung）をつけ加えないように注意することさえした。それは国民自身が感じ（empfinden）、判断し（urteilen）、信じ（glauben）、語り（reden）、そして試みる（versuchen）ようにさせたのであった。したがって次のことがおのずから明らかになるだろう。すなわちわたしの経験（Erfahrungen）が真実であり、そしてわたしがそれらの経験をば、わたしが感じた（empfinden）通りに、またわたしの究極目的の通りに叙述する（erzählen）ならば、それらの経験は、わたしが物語ることを、みずから毎日目の前に見ているすべての人々に聞き入れられるだろう」（P.W.A.Ⅵ,S.7）

序において語られたこれらの語句からも明らかになるように、この作品には、『アギス』(1765) や『希望』(1766) 以来主張されてきた彼の思想が、ことごとく盛り込まれているのです。したがって、直観の機能とも関わりがないとは言えない、sehen・schauen の機能に関わりをもつ用語も、依然として、作品中、頻繁に、しかも意識的に使用されているのですが、ここにも、これまでに一度も使用されたことのない用語がいくつか姿をみせています。例えばそれは、ヒューベルルーディの母親の死を描写する際に語られた、第18節の、

「人類よ！　人生の価値は人間の臨終の床の上で量るがよい。…そして貧乏人たちを軽蔑し、同情はするが、知らない汝は…不幸な生活をしたものがこのようにして死ぬことができるものであるかどうかを、わたしに言ってもらいたい。しかしわたしは沈黙する。わたしはお前たちを教えようとは思わない。人間よ！　おまえたち自身が目を開いて、幸と不幸、福と禍とがこの世のどこにあるか自分で見まわして (umsehen) もらいたい」(P.W.A.Ⅵ,S.76)

という著者の述懐や、丘の斜面に坐り、まさに没しようとしている太陽を眺めていた零落した憐れな男である代官の姿を描写した第68節での、

「太陽は今や没しようとして、彼が坐っていた丘の斜面に最後の光をなげていた。彼のまわりの低い野原と丘の下の方では、すべてのものが既に暗くかげっていた。しかし太陽は風もなく、雲もなく、輝かしく美しく没した全く神の太陽だ。そして代官は彼に落ちかかる最後の輝かしい光を見入って (hineinsehen)、独りごとを言った」(P.W.A.Ⅵ,S.185)

という語句や、更には、第87節で語られた牧師の、

「自然の単純と無邪気とは、使用しよく熟慮しないで判断することをせず、万事を平静に慎重に見 (ansehen)、矛盾に耐え、必要について心を用いて熱中し、意見については心を使わず、そして柔らかに静かに愛に満ちてあらわれます。ところが迷信は自分の感覚 (Sinn) に逆らい、すべての人間の感覚に逆らって意見を立てます。それは自己の自惚れの勝利に安心を見出し、全生涯を通じて粗暴に乱暴に頑固に狂奔します」(P.W.A.Ⅵ,S.217 f.)

という言葉などにおいて使用されていた umsehen (見回す) や hineinsehen (見入る) や ansehen (慎重に見る、注視する、凝視する) 等の用語です。このよ

うに、この作品に於いては、直観の機能とも関わりがないとは言えない新たに使用された用語としては、これら三種の動詞が見出されるのですが、それでは、この作品の後で著わされた作品では、どのようなことになっていたのでしょうか。

『リーンハルトとゲルトルート － 民衆のための書 － 第一部』は、ペスタロッチーの意図に反して、単なる娯楽のための読み物としてしか人々に読まれなかったようです。そこで、同作品においては読者のものにできなかった教訓を浮き彫りにし、発展させるために著わされた作品、それが『クリストフとエルゼ － わたしの第二の民衆の書 － 』(1782) でした。同作品についてですが、この作品に於いても、従前の作品同様、直観の機能とも関わりがないとは言えない人間の sehen・schauen の機能に関わりをもつ用語が、意識的に、しかも思慮深く使用されていました。例えば、

「領主は村役人の性質の内面的・外面的な図太さが、土地に極度に危険な影響を与えることを正しく認識しなければ (einsehen) ならないし、こういう狡猾で図太い人間が官房や役人や牧師などとあまりに深い、あるいは親しげな交際に立ち入った場合、普通どんな結果が生まれるかをよく知っていなければならないのだ」(P.W.A.Ⅶ,S.84)

との用例にもうかがえるように、新たに、einsehen (認識する) なる用語が見出されるのですが、この作品が著わされたのと同じ 1782 年には、彼の著作活動もとみに盛んになり、彼は、自ら『スイス週報』・『スイス週報 － 第二の冊子 － 』という週刊新聞をも発行していたのです。

そこで、直観の機能とも関わりがないとは言えない sehen・schauen の機能に関わりをもつと思われるそれ以前の作品では使用されていなかった用語の使用例を探してみると、後者の『スイス週報 － 第二の冊子 － 』(1782) の第 37 号誌上で、政治と経済とについての問題が取り扱われた際の記事や第 37 号の補足として付言された第 39 号の記事の中に、

「父として自己の義務 (seine Vaterpflicht) を果たそうとする誠意こそ、人間の徳性 (Tugend) の中心点だ。そしてこの究極目的に達すべき適当な手段を使用する才知 (Klugheit) こそ、最も重大な分野における真実の人間的叡智 (Weisheit) の試金石だ。そして汝ら人間よ、汝らは、経験

(Erfahrung) こそ真理の証明であり、経験こそこの重要な事がらに関する汝らのしたがうべき導きの星であることを知っている。それゆえに、汝らよ、人間のうちから、自己の家政と営業とをもっともよく維持する人を見つけ出し (ersehen)、探知し、捜索せよ。何故ならそういう人こそ、自己の境遇と使命とに対して最もよく教育されているのだから」(P.S.W.Ⅵ,S.271)

「われわれの家を本質的に安らかにするものは、どんなにしばしば、こまごましたことへの確かな注意であることだろう。そしてわれわれが子どもを舞踏家的飛躍や天才的飛翔へ高めることが、どんなにしばしば全ての家庭的安静や幸福を破壊することだろう。それにもかかわらず、われわれは依然として空想に耽り、われわれの子どもたちを、人間のなすすべてのことについてのこの正確な直観 (Anschauen) にまであらねばならぬすべてのことにおける確乎不抜の忍耐にまで、子どもの生活の幸福にとって重要な最も確かな秩序にまで陶冶することを、日々ますます怠っているのだ」(P.S.W.Ⅵ,S.289) usw.

上記のような使用例のあることが分かりました。それらの文言の中で使用されている ersehen (見つけ出す、推知する) なる用語や Anschauen (直観) なる用語がそれですが、特に後者は、ペスタロッチーに於ける「メトーデ」の根本原理を理解する上に、忘れてはならない用語・直観 (Anschauung) に最も近い用語であったのです。

『スイス週報』が創刊された次の年、1783年には、『立法と嬰児殺し － 真理と夢、探究と象徴 － 』(1783) や『リーンハルトとゲルトルート － 民衆のための書 － 第二部』(1783)、『自然と社会の状態についての断片』(1783) 等々の作品が著わされているのですが、直観の機能とも関わりがないとは言えない sehen・schauen の機能に関わりのある用語で、しかも新たに使用された用語を内包しているものは、これらの作品の中では、『立法と嬰児殺し － 真理と夢、探究と象徴 － 』だけでした。そして、それは、同作品の中に記された、

「この主題に関する人間性 (Menschlichkeit) の関心がいよいよ増すことはわが国では確かに必要だ。しかしそのためにわたしたちはこんな施設に逃げ道を求めてはならぬのだ。これらの不幸な人達を人間的に扱うはるかに有効な手段がわたしたちにある。わたしたちスイス人の心情 (unser

Schweizerherz）はまだこうした面をなくしてはいない。それは祖国の国民精神の中にまだ生きている。それは山や谷、都市や村の幾千の個々人の中に生きている。彼らにこれを生気づけ刺激すればいい。これらの不幸な人達の苦悩や悲哀が気高い人々の直観（Anschauung）に近づけられるだけでいい」（P.W.A.Ⅷ,S.404f.）

上記の文言に窺える「これらの不幸な人達の苦悩や悲哀が気高い人々の直観（Anschauung）に近づけられるだけでいい」という箇所の直観（Anschauung）なる用語ですが、ここに使用されていた直観（Anschauung）こそ、彼の作品の中で使われたAnschauung（直観）なる用語の最初の使用例であったのではないかと思われます。

『アギス』に始まり、『立法と嬰児殺し － 真理と夢、探究と象徴 － 』が著わされる時期に至るまでのペスタロッチーの著わした作品を検討することを通して、筆者は、既に彼が真理探究の手段としてsehen、schauen、aufsehen、durchsehen、hinsehen、umsehen、hineinsehen、ansehen、einsehen、ersehen、Anschauen、Anschauungなる用語のもつ機能に注目し、それらの用語を自ら著わした作品の中で使用していたという事実を突き止めてきているのですが、引き続き、その後に著わされた若干の作品についても、調べてみることにします。

既に述べたように、『リーンハルトとゲルトルート － 民衆のための書 － 第二部』（1783）及び『自然と社会の状態についての断片』（1783）には、直観の機能と関わりがないとは言えないsehen・schauenの機能に関わりのある新しい用語は見出されなかったのですが、その後になって著わされた『リーンハルトとゲルトルート － 民衆のための書 － 第三部』（1785）、『人類の発展に於ける道徳的諸概念の生成について』（1786-1787）、『リーンハルトとゲルトルート － 民衆のための書 － 第四部』（1787）等々の作品をつぶさに検討してみても、『リーンハルトとゲルトルート － 民衆のための書 － 第三部』にうかがわれる「領主夫人と牧師夫人とは行列の一番最後のところで、行列のできばえを熟視していた（Des Junkers und des Pfarers waren alle zuhinterst am Zug, besehen ihn jetzt, da er in der Ordnung stund）」（P.W.A.X,S.156）という箇所で使用されていたbesehen（熟視する、注視する）という用語以外には、

sehen・schauen の機能に関わりのある新しい用語はことさら見出されはしなかったのです。しかしながら、これらの作品に於いては、ansehen なる用語が、ことのほか、多く、しかも様々な機能をもつものとして使用されていることに気づかされるのですが、これらの作品に於いて使用された ansehen なる用語のもつ様々な機能については、やがて、その後 1797 年に至って著わされた『人類の発展に於ける自然の歩みについてのわたしの探求』に於いて、ペスタロッチーは彼なりのやり方で、その用語（ansehen）に課せられた様々な機能についての分析を行い、それを、整理していくことになります。

ペスタロッチーは、『人類の発展に於ける自然の歩みについてのわたしの探求』（1797）に於いては、「一人一人の人間は著しく高度の市民的幸福と道徳的高貴化（sittliche Veredlung）とに向上してゆくのに、何故に人類は不法の悲惨と内面的堕落の不幸のうちに滅んでゆくのか」（P.W.A.XIV,S.439）という疑問を解明せんとして人間の本性についても分析していました。そして、その結果、彼は、人間は自己自身において動物的・社会的・道徳的（tierisch・gesellschaftlich・sittlich）という三種の異なる本質をもっているがゆえに、三様の異なる仕方で世界を表象（Vorstellung）し、そのためにつくり出す真理と権利との表象もこれら三様の見地（Gesichtspunkte）に応じて本質的に異なっているということに気づき、そしてそれとの連関で、彼は、人間自然の内にあると思われる様々な矛盾について究明する過程で、それらの矛盾は、いつもこの世の万物に対して、人間の本性が三様の異なる「見方（Art…anzusehen)」（P.W.A.XIV,S.496）をもっているという事実のうちに、即ち、この世の万物を自己自身のために存する動物とみなす「見方」（Art…anzusehen）やこの世の万物を協定と契約との関係のうちにあるものとみなす「見方」（Art…anzusehen）や、更には、この世の万物を自己の動物的欲求や社会的諸関係とは無関係なものとしてみなす「見方」（Art…anzusehen）をもちうるという事実のうちに求めることができ、それらの矛盾を自己自身のうちで解消させるには、ただただ人間が「道徳的本質（sittliches Wesen）であるときにのみ可能となると想定せざるを得なくなっていったのです。

このように、ペスタロッチーは、『人類の発展に於ける自然の歩みについてのわたしの探求』（1797）においては、ansehen なる用語のもつ諸機能を、大きく三つの種類に分類していたのですが、これと全く同意味のことを、文化哲学的な『探求』ならびにその続編で、『メトーデ － 1800年6月27日のペスタロッチーの覚え書き － 』(1800) への最初の心理学的・教育学的な試論との橋渡しを形成することになる[42]『教養の基礎としての言語 － 断片』(1799) では「直観の仕方」(Anschauungsweise) という用語を用いて、それを、表現していました。それは同作品にうかがわれる、

「社会的人間は出来るだけ早期に、本能によって動物的に制約された義務や権利を認めないで、本能から出てくる世界の直観の仕方 (Anschauungsweise der Welt) とは全然異なる万物の直観の仕方 (Anschauungsweise aller Dinge) へと、指導されなくてはならない」(P.W.A.XV.S.128)

「万物の直観の仕方 (Anschauungsweise aller Dinge) をこのように変えなくてはならないのは、この直観の仕方 (Anschauungsweise) の道徳的、および市民的な価値に基づいている」(P.W.A.XV.S.128)

「社会的人間の欲求能力は、一般にこの変化によって生ずべき万物の直観のしかた (Anschauungweise aller Dinge) に調和させなくてはならない」(P.W.A.XV,S.128)

等々の語句によっても、明白です。そしてこれ以後に著わされた作品では、またもや、Art…anzusehen や Anschauungsweise なる用語は姿をみせなくなってしまっています。そしてその代わりに、『シュタンツ滞在について一友人に宛てたペスタロッチーの書簡』(1799) や『メトーデ － 1800年6月27日のペスタロッチーの覚え書き － 』(1800)、更には、『ゲルトルートは如何にしてその子を教うるか － 子どもを自らの手で教育しようとする母親への手引書 － 書簡形式による一つの試み － 』(1801)、『メトーデの本質と目的についてパリの友人達に宛てた覚書』(1802)、『ヘルヴェチァの立法がとりわけ目指さねばならないものについての見解』(1802)、『わが時代におけるペスタロッチー － 時代 － 』(Pestalozzi an sein Zeitalter. (Epochen)』(1802-1803) 等々、その後の作品には、「直観」(Anschauung) なる用語が頻繁に姿を見せるよう

42) Käte Silber：PESTALOZZI, Der Mensch und sein Werk, Quelle & Meyer, Heidelberg, 1957, revidiert von der Autorin für japanische Auflage, 1976, S. 103

になり、しかも、それが、彼の「メトーデ」の根本原理を示すものとして、使用されていったのです。そして、かっては、『人類の発展に於ける自然の歩みについてのわたしの探求』（1797）で、人類の歴史そのものを、自然状態から社会的状態へ、社会的状態から道徳的状態へというように、人間の意志（Wille）が漸次自由になる過程としてとらえていたペスタロッチーも、この頃になると、『わが時代におけるペスタロッチー － 時代 － 』（1802-1803）では、人類の歴史を人類の直観（Anchauung）がたどる五つの時代の「野蛮から出発して野蛮へ還る永遠の円環（ewiger Zirkel, der immer von Barbarey ausgeht und zu Barbarey hinhührt）」（P.S.W.XⅧ,S.141）としてとらえるまでになってきていたのです。

「直観」がたどる永遠の円環運動

『わが時代におけるペスタロッチー － 時代 － 』（1802-1803）に於いて、ペスタロッチーは、人類の歴史を直観（Anschauung）がたどる「野蛮から出発して野蛮へ還る五つの時代」の永遠の円環運動としてとらえていたので、以下に、その理由や五つの時代との連関で、若干、触れておくことにします。

①『わが時代におけるペスタロッチー － 時代 － 』に於ける歴史哲学

ペスタロッチーは、この作品では、人間の内的高貴化の達成という重大な問題に取り組み、そこから彼独特の歴史哲学を展開していました。彼は「人間の内的高貴化（innere Veredlung des Menschen）」（P.S.W.XⅧ,S.123）を達成する可能性は人間の本性（Natur）の内にある「善を欲し、善を行い、善を知ろうとする（das Gute zu wollen, zu können und zu kennen）」（P.S.XⅧ,S.123）諸素質（Anlagen）の形成（Ausbildung）に基づくものであって、そのためにはそれらを導く自然の歩み（Gang）と一致した努力が要求されると考えていました。勿論、人間の内的高貴化を達成するためのこの努力は人間の本性に内在する「善の意欲・知識・堪能の素質ならびに力をわたしたちの内に於いて発展させること（die Anlagen und Kräfte dieses Wollens, Kennens und Könnens des Guten in uns zu entwicklen）」（P.S.W.XⅧ,S.125）を可能にするための努力を意味するところのものなので、この努力は個々の人間に要求されるだけではなく、全人類にも要求されることから、原始の昔以来、人類の歴史もまた人類の内的高貴化のための努力そのものの過程であると考えられていたのです。実際、彼は、「人間自然の本質的な機構にしたがってわれわれ人類は、それにおいて人間が地上で生きてきた数千年のうちに、この三種の目標（善の意欲・善の堪能・善の知識の素質の力をわたしたちの内に於いて発展させること）へ導く測り知れないほど多くの事柄を、既に成し遂げてきたし、また成し遂げざるをえなかった」（P.S.W.XVIII,S.123）と考えていたので、そのような見地にしたがい、彼は、「世界におけるすべての神事に関する、ならびに一切の倫理的諸組織は、第一の視点に対するわれわれ人類の努力の結果であり、一切の職業、一切の賃仕事ならびに商工業に関する諸施設は、第二の視点に対する人類の努力の結果であり、一切の教授ならびに一切の科学教授は、第三の視点に対する人類の努力の結果である」（P.S.W.XVIII,S.123）とみなすことになります。しかしながら、人間の内的高貴化の達成に向かう人類の努力の現れとしての当時の世界は彼の目には不満足なものとしてしか映じていなかったようです。したがって、彼は、「現在われわれの直中に存在しているような、その諸結果は、それらの三領域においてあらゆる面で単に全体に対する全体の作用として、人類に対する人類の作用として、しかも盲目的な衝動によって導かれた自然の影響の堕落の上にのみ築かれた、基礎を失った、無秩序な、未成熟な技術の影響が、彼の指導の最も本質的な点で野蛮化することにまかされた人間に対してもちかつもたらされざるを得ない全き混乱をもってわれわれの眼前に現象している」（P.S.W.XVIII,S.123）と考え、その原因を追究し、その結果得られたものを内的高貴化の達成に向かう人類の努力とその挫折との永遠の繰り返しとして彼の歴史観の上に反映させ、人類の直観（Anschauung）がたどる五つの時代の、「野蛮から出発して野蛮へ還る永遠の円環」（P.S.W.XVIII,S.141）運動という形式を踏んで、それを、『わが時代におけるペスタロッチー　－ 時代 －』（1802-1803）に於いて展開したのです。

以下では、同書で展開されていた「人類の直観がたどる五つの時代に関する彼自身の言葉」ならびに「第五の時代から第一の時代への移行」と「二つの歴史哲学」および「野蛮から出発して野蛮に還る五つの時代の円環運動からの解放」等々に関する彼の見解に目を向けてみることにします。

②人類の直観がたどる五つの時代

（ⅰ）第一の時代

「第一の時代（die erste Epoche）」（P.S.W.XⅧ,S.135）である「われわれの文化の最初の時代の野蛮においては（in der Roheit der ersten Epoche unserer Cultur）、人類の内にある善を欲し、行いかつ知ろうとする（das Gut zu wollen, zu können und kennen）諸素質は、単に技術なき自然の未だ秩序だっていない自由な直観（Anschauung）によって互いに接近しあっている。善の意欲・能力・知識（Wollen, Können und Kennen des Guten）の最初の感覚的萌芽は、この時期には単に衝動的（instinkt）でもあれば、またきわめて制限的（beschränkt）でもあるが、近接ならびに分離の法則（das Gesetz der Nähe oder Entfernung）にしたがって調和的にかつ力強く発展する。直観の法則（das Gesetz der Anschauung）は近くにあるもののすべてを遠くにあるものよりも常に比較にならないほどにより強くわたしの感覚に（auf meine Sinnen）作用させる。わたしの最初の印象（Eindrüke）の完成と調和とのこの偉大な手段はこの時期にそれのすべての力（Vollkraft）とそのまったき純粋性（ganze Reinheit）とにおいて人類（mein Geschlecht）に作用する。人間（der Mensch）はこの状態においては好意的で、感謝に満ち、かつ信頼的（wohlwollend, dankbar und traulich）であるが、しかしその際、臆病で、疑い深くかつ暴力的（furchtsam, mißtraurisch und gewalthätig）でもある。人類の精神（Geist）は彼の感覚の前にあらわれるものを力強く、かつ生き生きととらえる。しかし把握されたものは単に離れ離れに精神の前にちらついているだけである。この時期の人類の無知と拙劣さ（Unkunde und Unbehelflichkeit）とは、彼から多面的に彼の発達せる諸力の享受と適用（der Genuß und die Anwendung seiner sich entwickelnden Kräfte）とを奪い去り、そして人類は直観（Anschauung）と彼の諸力との使用とによって、個別的に人類の深き意識（Bewußtsein）にまでもたらされ、かつ身体的堪能（physische Fertigkeit）となるものを一般的見解（allgemeine Ansichten）において考え、かくして利用するための必要な手段を、至る所で欠いている。そしてそのようなまま放任しておくと、人類は彼の道徳的、知的、身体的の素質の陶冶（Ausbildung seiner sittlichen, intellekuellen und physischen Anlage）において徐々にしか前進しない」（P.S.W.XⅧ,S.135）

（ii）第二の時代

「第二の時代（zweite Epoche）」（P.S.W.XⅧ,S.136）にあっては、直観（Anschauung）と経験（Erfahrung）とによって個別的に深い意識（Bewußtsein）にまでもたらされているものを一般的見解（allgemeine Ansichten）において考え、利用するための力にまで自らを高めただけではなくして、更に人間の知識（Kenntnis）、技能（Fertigkeit）を単純化し、拡張し、それらの使用の範囲を縮小し、それの使用を一層容易ならしめるための多方面的な手段をもまた発見した。最初の時代には単に衝動的に発展した善の意欲・能力・知識（Wollen, Können und Kennen des Guten）の萌芽が、今や一定の応用形式（bestimmte Anwendungformen）へ移行した。しかし、人類は既に彼の陶冶のこのような手段を持つに至る前に、以前の状態の無知（Unkunde）と拙劣さ（Unbehelflichkeit）とによって一つの心情に移されてしまっており、早くもこの時期に人類の倫理的、市民的、科学的陶冶の手段（Mittel seiner sittlichen, bürgerlichen und wissenschaftlichen Ausbildung）を人類の自然の本質の高貴化に裨益するだけで、腐敗させないように使用することを人類に不可能ならしめる一つの精神的方向（eine Geistesrichtung）を探るようになってしまっている。…この時期の文化（Cultur）は明らかに一面的（einseitig）で、しかもその手段においては最も多くが、人類の堕落（Verderben meines Geschlechtes）から衝動的に（instinktartig）出発しているように思われる。しかしそれにもかかわらず、その文化はなお生き生きした直観から（von lebendiger Anschauung）出発し、それによって意見（Ansichten）、性向（Neigungen）、努力（Anstrengungen）を人間自然の真理（die Wahrheit der Menschennatur）ならびに人類を囲繞する一切のものの外面的なるもの（Die Äußere）へと結びつけている」（P.S.W.XⅧ,S.136）

（iii）第三の時代

「第三の時代にあっては（in der dritten Epoche）」（P.S.W.XⅧ,S.137）、「人間（Mensch）は既に第二の時代の進歩を享有している（genießen）…前代（Vorwelt）が見ていたものを知っている。彼は前代が発見したことを為すことができる。そして前代が彼をそれに慣れさせていたことを意志する。しかしそこから前代（Vorwelt）の知識（Kennen）、意欲（Wollen）、能力（Können）が生じたその直観（Anschauung）は、人間にとってはもはやそのように必要ではない。人間の行為（Thun）は今や既に陶冶された技術力の諸結果から（von den Resultaten einer schon gebildeten Kunstkraft）多面的に出てくる。そしてわれわれ人類（Geschlecht）においては、今その上に建設しているその諸結果をもともともたらしたその原因（Ursachen）へ人類の行為が結び付けられることがますます少なくなる。けれどもこの世界において彼の最初の役割（Rolle）を今まさに演じんとしている賤しい模倣者（servum pecus imitateorum）は、人間的な力の発展の最初の源泉（der ersten Urquell der mennschlichen Kraftentwicklung）から遠く離れた直中で、真の理性陶冶（Vernunftbildung）に接近できると信じ、そしてこのように彼の力の源泉から遠く離れていることによって、この信じられた理性陶冶（diese geglaubte Vernunftbildung）が彼自身の内で日増しに根拠なきものとなり、また粗末なものとならなくてはならないということが分からない。それ故に、人間の認識の源泉（Urquell seiner Erkenntnis）である直観（Anschauung）の減少によって、人類の真実ならびに正義の認識の本質的諸力（seine wesentlichen Kraften seiner Wahrheit-und Rechterkendtnis）に於いて弱められ、あらゆる技術の諸結果の猿真似のような、根拠なき利用並びにあらゆる力の外的表現（Kraftäußerung）の、皮相的であるとともに思想なき模倣に誘惑され、同様に宗教・財産・名誉ならびに権力をさえ単に以前の時期（der vorigen Epoche）の制限された、一面的の悲惨な、腐敗せる心情の調子ならびに精神の傾向をもって観察するから、われわれ人類はこの時期に於いて倫理的、科学的、市民的な発展手段（sittliche, wissenschaftliche und bürgerliche Entwicklungsmittel）の持続的上昇の直中にありながら、それらの発展手段を人類の自然の本質の高貴化のために使用することをますます不可能ならしめなくてはならなかった。それ故に善の意欲、能力、知識に於ける一切の進歩の停止すること、ならびによりいっそう自然のままの状態にあったときにすでに創り出されている市民的・知的ならびに倫理的自立性の程度を根底から覆すことはこの時期の特色である。感覚的な人間自然（die sinnlich Menschennatur）は前代の野卑（Derbheit der Vorzeit）と感覚的な人間自然が直ぐに陥る衰弱（Erschlaffung）との間の状態へよろめき陥るのである」（P.S.W.XⅧ,vgl.S.137f.）

（ⅳ）第四の時代

「第四の時代（der vierte Epoche）」（P.S.W.XⅧ,S.138）において、「善の意欲・能力ならびに知識の手段における（in den Mittlen des Wollens, des Könnens und Kennens des Guten）錯誤の果実（Früchte der Verirrungen）はその成熟に接近する。人間の盛りの時代（Menschenalter）を通じて彼の知的・市民的ならびに宗教的な錯誤（Irrthümer）を名誉・生計・教会秩序ならびに公的な権利（Recht）の基礎たらしめたところの文化（Cultur）は、いまやその陶冶された人々（ihre gebildete Menschen）を一方では感覚的享楽（Sinllichkeitsgenießung）と彼の利己心がそれを利用する道を学び知ったその不義（Unrecht）とにおいて動物的に硬化させたと同時に、他方では、それが（善の意欲・能力・知識の陶冶という）三つの部分（Fächern）によって発展できると信じたその諸力を、この感性的享楽によって破壊してしまった。したがってこの時期には…民衆の集団（Masse des Volkes）が民衆の為し能うべき筈だった事がらの最も本質的な点において未熟であり、民衆の知っておるべき筈だった事がらの最も本質的な点において無知であり、意欲すべき筈だった事の最も本質的な点において無思慮であり、かつ無分別であるということが目につく。… 意欲（Wollen）のあらゆる手段の機会を逸すること、能力（Können）のあらゆる手段を未熟なるが故に台なしにすること、ならびに知識（Kennen）のあらゆる手段を深く曇らすことはこの時期の特色である。…このような一切の事がらの影響（die Wirkung dieses alles）は、自然の一切の感情と独立の一切の意識との一般的弛緩であり、深き眠り（tiefes Schlumern）である。民衆はこの時期においてかくも深く滅びゆかなくてはならなかった」（P.S.W.XⅧ,S.138ff.）

（ｖ）第五の時代

「第五の時代（Fünfte Epoche）」（P.S.W.XⅧ,S.140）は「そこでは人間の諸力が前の時代に捲きつけられた糸巻（Spuhlen）の上に置かれている状況の不安定さ（Unbehaglichkeit）ならびに耐え難さ（Unerträglichkeit）の一般的な感情が発見された。そこには自由ならびに自立へむかう一般的に目覚まされつつある努力が存在する。しかし前の状態（Zustand）の堕落（Verderben）は、それのまったき重荷となり、かつ、そこに於いてこの努力が今その内に発芽しているその人格（Personale）の上に普遍的に（allgemein）にのしかかっている。この努力（Streben）はこの状態（Zeitpunkt）のなかで、善の意欲（Wollen）・能力（Können）・知識（Kennen）に向かう純粋な諸力と同様に少ない。それは、その本質においては、一切の無気力と驕慢とに結びつけられた抑制された激情ならびに混乱された感覚的感情の結果である。民衆（Volk）はこの状態においては彼の不具化された感性の混迷と硬化とのうちに、善の純粋な見解（jede reine Ansicht des Guten）ならびに善へ向かうあらゆる純粋な意志に抵抗する越え難き障害をもっている。…決定的な野蛮化（Bestimte Verwilderung）はこの時代（Epoche）の特色である。それは、民衆（Volk）の状態が彼らの最内奥の情調（Stimmung）において、最初の時代の自然なままの粗暴な野蛮とは違い，力（Kraft）と結びつけられているのではなくして、衰弱（Abschwächung）と結びつけられている野蛮（Barbarey）なのである。かくして人類（Menschheit）は数千年来高貴化（Veredlung）への永遠の努力とその目的の永遠に達成されないこと（ewige Fehlen）との間をよろめいている。人類は常に野蛮から出発して野蛮へ還る永遠の円環運動のうちに生きている（sie lebt in einem ewigen Zirkel, der immer von Barbarey ausgeht und zur Barbarey hinfürt）」（P.S.XⅧ,S.140f.）

③第五の時代から第一の時代への移行

ペスタロッチーによれば、「人類の堕落の極端なものは、人間的諸力の最内部を常に稀有の力をもって目醒ます（Das außerste unsers Verderbens wekt das innerste menschlichen Kräfte immer mit einer selten Gewalt)」(P. S.W.XVIII,S.206) ものであるというのです。「人類は個々人と同様に彼の当然の堕落の最高の昏睡において半覚醒のまどろむ夢においてよりも一層，彼の諸力の覚醒に接近している（Das Menschengeschlecht sowie der einzelne Mensch ist im höchsten Todesschlaff seines gerechten Verderbens dem Erwachen seiner Kräffte näher als beim schlummernden Träumen des Halpwachens)」(P.S.W.XVIII, S.206) ものであるので、人類の「錯誤（Verirrungen）の極端なもの（第五の時代）と人類の覚醒の発端（der Anfang unserer Erwekung）である第一の時代はこの時期にそれが可能な限り遠く離れたのちに結局ふたたび最初の点に走りこむ（wenn er nach der möglich weiten Entfernung endlich wieder in den ersten hineinläuft)」(P.S.W.XVIII,S.206f.) ことになるのであり、そこで、それらは「円の最後の点（der lezte Punkt eines Zirkels)」(P.S.W.XVIII,S.206) のように、触れ合うものであると考えられていたのです。

『わが時代におけるペスタロッチー　－　時代　－　』(1801-1803) に於いて展開された五つの時代の円環（Zirkel）とは、端的に言えば上記のことを意味するのですが、しかしながら、やはり、それについても、若干の説明が必要であるように思われます。したがって、この「円環」については、疑問の点も多々ありますが、ここでは、それらの中から、第五の時代から第一の時代への移行、即ち、「円環」の完成は如何にして可能となるのかという疑問についてのみ、考えてみることにしました。

「『両面性（Zweiseitigkeit)』・『二義性（Zweideutigkeit)』だけが、人間が欲し且つ行為する主体として入りこんでいる状況の本質を決定する。この地位の魅惑的であり、同時にまた暗く威嚇的でもあるのを特色づけるために、好んで人は、今日、人間の全行為の『鬼神性（Dämonie)』について語るのである。ペスタロッチーは、そのような理由から、全人間性の二義性を全く特別に国家社会的現実の領域に追求した」[43] とリットも指摘しているように、『人類の発展

43）THEODOR LITT：DER LEBENDIGE PESTALOZZI, DREI SOZIALPÄDAGOGISCHE BESINNUNGEN, Dritte, unveränderte Auflage, 1966, QUELLE & MEYER・HEIDERBERG, S. 44

に於ける自然の歩みについてのわたしの探究』(1797) に於ける歴史哲学では、ペスタロッチーは「自然状態 (Naturstand)」(P.W.A.XIV,S.452) にも、「社会的状態 (Gesellschaftliche Zutand)」(P.W.A.XIV,S.460) にも、人類の内的高貴化の達成に向かう努力という点では、ともにプラスの面とマイナスの面との二面の存在を想定していました。彼は堕落せざる自然状態 (Der unverdorbene Naturstand) と堕落せる自然状態 (Der verdorbene Naturstand) との二つの状態を自然状態に、また「人類の権利を承認せる (Das Recht meines Geschlechts erkennend)」(P.W.A.XIV,S.531) 社会的状態と「自然の作品に屈服せる (dem Werk der Natur unterliegend)」(P.W.A.XIV,S.531) 社会的状態の二つの状態を社会的状態に想定していたのですが、『わが時代におけるペスタロッチー －時代－』で展開された歴史哲学に於いても、彼はまた人間の内的高貴化にとってプラスになる面とマイナスになる面との二面性の、それぞれの時代内での存在を想定していたようです。例えば、第一の時代にあっては、善の意欲・能力・知識の最初の感覚的萌芽は、単に動物的でもあれば制限的でもあるとはいえ、直観の法則にしたがって調和的に力強く発展するというように一方においてはプラスの面を挙げておきながら、しかも同時に、この時期には、無知と拙劣さとは人類から多面的に彼の発達せる諸力の享受と適用とを奪い去って、人類は直観と彼の諸力との使用によって個別的に人類の深い意識にまでもたらされ、かつ身体的堪能となるものを一般的見解において考え、利用するために必要な手段をいたるところで欠いているというように…、他方ではマイナスの面の存在をも強調しているのであって、そのような二面性の存在は以下第五の時代に至るまでの全ての時代に共通に存在するものとして想定されているのです。そこで、そのようなことから、「円環運動の完成」ということについて考察するには何よりもこの「二面性」についての理解を深めねばならないと考えざるをえないのです。

実際、彼は、「動物的な自然 (tierische Natur)」(P.S.XVIII,S.198) と「人間的な自然 (mennschliche Natur)」(P.S.W.XVIII,S.108) との二種類の自然の概念を想定することによってこの二面性について説明しようとしたのです。勿論、彼は、この動物的自然をマイナスの面に関わりをもつものと考えていました。そして、この動物的な自然は第一の時代の人類の「無知 (Unkunde)」(P.

S.W.XⅧ,S.197）と「拙劣さ（Unbehelflichkeit）」（P.S.W.XⅧ,S.197）とによって惹起された人類の高貴化の達成に反する傾向と結合することによって、そのマイナス面の機能を発揮するというのです。即ち、彼は、

「無知は欺瞞（Täuschung）をひきおこし、欺瞞は見当違い（Irrtum）を産み、見当違いは迷妄（Wahn）を産み、迷妄は真理感受性（Wahrheitsempfänglichkeit）の強度の力を弱め、拙劣さは弱さの感情（Gefühl von Schwäche）を産み、弱さの感情は自尊心（Selbstachtung）を減少させ、減ぜられた自尊心は自己援助の手段に於けるなげやりと暴力行為（Sorglosigkeit und Gewaltthätigkeit in den Mitteln der Selbsthülfe）とを産み、自己援助の手段に於けるなげやりと暴力行為とは倫理的正義の萌芽（Keime des sittlichen Rechts）を窒息させ、倫理的正義の窒息させられた萌芽はわたしの自然の創始者に関する純粋さと無邪気さ（die Reinheit und Unschud in der Ansicht des Urhebers meiner Natur）とを殺し、神に対する純粋な崇拝の基礎（das Fundament der reinen Verehrung Gottes）を掘り崩し、この掘り崩しは無知と拙劣さとの諸結果によってこの点にまでもたらされた人類に於いて、善の意志・能力・知識のすべての基礎を掘り崩すのである」（P.S.W.XⅧ,S.197f.）

と、上記のように考えていたのです。

いずれにしても、彼によれば、人類の自然の本質（das Wesen seiner Natur）の高貴化が依存する全ての足場はそのようにして失われることになるわけで、「心理学的順序（psychlogische Reihenfolge）」（P.S.W.XⅧ,S.197）をもってくり広げられる人類の堕落の傾向は動物的な自然というよき協力者を獲得することによって、すべての時代に於いてそのマイナス面を発揮することになるのです。しかしながら、そうは言っても、彼は、人間自然（Menschennatur）の機能は動物的な自然（tierische Natur）それだけがその全てであるとは決して考えてはいなかったのです。繰り返すことになりますが、ペスタロッチーは、同時に、人間自然（Menschennatur）の機能には、人間的な自然（menschliche Natur）の機能も内在していると想定していたのです。

彼はこの自然を単に自然（Natur）という用語を用いて表現したりしているのですが、この自然はあらゆる時代（Epoche）に於いて人類が決して為さな

かったことですが、しかし人類の高貴化のために常になすべきであったものへ人類を導こうとしていたところのものであったのです。即ち、彼によれば、

「初期の時代には、自然はわれわれの諸力の発展を、人類の諸力として発展し始めた瞬間から、われわれの真理認識の一般的基礎の上に、即ち、直観（Anschauung）の上に建設した。そして、たとえ無知と拙劣さがこの時期に、自然の行為と調和して、しかも直観の結果だけを人間の見識（Einsicht）の正しい発展の上で保証することが出来る心情を人類から奪い去ったとしても、たとえこの時代にわれわれ人類の知識のこのような最初の基礎作用が迷妄（Wahn）によって混乱させられ、恐怖によって弱められ、暴力行為によって動揺させられていたにしても、それにもかかわらず自然はいまなおこの時代には、常に、このような錯誤の本質に関してわれわれをして疑問の余地なからしめる経験へとわれわれ人類を導いた。そしてたとえわれわれが数千年間このような錯誤からの復帰への自然の呼びかけに意を用いないように、むしろ人類のあらゆる制度（Einrichtung）を常に一般的に迷妄と邪悪な権力（böse Gewalt）と空虚な僭越（eitele Anmaßungen）との上に築くように導いたりしたにしても、それにもかかわらず、自然（Natur）はなおも直観のあらゆる刺激の継続的な更新（Erneuerung）によって人類のあらゆる認識の唯一の純粋な基礎を常に再び新たに生かし、人類の錯誤の直中で人類のあらゆる事物（Dinge）に対する見識（Ansichten）を常になおも幾つかの側面から、人間自然の内的真理やわれわれ人類を取り巻く一切の事物の外面的なもの（die äußere）に結び付け、そして人類を人類の錯誤（Verirrungen）の一切の諸結果の避け難い苦悩（Leiden）のもとで、しかもみずから人間自然の内的真理によってそれの堕落から立ち直らせ、真理と正義とへの純粋な愛着（Anhänglichkeit）によって、人類に無知（Unkunde）と拙劣さ（Unbehülflichkeit）とを導入したその害悪から再び彼自身を癒えさせることが人類に可能な唯一の軌道（die einzige Bahn）を踏ませるように導くことをやめなかった。人間が彼の錯誤の最後の結果によって極端なもの（das Aeußerste）へと駆りたてられて、善の知識と能力と意欲との基礎に関するまったき無思慮（Taktlosikeit）にまで零落し、なおその上に衰弱

(Erschlafung) の極端にひどい害悪の状態 (die äußerste Uebel) がすべて経過しすぎる時期においてさえ、人類の一見救い難いこの状態においてさえ、自然 (Natur) はなおも倦むことなく人類の救済のためのいっさいを求め、人類そのものを彼の錯誤の諸結果の忍び難さ (Unerträglichkeit) によってそのような錯誤の原因をこえて高め、かくして、彼の弛緩せる諸力そのものを、彼自身ならびに存在するいっさいのものに対する憤怒 (Wuth) によって再びあらたに生気づける」(P.S.W.XVIII,S.204f.)

ことをやめなかったというのです。

つまり、ペスタロッチーによれば、人類の自然に内在する人間的な自然の有するプラス機能は、当然のことながら、第一の時代にあっては、人類の諸力の発展をそれが発展しはじめた瞬間から直観の上に建設しようとしている点に認められるというのですが、その後に続く時代の中にあっても、動物的自然にそなわるマイナス機能に起因する諸種の錯誤に人類が陥るや、必ず人間的な自然 (menschliche Natur) に出番がやってきて、そこでは人間的な自然は常に直観 (Anschauung) のあらゆる刺激の継続的な更新 (Erneuerung) によって人類のあらゆる認識の唯一の純粋な基礎を再び新たに生き返らせるためにみずからの役割を演じることになる、というように考えられていたのです。

第一の時代から第五の時代に至る人類の歴史上に窺われるプラス面とマイナス面との存在は、人間的な自然と動物的な自然との二つの自然の機能をもち出すことによって、どうにか説明できるわけですが、それでは人類の堕落の最も極端な第五の時代は如何にして「人類の覚醒の発端 (der Anfang unserer Erweckung)」(P.S.W.XVIII,S.206) である第一の時代と「円の最後の点のように (wie der Punkt eines Zirkels)」(P.S.W.XVIII,S.206) 触れ合うことができるのでしょうか。吉本 均は、

「ペスタロッチーの全体系を終始、支配している…思考形式は、連続の論理と非連続的な断絶の論理との問題である。ペスタロッチーの思考がカント的な断言命法や義務の二元論ではなくて、感性や本性や動物性のなかに、精神的、道徳的なものの萌芽を認め、それを善にむかって方法的に導き、発展させるという連続性原理 (Kontinuitätsprinzig) にもとづいていることはよく知られている。感性から理性的なものを、するどく区別

する義務や当為は、倫理学の規範ではありえても、子どもの本能や衝動や動物性のうちに『善を導く感性的手段』を認め、連続発展的な形成を意図すべき教育の論理ではないからである。…シュプランガーもいうように、最高と最低、始めと終わり、高き精神と自然的基礎とを結びつけることによって、すべてを、すべてと流動させるペスタロッチーの連続的な円環的考察（Kreisdenken）は、すぐれて、教育ということの思考形式であるといわなくてはならないだろう」[44]

上記のように述べていました。ペスタロッチーも、現に生きている人間の人間的な自然に注目して、それを説明しようとしていました。勿論、彼にも、この人間的な自然がその原因の一つになっているとも考えられていたのですが、それを説明してペスタロッチーは、「それは単に人間的な自然の本質（Wesen der mennschlichen Natur）のうちにのみ基礎をもつものではなくして、人類の見識（Einsichten）の一定の地点においては、われわれの堕落における長い停滞（Bleiben）の堪え難さ（Unertraglichkeit）とともに、人類の本質的高貴化にわれわれ人類が一歩近づくようにみえる希望の恵みが与えられる」（P.S.W.XⅧ,S.207）からなのだともみていたのです。したがって彼によれば、第五の時代から第一の時代への移行は、最後の時代に至ってもいまなおその機能を発揮している人間的な自然の存在と、人類の堕落における長い停滞の堪え難さによって目醒めさせられた動物的な自然に固有な自己保存の衝動と、この時代の人類の見識の一定の地点において想起される人類の高貴化に一歩近づくように思われる人類の希望的観測との三つの原因によって推進させられるものなのではないかと考えられていたと推察されます。そのように考えるなら、残念ながら、人類は、単にあるがままの人類として存在する限り、永遠に人間的な自然と動物的な自然とをその自然（Natur）のうちに内包しているものであるので、五つの時代の円環は永遠に繰り返されるということになります。

④二つの歴史哲学

『わが時代におけるペスタロッチー －時代－』（1802-1803）に於いては、

44）　シュプランガー 著・吉本 均訳『教育の思考形式』（明治図書、1962年、6－7頁）

人類の歴史そのものは人類の直観（Anschauung）がたどる「野蛮から出発して、野蛮へ還る五つの時代の永遠の円環」としてとらえられていたのですが、人類の直観がたどる五つの時代の円環というこの歴史哲学は、自然状態から社会的状態へ、社会的状態から道徳的状態へと人類の意志（Wille）が漸次自由になる過程として歴史をとらえた『人類の発展に於ける自然の歩みについてのわたしの探求』（1797）で展開されたそれとは、一見、趣きを異にしています。それでは、ペスタロッチーによるこの二つの歴史哲学相互の間には如何なる関係も存在しなかったと言えるのでしょうか。しかし、この二つの歴史哲学の間には、実は、密接な関係があったと推察されるのです。何故ならば、「『時代』は、それらが『探求』にあるような、堕落せざる自然状態から堕落せる自然状態への移行に向けられた一瞥をとり払うことによって、人間の三状態の分析を深化した」（Sie vertiefen die Analyse der drei Zustand des Menschen, wie sie in den “Nachforschungen” vorliegt, indem sie den Einblick in den Übergang aus dem Zustand der unverdorbenen Natur in die verdorbene Natur freilegen）[45] だけのものなので、この二つの歴史哲学は形式に於いては確かに相異しているのですが、内容的には、『人類の発展に於ける自然の歩みについてのわたしの探求』に於ける歴史哲学も、『わが時代におけるペスタロッチー － 時代 － 』に於けるそれも何ら別様のものではなく、前者がそれを存在論的に展開させているのに対して、「当時は直観の概念をともなった知的教育（intellektuelle Erziehung）が時代の堕落（Zeitverderben）の問題への回答であった」[46] ために、その意図が濃厚に込められている後者ではそれが認識論的な立場で展開されていたという、本質の相異よりも立場上の相異だけが、そこには認められるということであったのです。しかも、直観（Anschauung）を重視するという後者に於ける彼の立場そのものも、また、前者に於ける人間自然の考察に端を発するものであったのではないかと推察することができます。

45） HANS BARTH：PESTALOZZIS PHILOSOPHIE DER POLITIK, Printed in Schweizerland, Buchdruckerei Winterthur AG in Winterthur, Copyright 1954 by EUGEN RENTSCH VERLAG, ERLENBACH-ZÜRICH UND STUTTGART, S. 147

46） Käte Silber：PESTALOZZI, Der Mensch und sein Werk, Quelle & Meyer, Heidelberg 1957, revidiert von der Autorin für japanische Auflage, 1976, S. 210

前出の「『直観』の機能にかかわる用語（1765 〜 1801 年）」（本論考 134－155 頁）に於いても言及したように、ペスタロッチーが直観（Anschauung）なる用語を好んで使用するようになるのは、『シュタンツ滞在について一友人に宛てたペスタロッチーの書簡』が著わされた 1799 年頃からのことなのであって、事実、その後に著わされた作品には直観なる用語が頻繁に姿を見せていくようになっていたのです。

教育者としての、教育実践家としての道を選んだ 1799 年以降の作品に、直観（Anschauung）という用語が使用され、しかも、それが、彼の教授法、所謂「メトーデ」の基本原理として使用されるようになっていったということは、彼が直観教授という教授法上での基本原理をはじめから単に教授法の改良のためという意図のもとでのみ提起したのであると考えれば、別に不思議はないのですが、それでは、『息子の教育に関するペスタロッチーの日記』（1774）や『ノイホーフの貧民施設に関する論文』（1775-1778）など、比較的早い時期に著わされた教育実践の記録や、『リーンハルトとゲルトルート － 民衆のための書 － 第一部、第二部、第三部、第四部』（1781，1783，1785，1787）に、それが見出されないということは、如何なる理由によるものなのでしょうか。その時期には彼の教授法の研究も未熟であったために、そのような基本原理は発見できなかったというのでしようか。しかしながらこの時期に著わされた作品にも、実は『メトーデ － 1800 年 6 月 27 日のペスタロッチーの覚え書き － 』（1800）や『ゲルトルートは如何にしてその子を教うるか － 子どもを自らの手で教育しようとする母親への手引書 － 書簡形式による一つの試み － 』（1801）などによって展開された教育の原理と基本的には同じ原理が記されているのであって、ただ、直観（Anschauung）を重視しなければならないということの発想から、それらの作品には、それが記されていたのではなかったというだけのことであったのです。

フランス革命やスイス革命という革命勃発前のペスタロッチーの関心は主に教育とは別の次元に向けられていたという事実のうちに、その理由を見出すことができるのではないかと思われます。フランス革命やスイス革命を惹起した啓蒙主義的な思潮に対する彼の不信感が、革命勃発後のある時期に、彼に教育者としての道を提供することになったのです。実際、当時に於ける彼の立場を考慮するならば、啓蒙主義という時代の思潮に対して彼が不信の念を抱くようになったのも、自然の成り行きであったのかもしれないのです。

1789年に勃発したフランス革命は、若い頃より啓蒙主義者の一人として、どちらかと言えば、人類の救済・社会の改革を政治によって、つまり、社会の仕組みそのものを合理的に再構成することによって実現しようと努力してきたペスタロッチーの心を強く惹きつけたのですが、この革命の結果、間もなく自由主義思想がスイスに無骨さと要求がましい精神や僭越な欲望との混合物としてのみ現れ、革命が惹起した暴行・愚行・民衆の悲惨な境遇が日毎に顕著なものとなっていくのをみるにつれて、彼も、次第に啓蒙主義の思想に対して不信の念を抱くようになっていったのです。この反省から生まれた1797年の『人類の発展に於ける自然の歩みについてのわたしの探求』は、人間の社会の最も根本的な問題をあくまでも、彼自身の生命体験への反省に即して究明しようとした彼における真摯な探求の成果であって、彼の数ある作品の中で最も深刻で、かつ包括的な人間探求の作品でした。この作品の中で、彼は「一人一人の人間は著しく高度の市民的幸福と道徳的高貴化（sittliche Veredlung）とに向上していくのに、何故に、人間は不法の悲惨と不幸のうちに滅びてゆくのか」(P.W.A.XIV,S.439）という疑問を解明せんとして、人間の本性（Natur）を分析したのです。彼によれば、自然状態、社会的状態、道徳的状態という「自然法的範疇」を人間の本性の心理学的な方向からの考察と結び付け[47)]、人間は自己自身において動物的・社会的・道徳的という三重の異なる本質であるがゆえに、三つの異なる仕方で世界を表象（Vorstllung）し、そのためにつくり出す真理と権利との表象もこれら三つの見地（Gesichtspunkt）に応じて本質的に異なっているとされていました。それ故に彼は、人間自然の内にあると思われる様々な矛盾は、いつもこの世の万物に対して、人間の本性が三様の異なる見方（Art…anzusehen）をもちうるという事実のうちにその原因を見出し、それらの矛盾を自己自身のうちで解消させることは、ただただ、人間が道徳的本質（sittliches Wesen）であるときにのみ、それが、可能となるというよう

47） EDUARD SPRANGER：PESTALOZZIS DENKFORMEN, Dritte Auflage, 1966, QUELLE & MEYER・HEIDERBERG, S. 36 f.

に考えたのです。

同書が公にされた次の年、即ち、1798年のある時期より、彼は、人類の救済・社会の改革を教育によって実現しようと意図して教育実践の道に身を投じることになったのですが、この書において探求された人間自然に内在する様々の矛盾を解消させるための方法は、スイス革命という貴重な体験を経た後に、再確認され、その後、彼の人間教育の中心課題として引き継がれていったものと考えることができるのです。

1799年に著わされた『教養の基礎としての言語 – 断片』に於いて彼は真の学校教育の方法（Schulmethode）の役割について、

「第一原則（Erste Grundsatz）」

社会的人間は技術的存在（Kunstwesen）である。そして彼の技術的な生活は社会的陶冶によって、彼にとって出来るだけ容易な、また出来るだけ満足なものにされなくてはならない。人間はこの社会的陶冶によってすくなくとも、彼が自然生活の荒廃のなかで彼自身見出したのと同じように容易に、また同じように一般的に、彼の自然的生活（physisches Dasein）の本質的な楽しみを手にいれることが出来るまで、もたらされねばならない。

「第二原則（Zweiter Grundsatz）」

われわれの物的生活の楽しみに対する要求は、社会生活においては本能から出発させてはならない。それは、技術的なあり方（Kunstexsisitenz）の究極目的としっかり結びつけられなくてはならない。

「第三原則（Dritter Grundsatz）」

社会的人間は出来るだけ早期に、本能によって動物的に制約された義務や権利を認めない、本能から出てくる世界の直観の仕方（Anschauungsweise der Welt）とは全然異なる万物の直観の仕方（Anschauungsweise aller Dinge）へと、もたらされねばならない。

「第四原則（Vierter Grundsatz）」

万物の直観の仕方（Anschauungsweise aller Dinge）をこのように変えることの根底は直観の仕方の道徳的、および市民的な価値にある。

「第五原則（Fünfter Grundsatz）」

社会的人間の欲求能力は、一般にこの変化によって生ずべき万物の直観の仕方（Anschauungsweise aller Dinge）に調和させなくてはならない。だからまた社会的人間の子どもも、出来るだけ早くから、彼の境遇で真理と調和して、すなわちより良い、より高尚な万物の直観の仕方（Anschauungsweise aller Dinge）の結果と調和して行為し、それによって、彼自身の幸福を促進するために、人間が彼の境遇において必要な洞察と能力へ陶冶されねばならない。

(P.W.A.XV,S.127 f.)

上記のような五つの原則をあげ、しかも人間はこれら五つの原則にしたがって行動するように努力するとき、一般に人間は技術的育成（Kunstausbildung）を中途半端に終わらせるか、あるいは技術的育成によって人間を再び動物的に硬化させるかという二つの暗礁に突き当たるがゆえに、結局、本性の内にある万物に対する高尚な直観の仕方の力を失ってしまうものであると考えて、彼は、この暗礁を切り抜けていくのに必要な力を人間の本性の内にある善なる諸力に備わる「直観の仕方（Anschauungsweise）」(P.W.A.XV,S.131)、即ち道徳的本質としての万物の直観の仕方（Anschauungsweise aller Dinge）の内に求めたのです。

同書は技術的存在としての社会的人間の技術的育成の価値と限界とに関するもので、明らかに、先に触れた『人類の発展に於ける自然の歩みについてのわたしの探究』に於ける人間自然の考察に連なっており、『探求』にうかがわれる「この世の万物に対して人間の本性が三様の異なる見方をもちうる」という場合の「見方」(Art…anzusehen）が、ここでは「直観の仕方」（Anschauungsweise）という用語を用いて表現されているのです。

そのようなことから『人類の発展に於ける自然の歩みについてのわたしの探求』(1797）に於ける見方（Art…anzusehen）を重視する立場が『教養の基礎としての言語 － 断片 』(1799）に於いては、直観の仕方（Anschauungsweise）を重視する立場に変わったということが判明するのですが、後者に於ける直観の仕方（Anschauungsweise）を重視する彼の立場は、やがて、『メトーデ － 1800年6月27日のペスタロッチーの覚え書き － 』(1800）や『ゲルトルートは如何にしてその子を教うるか － 子どもを自らの手で教育しようとする母親

への手引書 － 書簡形式による一つの試み －』（1801）等における直観（Anschauung）を重視する立場に変わっていったのであると見做すことができます。そして、このような考察を進めることによって、啓蒙主義的色彩の比較的濃厚な若い頃の彼の作品には、人類の直観を重視する彼の主張は見当たらず、極端な言い方をすれば、直観（Anschaung）という用語を用いた表現さえも殆ど見出されなかったのですが、スイス革命の勃発後、『シュタンツ滞在について一友人に宛てたペスタロッチーの書簡』（1799）や『教養の基礎としての言語 － 断片』（1799）に於いてはじめて直観（Anshauung）なる用語が使用され、その後『メトーデ － 1800年6月27日のペスタロッチーの覚え書き －』（1800）や『ゲルトルートは如何にしてその子を教うるか － 子どもを自らの手で教育しようとする母親への手引書 － 書簡形式による一つの試み －』（1801）等々の作品に於いて、次第に彼の教授法の基本原理としてそれが使用されるに至った理由も、また、おのずと明らかになるのではないかと考えることができるのです。

いずれにしても、そのようなことから、『人類の発展に於ける自然の歩みについてのわたしの探求』における人間自然に内在する万物の見方（Art… anzusehen aller Dinge）や『教養の基礎としての言語 － 断片』で展開された直観の仕方（Anschauungsweise）を重視するペスタロッチーの立場は、その後、直観（Anschauung）そのものを重視するそれとなり、ついに、それは、彼の歴史哲学の上にまで反映され、『わが時代におけるペスタロッチー － 時代 －』（1802-1803）に至っては、人類の歴史そのものを人類の直観（Anschauung）が辿る五つの時代の円環運動として想定するところにまで、たどり着くことになったのであるとみることができるのです。

⑤野蛮から出発し野蛮に還る五つの時代の円環運動からの解放

ペスタロッチーは、『わが時代におけるペスタロッチー － 時代 －』に於いては直観が辿る五つの時代の、野蛮から出発して野蛮に還る永遠の円環として人類の歴史を把握していたのですが、それでは彼はどうしてそのような歴史観を同書に於いて展開したのでしょうか。円環運動そのもののうちに人類が永遠におかれているということを明らかにしたということだけで、彼は満足してい

たのでしょうか。ハンス・バルトは、

「ペスタロッチーが歴史を考察の対象とする場合 － すくなくとも通例 － 人類の立派な究極的な秩序への動きは、一般に彼の心を煩わさないのであって、彼の関心は主として永続的な堕落の原因の探究に向けられている。『時代に訴えるペスタロッチー』という著書においては（In der Schrift, die《Pestalozzi an sein Zeitalter》heißen sollte)、人類が経過したもろもろの時期の合法的な結合が彼をもっぱら忙殺させている。そしてその時期の系列は － 真の価値序列の外見のもとで － 一つの上昇線を示している。本来的な歴史哲学の関心事は、ペスタロッチーにとっては三つの問題に包摂される。すなわち、その本性がペスタロッチーの言葉によれば、『根底においては無邪気で平和的で』ある人間は、何故に野蛮（Barbarei）に陥るのか。この野蛮から脱出することは、何故に人間において成功しないのか。そして、何故に人類は － 絶えざる解放の試みにもかかわらず － 繰り返し繰り返し野蛮な状態に再びはまりこむのか。ペスタロッチーの歴史哲学は － 厳密に言えば － 野蛮の原因に関する一つの学説に限られている。もし一般に人が、人類を野蛮から引き出すために適応する手段を認識しようとする試みを、歴史哲学の課題の領域に採り入れようとするならば、教育学や倫理学、政治や宗教の哲学が、歴史そのものの哲学につけ加えられなければならないであろう」[48]

上記のような指摘を行っているのですが、実際、その通りであるようにも思われます。

ペスタロッチーは、人類のたどる円環運動そのものを可能な限り明るい光のもとに照らし出すことによって、「われわれ人類が古来野蛮の邪悪と衰弱の邪悪との間を往復したあの永遠の循環を終焉させるための手段（Mittle…dem ewigen Kreislauf ein Ende zu machen, innert welchem sich unser Geschlecht von jeher zwischen den Uebeln der Barbarei und denjenigen der Erschlaffung herumtreibt.)」（P.S.XVIII,S.143）を見出そうとしていたのです。円環運動そのも

48) HANS BARTH：PESTALOZZIS PHILOSOPHIE DER POLITIK, Printed in Schweizerland, Buchdruckerei Winterthur AG in Winterthur, Copyright 1954 by Eugen Rentsh Verlag, Erlenbach-Zürich, S. 46 f.

のの内に人類が永遠におかれねばならないということは、どこにその原因があったのでしょうか。それは、『わが時代におけるペスタロッチー － 時代 － 』(1802-1803)で五つに分けて採り上げられた人類の歴史そのものが、そのはじめから最後に至るまで、それらが辿った過程に於いて、あるべきである過程を歩まなかったからではないでしょうか。ケーテ・ジルバーなどは、これに関連して、以下のようなことを述べています。

> 「ペスタロッチーは人類の発展の歩みを五つの時代に区分している。それらの時代のなかで動物的な利己心はますます大きな堕落へと高まってゆく。彼はこれらの時代が歴史上いつ現れるべきかの言及はしていない。彼はただ、彼が第四期の堕落を自ら体験したというだけである。そしてそうであれば、われわれは明らかにに第五期の終わりを体験していることになろう」[49]

そのように解釈している研究者もいるのです。

筆者としては、フランス革命やスイス革命勃発後の当時の世界を、あくまでも第四の時代の末期ないしは第五の時代の頃であると考えてみたいのですが…。実際のところ、ペスタロッチー自身も、「われわれが文明化された民衆としてなしうる錯誤の最も極端な限界にあることは疑いえない(Wir sind unzweideutig an den äußeresten Grenzen der Verirrungen, deren wir als ein cultivirtes Volk fehig sind)」(P.S.W.XⅧ,S.183)し、しかもこのような事情のもとにあるが故に「実際、われわれの堕落を更に押し進めることは出来ない(Wir könen als solche würklich unser Verderben nicht weitertreiben)」(P.S.W.XⅧ,S.183)と真剣に憂い、その対策についても究明しようとしていました。『わが時代におけるペスタロッチー － 時代 － 』に於いて、ペスタロッチーが、人類が必然的に辿らなければならない過程のあらゆる部分において、もう一度、「最初から始め(von vornen anfangen)、われわれがそのもとに屈従している錯誤(Verirrungen)から尚も純粋な単純な根本命題にまで復帰しなくてはならない」(P.S.W.XⅧ,S.184)ことを痛感し、そのような問題を解決

49) Käte Silber : PESTALOZZI : Der Mensch und sein Werk, Quelle & Meyer, Heiderberg 1957, revidiert von der Autorin für japanische Auflage 1976, S. 139

しようとして「内的および外的な直観（innere und äußere Anschauung）」（P.S.W.XⅧ,S.184）を再び多方面的な意見と判断の基礎にまで高め、それによって、人間の内的高貴化をはかり、円環運動からの人類の解放を企図しようとしていたということ、そのような彼の心情も、分かるような気がします。また、そのように考えてみると、『わが時代におけるペスタロッチー －時代－』（1802-1803）の前年に著わされた『ゲルトルートは如何にしてその子を教うるか －子どもを自らの手で教育しようとする母親への手引書－書簡形式による一つの試み－』（1801）において、彼が、「われわれの民衆教育（Volksunterricht）の皮相と欠陥と迷妄とを直観（Anschauung）が一切の認識の絶対の基礎であるという認識へ引き戻す以外には、換言すれば、如何なる認識も直観から出発し、直観に還元しうるものでなければならないという認識へ引き戻す以外には、われわれに既に起こってしまってい、いまなお起こることが予期されている市民的、道徳的および宗教的な転倒に対する如何なる手立てもない」（P.W.A.XⅦ,S.310）と言及し、「直観をあらゆる認識の絶対の基礎と認めることのうちに、教育の至高至上の原理を確立」（P.W.A.XⅦ,S.305）しようとしていたことの意味も納得することができるのです。要するに、ペスタロッチーは、人々が現におかれ、屈従している錯誤から純粋にして単純な根本命題にまで復帰し、内的及び外的直観を再び多方面の意見と判断の基礎にまで高めることによって、人間の内的高貴化をはかり、それによって、円環運動からの人類の解放を企図しようとしていたのです。

ペスタロッチーに於ける「メトーデ（Methode）」提唱の理由については、研究者の間でも、従来、いろいろと語られてきていましたが、上に言及したような見地にしたがえば、「曖昧な直観から明確な直観に、明確な直観から明瞭な表象に、明瞭な表象から明晰な概念に（von dunkeln Anschauungen zu bestimmten, von bestimmten Anschauungen zu klaren Vorstellungen und klaren Vorstellungen zu deutlichen Begriffen）」（P.W.A.XⅦ,S.251）という基本原理を中心に展開された彼の「メトーデ」提唱の真の理由もまたそのあたりにあったのではないかということを、推察することも可能となります。

2
直観思想の萌芽とその展開過程

ペスタロッチーにおいて、直観思想の萌芽がいつ頃芽生えたのかということや、仮にその時期が判明したというならば、その展開過程はどのようなものであったのかということを知る手がかりを得るために、「1．直観の機能にかかわる用語の使用例」（本論考134－176頁参照）においては、『アギス』（1765）から『わが時代におけるペスタロッチー － 時代 － 』（1802-1803）に至る一連の作品を検討し、その結果、そこには、

Beispiel ……………『アギス』（1765）

Geschichte　………『希望』（1766）

sehen，schauen …『息子の教育に関するペスタロッチーの日記』（1774）

aufsehen　…………『ノイホーフに於ける貧民施設に関する論文』（1775-1778）

durchsehen ………『わが故郷の都市の自由について』（1779）

hinsehen　…………『隠者の夕暮』（1780）

umsehen，hineinsehen，ansehen

……………………『リーンハルトとゲルトルート － 民衆のための書 － 第一部』（1781）

einsehen　…………『クリストフとエルゼ － わたしの第二の民衆の書 － 』（1782）

ersehen，Anschauen

……………………『スイス週報 － 第二の冊子 － 』（1782）

Anschauung………『立法と嬰児殺し － 真理と夢、探究と象徴 － 』（1783）

besehen……………『リーンハルトとゲルトルート － 民衆のための書 － 第三部』（1785）

Art…anzusehen …『人類の発展に於ける自然の歩みについてのわたしの探求』（1797）

Anschauungsweise『教養の基礎としての言語 － 断片』（1799）

Anschauung………『シュタンツ滞在について一友人に宛てたペスタロッチーの書簡』

(1799)

Anschauung………『メトーデ － 1800年6月27日のペスタロッチーの覚え書き － 』(1800)

Anschauung………『ゲルトルートは如何にしてその子を教うるか － 子どもを自らの手で教育しようとする母親への手引書 － 書簡形式による一つの試み － 』(1801)

Anschauung………『メトーデの本質と目的についてパリの友人達に宛てた覚書』(1802)

Anschauung………『ヘルヴェチァの立法がとりわけ目指さねばならないものについての見解』(1802)

Anschauung………『わが時代におけるペスタロッチー － 時代 － 』(1802-1803)

上記のような事実の流れがあることを明らかにしてきました。そこで以下では、その得られた事実の流れをもとにして、ペスタロッチーに於ける「直観思想の萌芽とその展開過程」について、筆者の試論を述べてみることにします。

比較的初期の作品である『アギス』(1765)や『希望』(1766)に於いては、ペスタロッチーは、人間に真理と道義とを感じさせる有効な手段としてBeispiel(模範、実例)のもつ機能に注目し、更にはBeispielを最も印象的な仕方でもちだすためにGeschichte(物語)の使用を提唱していました。そして、それらの作品に於いて提唱されたBeispielやGeschichteの使用を重視する考え方は、その後、彼自身の立場がBeispielを提示する者の側から提示される者の側へと変化するにともない、かたちを変えて継承され、やがて、『息子の教育に関するペスタロッチーの日記』(1774)では、Beispielを示される者であるとする彼自身の立場についての自覚もあってか、Beispiel(模範、実例)をNachahmung(模倣)するための方法が彼の関心事となっていったのです。そして、それが、この『日記』に於いて強調されていたNatur(自然)のSache(事物)そのもののNachahmung(模倣)こそ実生活に役立つ生きた知識を獲得するための方法であるとする彼の主張につながるのですが、その具体的方法として彼が注目し、採用するに至ったのは、事物に対する正しい知識を獲得する手段としては、人間の感覚器官の活用に頼らざるをえないということ、就中、sehenやschauenというような用語のもつ機能やそれらとなんらかの意味合いにおいて関わりをもつと思われる用語のもつ機能に頼らざるをえないということの発想でした。sehen（見る＝無意識的な知覚を表す用語）や schauen（直観する＝目的をもつ意志的意識的行為を表す用語）やそれらと関わりをもつと推察される用語の諸機能が真理認識の手段を示すものとして重視されるようになったのは、そのためであったのではないかと、考えることができます。したがって、この『息子の教育に関するペスタロッチーの日記』の中に記されていた、

「事物の内的必然性によって教えうるすべてのことを、決して言葉で教えてはならない。彼をして、見せ（sehen）、聞かせ（hören）、発見させ（finden）、倒れさせ（fallen）、起きあがらせ（aufstehen）、失敗させよ（irren）。行動や行為が可能な場合には言葉はいらない。彼は自分でなしうることは自分でなさなくてはならない。君は人間よりも自然（Natur）が一層よく彼を教育することを発見するだろう」（P.S.W.Ⅱ,S.127）

上記の語句のうちにも、われわれは、早くも、模倣（Nachahmung）する者、学ぶ者としての人間に、不可欠な人間の感覚器官、とりわけ、眼の機能を重視するということについての彼のおもいが表明されていたことを容易に汲み取ることができるのです。そのように考えると上記の文言などは、その後の彼の思想の中で占めるであろう位置を予測させてくれる重要な文言であると言えるものなのであって、その後の彼の事業や、彼の著わした作品に注目するならば、それらに於いて、実際、それが、裏うちされてもいれば、発展させられてもいったのであるということがよく分かるのではないかと思われます。したがって、『ノイホーフの貧民施設に関する論文』（1775-1778）や『わが故郷の都市の自由について』（1779）、『隠者の夕暮』（1780）、『リーンハルトとゲルトルート － 民衆のための書 － 第一部』（1781）、『クリストフとエルゼ － わたしの第二の民衆の書 － 』（1782）、『スイス週報 － 第二の冊子 － 』（1782）等々の作品の中で見出される、sehen、schauen、aufsehen、durchsehen、hinsehen、umsehen、hineinsehen、ansehen、einsehen、ersehen、等々の用語は、いずれも、この時期に発想され、また採用された真理認識の手段としての sehen や schauen やそれらの用語が有する機能と関わりをもつと思われるその他の用語の機能を重視するペスタロッチーの思いを明示する痕跡であったのであるということを、推察させてくれるところのものではないかとさえ、考えさせて

くれるものなのです。それから、また、筆者は、「1．直観の機能にかかわる用語の使用例」に於いて、ペスタロッチーが好んで「直観」（Anschauung）なる用語を使用するようになったのは、1799年に著わされた『シュタンツ滞在について一友人に宛てたペスタロッチーの書簡』あたりからであった（本論考154頁参照）ということについても言及していたのですが、実際に、彼の著わした作品を、初期のものから順次検討してみると、早くも1782年の『スイス週報 － 第二の冊子 － 』ではAnschauenなる用語が使用されていて、また、翌1783年の『立法と嬰児殺し － 真理と夢、探究と象徴 － 』においてはAnschauungなる用語が使用されていたことも、明らかになるのです。したがって、ただ単に、AnchauenやAnschauungなる用語が、彼の作品の中に見出され、しかも、それらが真理認識の機能をもつものとして使用されていたという事実からだけで推論を下すことが仮に正しいとするならば、彼における直観思想は、既に、1782–1783年頃には、彼の著わした作品の中に、はっきりと痕跡を見せていたとも考えることができるのです。それでは、1782年に使用されたAnschauenという用語や1783年に使用されたAnschauungという用語の、それ以前の作品において使用されたsehenやschauenの機能とそれらの用語と何らかの意味合いにおいて関わりをもつ機能をもつ用語、即ち、sehen、schauen、aufsehen、durchsehen、hinsehen、umsehen、hineinsehen、ansehen、einsehen、ersehen、等々の用語との関係はどうなっているのでしょうか。いまここで、筆者は、1782年にはAnschauenという用語が、また1783年にはAnschauungという用語が、彼の著わした作品の中に見出されるということを指摘したのですが、これだけでは、まだ説明が足りないように思われます。何故なら、本論考を執筆するに当たり、筆者が目を通した限りですが、それらの作品を詳細に検討してみても、1782年の『スイス週報 － 第二の冊子 － 』にあってはAnschauenという用語が使用されていたとはいえ、それもたった一度しか使用されてはいなかったということや、1783年の『立法と嬰児殺し － 真理と夢、探究と象徴 － 』においてもAnschauungという用語は二度程度しか使用されてはいなかったということ、更にはそれ以後、1799年に至って『シュタンツ滞在について一友人に宛てたペスタロッチーの書簡』が著わされるまでは、筆者が目を通した作品の中には、直観、Anschauungという用語は、殆ど使用されてはいなかったという事実等々が、また、明らかになるからです。したがって、そのような事実に着目するならば、『スイス週報 － 第二の冊子 － 』(1782) においては Anschauen という用語が、また、『立法と嬰児殺し － 真理と夢、探究と象徴 － 』(1783) では Anschauung という用語が使用されていたが故に、1782-1783 年の頃、ペスタロッチーは既に直観思想を抱いていたのではないかと考えた先の推論は、少々、早急すぎたかの感がするのです。それでは『スイス週報 － 第二の冊子 － 』では Anschauen という用語が一度しか使用されてはおらず、また、『立法と嬰児殺し － 真理と夢、探究と象徴 － 』においても Anschauung という用語が二度程度しか使われていなかったということと、更には、その後おおよそ 16 年もの年月を経て『シュタンツ滞在について一友人に宛てたペスタロッチーの書簡』が世に出るまでの長い年月の間、彼が自ら著わした作品の中で Anschauung という用語を殆ど使用してはいなかったという事実は、一体、どのように説明したらよいのでしょうか。この疑問を解く鍵は、1783 年以降に著わされた作品、例えば、『リーンハルトとゲルトルート － 民衆のための書 － 第二部』(1783)、『自然と社会の状態についての断片』(1783)、『リーンハルトとゲルトルート － 民衆のための書 － 第三部』(1785)、『人類の発展における道徳的諸概念の生成について』(1786-1787)、『リーンハルトとゲルトルート － 民衆のための書 － 第四部』(1787)、『人類の発展に於ける自然の歩みについてのわたしの探求』(1797)、『教養の基礎としての言語 － 断片』(1799) 等々に隠されているのではないかと思われるのです。そこで、それらの作品に目を向けてみると、sehen や schauen の機能となんらかの意味合いにおいて関わりをもつ用語として『リーンハルトとゲルトルート － 民衆のための書 － 第三部』(1785) に besehen なる用語が新たに姿をみせていることを除けば、『リーンハルトとゲルトルート － 民衆のための書 － 第二部』(1783) 以降、『人類の発展に於ける自然の歩みについてのわたしの探求』(1797) 以前の作品には、ansehen という用語の使用例が多く、しかも、それが多義的な機能をもつものとして使用されていたということ、それから、1797 年の『人類の発展に於ける自然の歩みについてのわたしの探求』では、Art…anzusehen（見方）という用語が使用されていたということ、更には、『教養の基礎としての言語 － 断片』(1799)

では、Anschauungsweise（直観の仕方）という用語が使用されていたということ等が判明するのですが、この疑問を解く鍵は、実は、そのあたりにあったのではないかというように考えられるのです。それでは、その間の事情についての考察を更に進めてみることにします。

『スイス週報 － 第二の冊子 － 』（1782）に於いては、Anschauenという用語が一度しか使用されてはいなかったということや、『立法と嬰児殺し － 真理と夢、探究と象徴 － 』（1783）に於いてもAnschauungという用語は二度程度しか使用されてはいなかったという事実については、筆者としては、ペスタロッチーがそれらの用語を使用したのは全く偶然的で、彼自身、そこで使用されたAnschauenやAnchauungという用語が後になって彼の教育学の全体系に重要な位置を占める原理の一つを示す用語になる筈であるなどというようなことについては夢にも考えることなしに、それらの用語を使用したのではなかったのかというように推察してみたいのです。何故なら、既に彼は、それ以前にも、sehen、schauen、aufsehen、durchsehen、hinsehen、umsehen、hineinsehen、ansehen、einsehen、ersehen、等々の用語を使用してきているのでした。しかも、それらの用語の各々が、それらの用語に特有な、その意味、その機能をもつものとして使用されていたという事実に照らし合わせてみると、『スイス週報 － 第二の冊子 － 』や『立法と嬰児殺し － 真理と夢、探究と象徴 － 』において使用されたAnschauenやAnschauungという用語も、おそらく、彼にあっては、『息子の教育に関するペスタロッチーの日記』以後の作品で、意識的に使用されてきたsehenやschauenのもつ機能になんらかの意味においてかかわりをもつ一連の用語と軌を一にするものとして、それらの用語のもつ、その特有な意味、その特有な機能に着目して、『スイス週報 － 第二の冊子 － 』や『立法と嬰児殺し － 真理と夢、探究と象徴 － 』に於いても、たまたま、彼がそれらの用語を使用したのではなかったのではないのかというようにも考えられるからです。したがって、そのような観点に立つならば、『スイス週報 － 第二の冊子 － 』や『立法と嬰児殺し － 真理と夢、探究と象徴 － 』におけるAnschauenやAnschauungなる用語の使われ方や、その後になって著わされた『リーンハルトとゲルトルート － 民衆のための書 － 第三部』（1785）でも、sehenやschauenのもつ機能と何らかの意味合いにおいて関わりをもつ新しい用語としては新たにbesehen（注視する、熟視する）という用語が使用されているということ、更には、その後、1797年に至るまでの長期間、彼の著わした作品の中にAnschauenやAnschauungという用語が姿を見せず、主として、ansehen（見る、注視する）という用語だけがとりわけ多く使用されていたということ等々の理由もおのずと明らかになる筈です。

そこで、そのような見地に立つならば、『リーンハルトとゲルトルート －民衆のための書 － 第三部』（1785）で使用されたbesehenなる用語も、当然、それは、sehenに始まる諸用語の一連の系列に属するものとみなすことが可能となるのですし、また、それ以後、1799年頃に至る時期までの作品では、ansehenという用語が、多用されていたということについても、彼自身、この時期にあっては、それまでに使用してきたsehenに始まる一連の用語のもつ諸機能のことごとくを内包するものとしてansehenという用語そのものを把握し、時に応じて、それらの用語のもつ機能の一つを意味するものとして、ansehenなる用語を使用するようになっていたからではないかというように解釈することによって、説明することができるのです。実際、その時期に使用されたansehenなる用語の使用例について吟味してみると、例えば、ansehenすることの向けられる対象について考えてみても、それは、時に応じて、外的な自然的なものであったという場合もあるし、また、その対象は神であるというように全く内的な精神的なものであったという場合もあり、更には、ansehenする者の姿勢について考えてみるならば、自然の単なる傍観者として受動的な姿勢をとる場合もあるし、あるいは寧ろ、能動的に価値の生産者として内的自我の構成を図ろうとする姿勢をとる場合もありうるというように、それ以前に使用されてきたsehen、schauen、aufsehen、durchsehen、hinsehen、umsehen、hineinsehen、ansehen、einsehen、ersehen、Anschauen、Anschauung、besehen等々の多義的な機能を内にもつものとして、ansehenなる用語が使用されていたのに気づかされます。

このようにして、多くの機能をもつに至ったansehenなる用語は、その後、長期間にわたって使用されていたのですが、ansehenなる用語のもつ諸機能は、やがて1797年に至って著わされた『人類の発展に於ける自然の歩みについてのわたしの探求』で分析され、大きく三つの機能に分類され、整理されるに至ったものと推察されることになります。彼はこの作品に於いて、既に、筆者が「1．直観の機能にかかわる用語の使用例」（本論考134－176頁）でも言及したように、人間の本性について分析していました。彼によれば、人間は自己自身において動物的・社会的・道徳的（tierisch・gesellschaftlich・sittlich）という三種の異なる本質を有するものであるがゆえに、

「単なる感覚的享楽（die bloßen Eingenusse）の状態（Zustand）に終末があるように、わたしの契約（Verkommnisse）の状態にも終末がある。いまや実際に師匠（Meister）となり、いままた、わたしは全てのものを、私自身に対し、また私の生活の全目的への影響の視点において見る。…この世の万物をみる二様の前述の見方（Die zwei vorhergehenden Arten, alle Dinge dieser Welt anzusehen）は明らかに私の無知（Unwissenheit）の結果であり、また独立と自己自身の権利の明らかな欠如の結果である」（P.W.A.XIV,S.495f.）

と述べています。

上記の語句からも推察されるであろうように、感覚的享楽の状態（自然状態）・契約の状態（社会的状態）・師匠の状態（道徳的状態）に於ける人間のもつ三種の異なる「見方（Art…anzusehen）」（P.W.A.XIV,S.496）でもって、常に、この世の万物を表象し、そのためにまた、彼がつくり出す真理と権利との表象もそれら三様のArt…anzusehenに応じて、本質的に異なるものであると考えられていたのです。そして、人間の本性に内在していると見做されたこの世の万物に対する三種の異なるArt…anzusehenの存在という見解こそ、実は、それ以前に著わされた作品で、雑然と使用されていたansehenという用語のもつ種々なる機能が、『人類の発展に於ける自然の歩みについてのわたしの探求』（1797）において大きく三種類に分類され、整理されていったということを意味するものであったのではないかということを示唆してくれるところのものとなるのです。

そしてこの三様のArt…anzusehen（見方）なる思考の在り方は、やがて、『教養の基礎としての言語 － 断片』（1799）に於いて語られた、

「社会的人間（Der gellschaftliche Mensch）は出来るだけ早期に、本能（Instinkt）によって動物的に制約された権利（Recht）や義務（Pflichten）

の認識なしに本能からでてくる世界の直観の仕方（Anschauungsweise）とは全然異なる万物の直観の仕方（Anschauungsweise aller Dinge）へと、導かれなくてはならない」（P.W.A.XV,S.128）

「万物（alle Dinge）の直観の仕方（Anschauungsweise）をこのように変えなくてはならないのは、この見方の道徳的および市民的な価値なのである」（P.W.A.XV,S.128）

「社会的人間の欲求能力（Begehrungsvermögen）は、一般に、この変形された万物の直観の仕方（Anschauungsweise aller Dinge）に一致させられねばならない」（P.W.A.XV,S.128）usw.

上記の語句からも推察できるように、人間の本性にはこの世の万物に対する異なる「直観の仕方（Anschauungsweise）」（P.W.A.XVI,S.128）が具わっていると、別の用語に置き換えられ、ついに、『シュタンツ滞在について一友人に宛てたペスタロッチーの書簡』（1799）以後の作品では「直観（Anchauung）」なる用語に書き換えられることになりました。直観の原理が彼によって意識的に強調されるようになったのは、それ以後のことなのです。

今日では、一般に、ペスタロッチーの直観（Anschauung）は、感覚的・精神的であるなどと言われているのですが、直観の概念の一般的な理解を得るための参考として、ケーテ・ジルバーによる直観に関する見解に目を向けてみると、ケーテ・ジルバーは自ら著わした作品の中で、

「直観の概念は多義的で、その概念にはペスタロッチーの人生観の二つの側面が交差しているので、『直観』はペスタロッチーの全ての概念のうちでもっとも難解なものである。それは人格の自発性についての（あたらしい、カント的な）思想と同時に、目の前にある対象の遠近についての古い有機的な思想をも含んでいる。まず第一にペスタロッチーはその語を彼の先駆者であるコメニウスや汎愛主義者たちと同様に、『感覚的な直観』の意味に於いて使用する。『直観は外部の諸対象がただ感覚のまえに現れること、ならびにそれらの印象の意識をただ刺激すること』（『外的直観』＝“äußere Anschauung“）である…だがしかしここでもすでに彼は対象の把握を目によるだけではなく、五官による諸対象の把握を考えている。しかも彼はそれをすぐに踏み越える。たとえ直観が『感覚的に活性化されて』

いるとは言え、直観は決して単なる受容的な能力ではなく、能動的な力（『内的直観』＝“innere Anschauung”）なのである。直観は人間の自然（本性）の本質にもとづいた、自己自身や世界を措定する能力、すなわち認識する能力である。すべての外的な経験に先行し、かつそれに結び付けられる天賦の経験なのである。一般に人はペスタロッチーが考えているものを、おそらく『先験』（“Antizipation”）の表現が適合しているであろうと、解釈するにちがいない。彼自身はまた『直覚』（“Intuition”）あるいは『構想力』（“Einbildungskraft”）という表現を用いている。したがって彼は、直観を『悟性の作品』あるいは『私自身の作品』としている。ここから、すべての認識は『私自身に由来する』という結論が出てくる。

しかしまた他の観点が『直観』のうちにはある。すなわちその観点と言うのは、『わたし』はわたしの世界の中心であって、外界の事物は『わたしの感覚に、触れ』、それによってわたしにいわば啓示する、という見解である［一種の世俗化された神秘主義］。人間は、ペスタロッチーによれば、蜘蛛のように自分では選びもしない（！）生活圏の中心に坐り、世の中のすべての真理を、諸対象を、彼が動き織っているこの中心点に近づける程度においてのみ認識する。目の前にある対象の自然的な遠近はそれ故に感覚的な印象と認識の明瞭性とに決定的な影響をもたらす。すべての経験の中心点としてのわたし自身がわたしにもっとも近いので、わたし自身についてのすべての認識とすべての意識はわたしの外にあるすべての事物についての認識よりも一段と明瞭である。こうした方法でもって、ペスタロッチーは『真理の認識は人間にあっては自分自身の認識から出発する』と言う原則に到達する」[50]

上記のように言及していました。

ケーテ・ジルバーの指摘を待つまでもなく、いずれにしても、ペスタロッチーの使用した「直観（Anschauung）」なる用語の概念を正確に把握するのはなかなか困難なことです。しかしながら、すでにみたように、彼の使用した

50） Kate Silber：PESTALOZZI. Der Mensch und sein Werk, Quelle & Meyer, Heidelberg 1957, revidiert von der Autorin für japanische Auflage, 1976, S. 129

Anschauungなる用語は、元来、sehen、schauen、aufsehen、durchsehen、hinsehen、umsehen、hineinsehen、ansehen、einsehen、ersehen、Anschauen、Anschauung besehen等々の用語のもつ機能に由来するものであり、しかも、『人類の発展に於ける自然の歩みについてのわたしの探求』において整理されていった「この世の万物に対する見方（Art…anzusehen)」なる用語のもつ三様の異なる機能が、更に、『教養の基礎としての言語 － 断片』で直観の仕方（Anschauungsweise）へと書き換えられ、ついに、『シュタンツ滞在について一友人に宛てたペスタロッチーの書簡』(1799）以降の作品に至って、人間のもつ「直観」(Anschauung）の力が民衆陶冶の「メトーデ」(Methode）の根底に据えられることになり、そして、以後、彼は、「直観」(Anschauung）を基本原理とすることによって、民衆陶冶の「メトーデ」を構築するという彼の願いを実現するために鋭意、自らの努力を傾けることになったのであると、考えることができるのです。

したがって、彼の思索と活動とは、概して、53歳のある時期を画して、一見、その前後に大きく二分されているかの感もしないわけではないのですが、しかしながら、上記のように推察を進めていくと、彼が「メトーデ」の研究者にして教育実践家であると見做される所以は、確かに、彼がシュタンツの孤児院長やブルクドルフの学園長、ミュンヒェンブーフゼーの学園長、イヴェルドンの学園長、クランデーの貧民学校長として活躍した彼の人生の後半生に求めることができるとはいえ、後半生に於ける「メトーデ」の研究者としての「直観(Anschauung)」を重視した彼の思索や著作活動は前半生のそれに負うているところが大きく、その延長線上にあったのであると解すのが、妥当な見解であると見做すことも可能となります。

3

直観の機能と術の必要性

ペスタロッチーは『ゲルトルートは如何にしてその子を教うるか – 子どもを自らの手で教育しようとする母親への手引書 – 書簡形式による一つの試み – 』（1802）に於いて、「わたしが今日過去を省みて、実際、『人間教育の本質（das Wesen des menschlichen Unterrichtes）のために何が実行できたか』と自分自身に問うとき、次のような事実を見出す」（P.W.A.XVII,S.305）と言って、「直観をあらゆる認識の絶対の基礎と認めることのうちに、わたしは教育の至高至上の原理を確立した（Ich habe den höchsten obersten Grundsatz des Unterrichts in der Anerkennung der Anschauung als dem absoluten Fundament aller Erkenntnis festgesetzt）」（P.W.A.XVII,S.305）と述べているのですが、彼が彼自身の提唱した「人間教育（menschliche Erziehung）」・「民衆陶冶（Volksbildung）」の方法 – 所謂「メトーデ（Methode）」 – の根底に、人間のもつ直観の力（Anschauungskraft）を据え、それに基づいて、一般に人間の精神を、「曖昧な直観から明確な直観に、明確な直観から明瞭な表象に、明瞭な表象から明晰な概念に（Von dunkeln Anschauungen zu bestimmten, von bestimmten Anschauungen zu klaren Vorstellungen, von klaren Vorstellungen zu deutlichen Begriffen）」（P.W.A.XVII,S.251）まで高めることを、主たる課題として、その研究を展開したということは、周知の事実です。もっとも、シュプランガーによれば、

「曖昧な（感覚的な）直観から明瞭な概念へ［von dunklen（sinnlichen）Anschauungen zu deutlichen Begriffen］というこの命題で同時に想起される一般的な公式は、しかしライプニッツ・ボルフの哲学［Leipniz-Wolffschen Pilosophie］からきている。ライプニッツの著作『理念、真理、認識に関する考察』（“Betrachtungen über die Ideen, die Wahrheit und Erkenntnis”, 1684）の中に見出される［曖昧な – 明瞭な（“dunkel – klar”）］、［混乱の – 判明な（“verworren – deutlich”）］という対対立（ついたいりつ）

(Gegensatzpaare) をペスタロッチーは厳しく区別することを心に浮かべていない」[51)]

と、上記のように言われているのですが、実際、彼の教育研究の主要目的の一つは、一つ一つの教育活動をより効果的なものとするために、それを、被教育者のもつ「直観の力 (Anschauungskraft)」に訴えるということにあったと言っても過言ではないと思われるのです。

したがって、そのようなことから、ここでは、彼の教育思想のよって立つ一般的な立場を明らかにする有力な手掛りの一つは、「直観 (Anschauung)」に関する彼の見解ではなかったのではないかと考え、以下では、考察の対象を彼における直観思想に絞ってみることにしました。

しかしながら、この問題に関しては、既に「2．直観思想の萌芽とその展開過程 (本論考 177－187 頁)」に於いてもある程度考察を行ってきていたので、ここ「3．直観の機能と術の必要性」では、それとの連関において、主として彼の用いた用語 (「直観の機能」、「術 (Kunst) の必要性」及び「術の則るべき法則」) に関する彼の見解等々に焦点を合わせ、吟味・検討を進めてみることにします。

したがって、以下に展開するところのものは、1800 年前後にかけて著わされた彼の作品、即ち、『人類の発展に於ける自然の歩みについてのわたしの探求』(1797)、『教養の基礎としての言語 － 断片』(1799)、『シュタンツ滞在について一友人に宛てたペスタロッチーの書簡』(1799)、『メトーデ － 1800 年６月 27 日のペスタロッチーの覚え書き － 』(1800)、『ゲルトルートは如何にしてその子を教うるか － 子どもを自らの手で教育しようとする母親への手引書 － 書簡形式による一つの試み － 』(1801)、『メトーデの本質と目的についてパリの友人達に宛てた覚書』(1802)、『ヘルヴェチアの立法がとりわけ目指さねばならないものについての見解』(1802)、『わが時代におけるペスタロッチー － 時代 － 』(1802-1803)、等々の作品を吟味・検討することによって、彼に於ける直観思想の一端をうかがおうとした筆者の試みです。

---

51) EDUARD SPRANGER：PESTALOZZIS DENKFORMEN, Drittte Auflage, 1966, QUELLE & MEYER・HEIDERBERG, S. 54

①直観の機能

ペスタロッチーは、『人類の発展に於ける自然の歩みについてのわたしの探求』(1797)において、「一人一人の人間は著しく高度の市民的幸福(bürgerlicher Wohlstand)と道徳的高貴化(sittliche Veredlung)とに向上してゆくのに、何故に人類は不法の悲惨(Jammer der Rechtlosigkeit)と内面的堕落の不幸(Elend innerer Entwürdigung)のうちに滅びてゆくのか」(P.W.A.XIV,S.439)という疑問を解決せんとして、人間の「本性(Natur)」を探求しました。彼によれば、人間は自己自身において動物的・社会的・道徳的という三種の異なる本質を有するものであるがゆえに、三つの異なる仕方で世界を表象(Vorstellung)し、そのためにつくり出す真理と権利との表象もこれら三種の「見地(Gesichtspünkte)に応じて本質的に異なっているのであると考えられていたのです。それ故に彼は、人間自然(Menschennatur)に内在すると思われる様々な矛盾は、いつもこの世の万物に対して、人間の本性が三様の異なる「見方(Art…anzusehen)」(P.W.A.XIV,S.496)をもっているという事実のうちに、即ち人間は、この世の万物を、「社会的状態(gesellschaftlicher Zustand)」(P.W.A.XIV,S.451)を全然顧慮せずに、ただ自己の感覚的欲望(sinnliche Begierlichkeit)の対象としてとらえ、自己自身のために存在するものとして表象する場合の見方(Art…anzusehen)や、この世の万物を、社会的的状態を顧慮して、それを、協定と契約との関係のうちにあるものとして表象する場合の見方(Art…anzusehen)、更には、この世の万物を、自己の動物的欲求や社会的諸関係とは無関係に、ただそれが自己の「内面的醇化(innere Veredlung)」(P.W.A.XIV,S.451)のために何を寄与するかという見地だけからみる場合の「見方(Art…anzusehen)」をもちうるという事実のうちにあるとみて、それらの矛盾を自己自身のうちで解消させる手立てを究明し、それには、ただ人間が動物的及び社会的本質としての自己自身を道徳的本質としての自己自身に従属させること以外にはありえないというように考えていったのです。

同作品においては、彼は、人間が動物的(tierisch)・社会的(gesellschaftlich)・道徳的(sittlich)本質であるがゆえに、三種の異なる見方(Art…anzusehen)によって世界を表象できると考えていたのですが、彼におけるそのような人間観の拠って立つ根拠を、一体、彼はどこに求めていたのでしょうか。勿論、彼は、同作品に於いては彼自身の想定した人類の発展過程に現れる三状態 － 自然状態（Naturstand）・社会的状態（gesellschaftlicher Zustand）・道徳的状態（sittlicher Zustand） － の一連の構想との連関においてそれを考えていたわけです。しかしながら、それと同時に、彼の人間観にうかがわれる三種の見方（Art…anzusehen）の重視という観点からは、おのずと一つの疑問が生ずる筈です。それは、彼が人間そのものを、三種の異なる本質（Wesen）・三様の見方（Art…anzusehen）をもつものという観点から捉えていたということは、とりもなおさず、彼自身、それ以前の問題として、もともと人間は世界を表象する能力を有するもの、言葉を換えて言えば、人間には本来的になんらかの認識能力が具備されているとはじめから考えていたからではあるまいか、ということです。人間に内在する三種の見方（Art…anzusehen）の発想の根拠の一つは、おそらくその点に存したのではないでしょうか。認識能力が具備されていなければ、人間には事物を認識することはできません。如何なる種類の認識であれ、われわれの精神に、それについての認識が生ずるのは、われわれのうちに、本来的に認識能力が具備されているからです。これは当然であると言えるのではないでしょうか。彼が人間の本性に認識能力が備わっているということを確信していたことを示すに足る証拠は、実際、彼の著わした作品の随所に見出されます。それ故に、ここでは彼が最初から、人間の本性には認識能力が内在していると想定していたということを前提にして、ひとまず、論を先に進めてみることにします。それにしても、とにかく彼は最初から人間の本性には認識能力が備わっていると考えていたのです。そして、彼によって承認された人間の認識活動の基礎としてのこの力は、やがて、『教養の基礎としての言語 － 断片』（1799）やその後になって著わされた諸々の作品において、人間の「本性（Natur）」には、認識の基礎としての「直観の力（Anschauungskraft）」（P.W.A.XⅦ,S.330）が存在するというように考えられていくようになりました。それまでは曖昧にされていた人間の本性に内在する認識の基礎としてのこの力が、「直観の力」という用語によって置き換えられたのです。かくして、彼はこの時期になって、ともかくも、直観（Anschauung）を「あらゆる認識の絶対的な基礎として（als das absolute Fundament aller

Erkenntnis)」(P.W.A.XVII,S.305) 認めることを公言するに至ったのです。

これまでの考察によって、筆者は、彼が人間の本性に内在している直観の力を人間の認識の絶対的な基礎であるとみなしていたということを明らかにしようとしてきました。それでは次に、彼の言うように、直観の力を内包しているからこそ人間には諸々の対象について表象することが可能になるのであるとする思考の仕方を、妥当性を欠くことのないものとして受け入れたにしても、その場合に、彼自身は、われわれ人間のすべての認識の絶対的な基礎としてのこの「直観の力」がその機能を発揮する際に、実際それが如何なる仕方であらわれるものであると考えていたのだろうかという点に目を向けてみることにします。即ち、直観の機能と言った方がより適切であるかもしれないのですが、筆者としてはそのような視点に注目してみたいのです。しかしながら、直観については様々な見解がみられるので、代表的な、しかも多くの研究者によって一様に認められていると推察されるシュプランガーのそれを、とりあえず、はじめに、例として、挙げておくことにします。彼は以下のように言及していました。

「『直観の原理』は教育学の歴史において、非常に多義的である。コメニウスは、諸対象の具体的ないしは絵画的提示でもって満足した。バゼドウは直観を、それに即して直接普遍概念の形成が行われるほどに、明確に整理した。ペスタロッチーは直観を自然力とみていた。直観は広い意味で、もっとも身近な諸関係が示す諸印象の受け入れを意味している(感情の形態においても)。彼はしかしまた、構造化や秩序づけるための活動的な要素も認めている。この直観は精神の自己活動によってはじめて構成される。直観は最終的には、カント学派が『直観の知性』として特徴づけた成果にまで『成熟』するのである。この力の発展は今や、教授技術の助成を提供する。そのとき直観は『技術力』となる。ところで技術力という表現は、いまなお全く別の意味においても登場する。すなわち身体の力として、なしうることないしは技能の力としてもあらわれる。この二義性を一般に人はどこまでも注視しなくてはならない。直観による体験の基礎づけは、気づかれているように、知的分野に制限されない。『かかる直観の仕方(Anschauungsweise)』は、実際の直観の成果としては、わたしの感覚の仕事にすぎないわたしの認識の歩みを、わたしの心の仕事（『探求』の述語）とわたしの心のあらゆる力の仕事にする。そしてわたしはそのことによって、わたしはわたしが持っている心の諸力と同じだけの直観のなかに生きるのである。言うまでもなく、われわれの道徳性の本質が基礎をおく内的直観も存在している。この場合の直観は、愛、信頼、感謝などが発展する感情的な種類の子どもの根源体験を意味する。さしあたって、しかし、直観概念は認識の分野に対してだけ追求され、その際もとりわけ、空間的に目に見える世界に対して追求される」[52]

シュプランガーも述べているように、彼の使用した用語・直観のもつ機能については、既に、実に多くの研究がなされてきているのであって、この用語のもつ機能の把握の仕方にも、大方の方向が決められているかの感がします。例えば、感覚器官を通して、外界の事物に関する具体的な知識を得ることが直観であるというように、従来、直観という用語は、ややもすると、消極的な、若しくは受動的な機能を有するものと解せられがちであったのですが、ペスタロッチーの使用した用語・直観は、単にそのようにのみ解せられるべきではなく、直観する主体の姿勢について考えてみても、単なる自然の傍観者としての受動的な姿勢をとるだけではなしに、能動的に、価値の生産者としての、内的自我の構成を図ろうとする姿勢をもとることを要求するものです。また、観られる対象についても、それは、例えば、「術（Kunst）の測り知るべからざる用意によって開かれた眼に訴えて、わたしは子どもに世界を示してやる。そうすると子どもはもはや神を憶測などはせず、直接に神をみる。彼は神の直観に生き、そして神に祈るのだ（Ich zeige dem Kind mit einem durch die unermeßliche Vorarbeit der Kunst geöffneten Aug die Welt, und es ahndet Gott nicht mehr, es sieht ihn；es lebt in seiner Anschauung und betet ihn an）」（P.S.W.XVI,S.117）という『メトーデ － 1800年6月27日のペスタロッチーの覚え書き － 』（1800）に於ける例にもみられるように、直観の対象が直接神（Gott）であったというような、全く、内的な、精神的なものであるという場

52） EDUARD SPRANGER：PESTALOZZIS DENKFORMEN, Dritte Auflage, 1966, QUELLE & METER・HEIDERBERG, S. 55 f.

合もあり、その範囲は、感覚的なものから精神的なものに至るまでの広い範囲にわたっている、などと解釈されているようです。そしてまた、このような解釈があるということについては、その妥当性も、彼の著わした諸作品をつぶさに吟味・検討するならば、おのずと明らかになる筈です。したがってここでは、筆者は、彼の使用した用語・直観のもつ機能が、一般にこのように捉えられているということについては、これ以上立ち入って詮索するようなことはせず、むしろ何故に、彼の使用した用語・直観のもつ機能が、種々に解釈されざるを得ないのかということのみを問題として提起し、一般に、人間は認識の全領域に於いて、如何なる仕方で自己のもつ直観の力を働かせるものなのかということを吟味することによって、それを明らかにしてみることにしたいと思います。しかも、幸いにもこの問題については格好の材料が『ゲルトルートは如何にしてその子を教うるか – 子どもを自らの手で教育しようとする母親への手引書 – 書簡形式による一つの試み – 』(1801)の第七信に見出されるのです。そこで、同作品に記されていた彼自身の見解を紹介し、また検討することによって、この問題の解決をはかってみたいと考えました。

そこでは彼は、われわれの認識の全領域を五つの部分に大別し、各々の領域に働く直観(Anschauung)の固有な在り方に注目していました。彼によれば、われわれの全ての認識は、

①「われわれの五感(fünf Sinne)の偶然触れたすべての事物の印象(Eindruck)」から生ずる場合

②「われわれの両親および教師による術(Kunst)と指導(Leitung)とを介して感覚(Sinn)に触れるに至った事物から」生ずる場合

③「見識(Einsichten)を得ようとする自己の意志(Wille)や直観のための多様な手段を獲得しようとする自発的な努力(selbsttätiges Streben)から」生ずる場合

④「職業(Beruf)その他単に直観のみを目的としないあらゆる活動のための努力(Anstregung)や労働(Arbeit)の成果(Folge)として」生ずる場合

⑤「類推的(analogisch)なやり方から」生ずる場合

(P.W.A.XVII,S.278f.)

上記、五つの場合に於いて行われ、しかも、その各々の場合に、それぞれ異なる直観の在り方が存在するというように考えられていたのです。それでは、彼の大別した認識の各領域に於いて、直観は、いったい、どのような在り方を示すものと考えられていたのでしょうか。

それは、次のようなものであったのです。

彼によれば、「われわれの五感に偶然触れたすべての事物の印象から（durch den Eindruck alles dessen, was der Zufall mit unsern fünf Sinnen in Berührung bringt）」われわれの認識が生じるという①の場合には、そこに現れるわれわれの「直観の仕方（Anschauungsweise）は無規則で乱雑で、狭い範囲のしかも遅々とした進展しか見せない」（P.W.A.XⅦ,S.278）のですが、「われわれの両親および教師等による術（Kunst）と指導（Leitung）とを介して感覚に触れるに至った事物から」われわれの認識が生じるという②の場合には、そこに現れるわれわれの直観の仕方はもちろん両親および教師の見識と熱意との程度に応じていっそう包括的秩序的で更には多少とも心理的に整えられるというように考えられていました。したがって②の場合には、「その度合いによって多少とも、概念を明晰にするという…目的を迅速・確実に実現するように進展する」（P.W.A.XⅦ,S.278）ことができることになります。そしてまた、「見識を得ようとする自己の意志から（durch meinen Willen, Einsichten zu erhalten）」「直観のための多様な手段を獲得しようとする自発的な努力から（durch selbsttätiges Streben）」認識が生じるという③の場合には、そこに現れる直観の仕方は「われわれの見識（Einsichten）に内的な独自の価値（innerer Selbstwert）を与え、またそれらの認識はわれわれの直観の諸成果に自由な在り方を与えることによって、われわれが自己の教養（Bildung）のためにみずから道徳的（moralisch）に働きかけることを可能にする」（P.W.A.XⅦ,S.279）のであって、更にまた、「職業その他単に直観のみを目的としないあらゆる活動のための努力や労働の成果として」われわれの認識が生じるという④の場合には、そこに現れる直観の在り方は「われわれの直観を自己の地位（Lage）や境遇（Verhältnisse）に結びつけ、直観の成果を義務や道義（Tugend）のための自己の努力と調和させ、またそのような直観の働く方向が否応なしに決定され、またその成果は意志的に左右できないものであるので、本質的にはそれは自己の見識を正しく、欠点なきものにし、調和的にする上に…きわめて重要な影響を及ぼす」(P.W.A.XVII,S.279) というようなものなのであり、最後の、類推的 (analogisch) なやり方から、本来、「直観的認識の及ばない事物の性質まで知らしめる」という⑤の場合には、そこにみられる直観の在り方は、われわれが実際に直観できる他の事物からそれに似たものを思い浮かべることを可能にするもので、「かかる直観の在り方は、実際の直観の成果としてはもっぱら自己の感覚の仕事 (das Werk meiner Sinne) でしかない自己の認識の歩みを、自己の心の、そして心のあらゆる力の仕事 (Werk meiner Seele und aller ihrer Kräfte) たらしめる」(P.W.A.XVII,S.279) のです。

認識の全領域と直観の在り方との関係は、ペスタロッチーによれば、およそ、上に言及したごとくに考えられていたのですが、それら両者の関係を更に立ち入って吟味してみることにします。

①の場合についてですが、そこでは、われわれの認識が生じるのは、われわれの感覚器官に偶然触れた諸事物の印象 (Eindruck) からなのであって、そこにみられる直観は外部の諸対象が単に感覚の前に立ち、それらの印象を刺激することに外ならないというように、全く、外面的・感性的・受動的な機能を有するものなのです。また、②の場合の直観の在り方は、大体において、①の場合と同じですが、両親および教師等、第三者が事物と認識する主体との間に介在し、外部の諸印象を意図的・計画的に感覚の前に立たせてくれるという点で、①の場合と大いに異なっているのですが、共通な点としては、双方の場合、ともに、認識する主体の知りたいという意欲があまり認められないということです。それでは、③の場合はどうなっているのでしょうか。③の場合の直観の在り方は、先の①②の場合と明らかに異なる面をもっています。それは、この場合の「直観」は、確かに、①②の場合と同様、外面的・感性的・受動的な要素をおびているかもしれないのですが、しかしながら、直観の力 (Anschauungskraft) を働かせる人間の事物に向かう姿勢は明らかに能動的なものです。また、④の場合の直観の在り方は、③の場合のそれとも相違しています。①②③の、それら三つの場合を通して共通に認められたように、ここでも直観は外面的・感性的・受動的な在り方をしています。あるいは③の場合に特に認識せられるように直観する主体の姿勢は、時によっては、能動的・自発的な面

をみせる場合もあるでしょうが、しかし、③の場合には、もともとわれわれが「直観の力」を働かせるのは、見識を得たいがためです。それ故に、場合によっては、そこでは、「直観のいっそう普遍的な道具である目（das allegemeinere Werkzeug der Anschauung, die Augen）」（P.W.A.XⅦ,S.307）が、「単なる書物の目に（zu bloßen Buchstabenaugen）」（P.W.A.XⅦ,S.307）に化してしまうようなこともあります。したがってそこで得られる知識は、場合によっては、単に書物からのみ得られるそれであるというように、「感覚的背景（sinnlicher Hintergrund）」（P.W.A.XⅦ,S.298）・「内的真理（innere Wahrheit）」（P.W.A.XⅦ,S.299）を全然ともなわない空虚なそれになってしまうようなこともありうるのです。しかしながら、④の場合における見識はそのようなことはありません。それは、認識する主体の「地位（Lage）」（P.W.A.XⅦ,S.279）や「境遇（Verhältnisse）」（P.W.A.XⅦ,S.279）に結びついた生活の必要から生み出された、生き生きとした感覚的背景・内的真理をともなった見識なのです。そして、最後の⑤の場合についてですが、それは①②③④の場合とは大分趣きを異にしていて、直観を単に外部の諸対象が感覚の前に立ってそれらの印象を刺激させるものであるなどと単純に考えるようなわけにはいかないのです。そうではなく、⑤の場合には、直観は内面的・精神的・能動的な機能をもっているものと考えられていたのです。シュプランガーは宗教・道徳の基礎陶冶と類推とのかかわりに言及し、

「宗教と道徳は、そのすべての範囲にわたって、次のような生活の中心点から由来する。すなわち、家庭における愛の精神 － ペスタロッチーはこの言葉に代えて殆どいつも『居間』と呼んでいる － へと拡大される母と子どもとの間の愛情の結合から由来するのである。…この思想は『夕暮』以来準備されていたのである。思索する人が人為的な構成物の中へ、言語の場合のように、迷い込む危険もない。彼は単純に、生活圏という以前からの理念を糸口にしている。つまり最初の外的圏（居間）と中心（神的経験）とがまったく密接に関連させられるのである。この『中心点』は、単なる座標点（Koordinateranfangspunkt）以上のものである。それは本来、まったく内的な生命構造であり、豊かな『内的直観』の源泉でもある。そしてこの内的直観が素材を、人間的な関係と神への本源的な関係との間の

『類推』へと提供するのである。この中心点は同時により高い発展過程が展開してくる『萌芽』である」[53]

上記のように述べているのですが、それとは多少次元を異にし、たとえそれが、①から④までの、それぞれのやり方で獲得された「直観」の成果を利用して、それらの事物の認識からそれと似たものを思い浮かべるというようなものであるにしても、この場合の「直観」は内面的・精神的・能動的な在り方を示すのであって、類推的（analogisch）な力を働かせて感覚器官の使用によっては、本来、把握することのできない筈の性質までも捉えるのです。しかも、彼に言わせれば、⑤の場合に認められる直観の機能こそ、とらえ難いものなのであって、また、それがあるがために、事実、われわれをして彼の使用した用語、直観のもつ機能の把握を、ますます困難たらしめているのです。何故なら彼によれば、⑤の場合の直観の仕方は、実際の直観の成果としてはもっぱら自己の感覚の仕事でしかない自己の認識の歩みを、「自己の心の、そして心のあらゆる力の仕事（Werk meiner Seele und aller ihrer Kräfte)」（P.W.A.XⅦ,S.279）たらしめるものであり、したがってそれは、人間の「心の本性と切り離すことのできないあらゆる感情（die ganze Reihe von Gefühlen, die mit der Natur meiner Seele unzertrennbar sind）までも包括する」（P.W.A.XⅦ,S.279）ものなのであって、このことによって、人間は自己のもっている「心の諸力と同じだけの種類の直観の中に生きることになる（Ich lebe dadurch in so viel Arten von Anschauungen, als ich Seelenkräfte habe)」（P.W.A.XⅦ,S.279）と考えられているからです。したがって、彼の言うように、人間が自己のもっている心の諸力と同じだけの種類の直観の中に生きるのだとすれば、仮にわれわれが同一の対象を観る場合でも、それをどのように観るかは、それを観る各自の心の状態によって多少とも異なってくる筈であり、そしてこのことが、また、彼の使用した用語・直観のもつ機能の把握を、われわれをしてますます困難たらしめる大きな原因となっているのです。

以上によって、ペスタロッチーの使用した用語・直観（Anschauung）が外

53） EDUARD SPRANGER：PESTALOZZIS DENKFORMEN, Dritte Auflage, 1966, QUELLE & MEYER・HEIDELBERG, S. 72

面的・感性的・受動的な性格と内面的・精神的・能動的な性格を兼ね備えたものであるということを明らかにしてきたのですが、とりわけ、⑤の場合の直観の在り方は注目に価するところのものなのです。彼が、われわれの本性と切り離すことのできない感情までも包括する直観の機能を考慮していたという事実は、とりもなおさず、人間は自己のもっている心の諸力と同じだけの種類の直観の中に生きるということを意味するものであるので、この事実は、もしもわれわれが彼の使用した用語・直観のもつ機能を正確に把握したいと欲するならば、人間に関するわれわれの深い理解なしには、そのようなことは不可能に近いということを物語るものではないでしょうか。

②術の必要性

「①直観の機能」に於いては、認識の全領域にあらわれる直観（Anschauung）の在り方を検討し、それによって、彼の使用した直観のもつ諸機能を明らかにせんとしたのですが、そのようなことができたのも、結局は、背後に、直観を「あらゆる認識の絶対の基礎（absolutes Fundament aller Erkenntnis）」（P.W.A.XⅦ,S.305）とみなすペスタロッチー自身の立場があったからこそのことであったのです。もともと彼は直観そのものについては、「直観とは外部の諸対象が単に感覚の前に立つことであり、それらの印象の意識を単に刺激することに外ならない（sie《Anschauung》ist nichts anderes als das bloße Vor-den-Sinnen-Stehen der äußeren Gegenstände und die bloße Regemachung des Bewußtseins ihres Eindrucks）」（P.W.A.XⅦ,S.311）と考えており、また、人間性そのものについては、人間の本性を三種の異なる本質として把握していたとはいえ、やはり、「汝（人間）は自然的生体としては五官以外のなにものでもない（Du bist als physisch〃lebendiges Wsesn selbst nichts anders als deine fünf Sinns）」（P.W.A.XⅦ,S.247）と信じていました。しかも彼によれば、五官以外の何ものでもない人間の感覚性は、どう働く場合にも「すべてのことを知りたい認識したいという傾向（Neigung, alles zu kennen und alles zu wissen）」（P,W.A.XⅦ,S.243）と「知識と認識とへの衝動を停止させるすべてのものを享受したいという傾向（alles zu genießen, die den Drang des Wissens und der Erkenntnis stillestellt）」（P.W.A.XⅦ,S.243）との間をさまよっているものであると考えられていたので、「五官以外の何ものでもない」として人間を捉えていた彼が、「外部の諸対象が単に感覚の前に立つことであり、それらの印象の意識を単に刺激することに外ならない」(P.W.A.XVII,S.311) という意味での直観を、人間に内在する認識の基礎としての能力であると解していたのは当然です。

それにしても彼は、直観の力を人間の本性に本来内在しているところのものであると考えていたわけです。したがってこのことからまた自ずと人間に於ける認識活動の開始される最初の時期の問題も解決されることになります。

彼は、「子どもの教育の最初の時期は子どもの誕生の時期である (Die erste Stunde seines Unterrichts ist die Stunde seiner Geburut)」(P.W.A.XVII,S.184) というように、人間の認識活動の開始される最初の時期を子どもの誕生の時期であると考えていました。彼によれば、「生命の新しさ (Die Neuheit des Leben) とは、自然の印象を感受する能力 (Fähigkeit) がまさに熟していると言うことに外ならない。それはその衝動の全力をあげて (mit allen ihren Trieben) いまや自己形成 (Selbstbildung) が展開する機会を狙ってきた完成した自然的萌芽が覚醒したこと (das Erwachen der vollendeten physischen Keim) に外ならない。それは、人間たらんと望み、また人間たれと定められた生きものが今や成熟し覚醒したことに外ならない」(P.W.A.XVII,S.184)。したがって、「人間の感覚が自然の印象を感じるようになる瞬間から、この瞬間から自然がそれを教育する (Von dem Augenblicke, in dem seine Sinne für die Eindrücke der Natur empfänglich werden, von diesem Augenblicke an unterrichtet es die Natur)」(P.W.A.XVII,S.184)、というように考えられていたのです。言うならば、それは、

> 「自然 (Natur) は人間の感覚が自然の印象を感じるようになる瞬間から人間の教育を始めるのであって、人間のおかれた境遇と人間の要求と人間の関係を通して、人間を取り巻く最も本質的な事物の直観を人間そのもののうちに彼自身を満足させるだけの完全なものにし、そのことによって人間に感覚 (Sinnlichkeit) が自然からから受けとる印象 (Eindrücke) を彼自身の表象 (Vorstellung) のうちで一個の統一体 (Einheit) にまで、概念 (Begriff) にまでまとめあげ、次いで概念を漸次明瞭なものへと展開してゆ

く」(P.W.A.XⅦ,S.246)

上記のようなものとみる考え方でした。自然が彼を教育するということは、とりもなおさず、「自然は直観をもって一切の教育を始める (Mit ihr (Anschauung) fängt die Natur allen Unterricht an)」(P.W.A.XⅦ,S.311) ということで、「それ以後にくるものはすべてこの直観の単なる結果でもあれば、また抽象でもある (Alles was weiter geht, ist bloß Resultat und Abstraction von dieser Anschauung)」(P.S.W.XⅥ,S.104) ということを意味します。

「人間は善であり、善を願っている (Der Mensch ist gut und will das Gute)」(P.W.A.XⅦ,S.236)。生まれたばかりの子どもにそなわっているものは、ただ自然の印象を感受する能力だけであり、したがってこの時期の子どもはまったく白紙 (tabula rasa) の状態におかれているとさえ考えることができるわけです。自然は直観 (Anschauung) をもって一切の教授を始めます。彼によれば、例えば、

「嬰児 (Säugling) はそれを受け、母親はそれを与える。母親はその子を膝の上に抱きとる瞬間から、その子を教える。そしてその時、母親は自然が子どもに対してばらばらに遠方へとまきちらし、混乱したままに子どもに与えるものを子どもの感覚 (Sinne) に近寄せ、そして子どもに対して直観の行為を、したがってまたそれに依存する認識そのものを子どもにとって容易な楽しい魅力的なものにしてやるのである。無力で指導も援助もなく自然に依存しながら、無邪気そのものにある母親は自分のすることの何たるかを知らない。彼女は教えようなどとは思わない。彼女は単に自分の子どもを落ち着かせ、それに没頭するだけだ。しかしそれにもかかわらず、彼女は自然 (Natur) が彼女をとおしてなしつつあることを知ることなしに、彼女の純粋な単純さで自然の高尚な歩みを辿っているのだ。だがしかし自然は彼女をとおして非常に多くのことをなしつつある。自然はこの方法で子どもに世界を押し開く (Natur eröffnet dem Kinde auf diese Weise die Welt)。自然は子どもをそのようにして自己の感覚 (Sinne) の使用や、早い時期からの注意力 (Aufmerksamkeit) と直観力 (Anschauungsvermögen) とへと準備するのである」(P.W.A.XⅦ,S.311)

ところで、今、もし、自然のこうした崇高な歩みが利用され、それに結びつ

けられたらどうなるでしょうか。もしも母親の心が術（Kunst）の助けによって彼女が「盲目的な自然衝動に駆られて（durch einen blinden Naturtrieb）」（P.W.A.XⅦ,S.312）嬰児（Unmündigen）のためにしてやった事がらを，「成長した子ども（Anwachsenden）」（P.W.A.XⅦ,S.312）のためにもなお賢く自由に継続することができたらどうなるでしょうか。また父親の心もこの目的のために利用され、父親も術（Kunst）の助けによって子どもにとって必要な、子どもが重要な業務（Angelegenheiten）を立派に処理することによって生涯を通して心から自分自身満足しうるようになるために必要な全ての技能（Fertihkeiten）を、子どもの地位と境遇とに結びつけてやることが行われたならば、どういうことになるでしょうか。そのようなことが行われるならば、おそらく、われわれ人類は、また、すべての個人は容易にその地位において向上し、不幸な境遇の多くの困難の中にあっても、不幸な時代のあらゆる苦難の直中にあっても、静かな落ちついた満足せる生活を確保することができるようになるのではないでしょうか。そのように考えられるのです。しかしまた、他方、「自然の法則（die Gesetz der Natur）そのものについて言えば、それは、永遠の真理でもあれば、われわれにとってあらゆる真理の永遠の規範（ewige Richtschnur aller Wahrheit）でもあるのですが、しかしこの法則の歩みのとる個々の現れは、現実には個々の人間にとって満足なものではないのです。それは個々人と人類とを同時に満足させる真理ではなく、全体にとっては神聖であっても（dem Ganzen geheiligt)、個々の被造物に対しては、とりわけ自然が何らの干渉によっても独立を害しようとしない人間に対しては、無関心のようにみえる」（P.W.A.XⅦ,vgl.S.326）のです。したがって、自然の法則が一般に無情（sorglos）であるとか、盲目的（blind）であるなどと言われているのも、そのためではないかと思われるような面がないわけではありません。

それでは、自然が人間を教育するからといって、ただ単に、無情で盲目的な自然の手に人類の教育をまかせておくだけであったなら、果たしてどのような結果を招くようなことになってしまうのでしょうか。ペスタロッチーは、それについては、

「森や草原では、木々や雑草はそれぞれの類の本質を直観させたり、対象の最初の印象（Eindruck）によってその部類（Fach）の一般的知識をか

ち得させたりするのに最も適した順序に並んではいない」(P.W.A.XIX,S.327)
「自然のままの地上には雑草（Unkraut）やあざみ（Distel）が生えているが、もしも、人類の教育をそのような自然の手に任せたら、自然は人類の直観（Anschauung）を混乱させるほかなく、そのような直観はわれわれの理解力（Fassungskraft）に対しても子どもの理解力に対しても、初歩的教授に（für den ersten Unterricht）必要な秩序を与えることは出来ない」（P.W.A.XⅧ,S.327）usw.

上記のような観点から、人間の教育をただ単に自然の手にのみに任せてはおけないという結論に到達するのですが、「自然の手から人類の教育がもぎとられる（die Leitung unsers Geschlechts ihr aus den Händen gerissen werde)」（P.W.A.XⅧ,S.327）ことの必要性を受けいれる際にも、やはり彼は、人間の本性に内在する直観の力（Anschauungskraft）そのものを認識の絶対の基礎としてそれに固執していたのではないかと思われるのです。何故ならば彼は『教養の基礎としての言語 － 断片』（1799）に於いても、

「この善なる諸力に所属する直観の方法（Anschauungsweise）によって、人間は彼自身を、感覚的自然が彼に提示する存在の全系列のなかで、この存在の連鎖の完全な一環として（als ganzen Reihe der Wesen）みるのだ。しかし、もちろん、彼がこれらすべての存在（Wesen）と共有する諸力によってではない。もし彼がこれ（他の存在と共有する力）だけしかもっていないなら、彼は優れたどんな動物力にもはるかに劣るであろう。不器用で、ゆっくりと成長しながら、力（Kräfte）と欲求（Ansprüchen）とに於いて均衡を失い、人類は彼に対して継母のように振る舞い、彼を騙してひどい目に遭わせる － と言ってもいいような － 自然の翻弄物となるであろう。そして彼を取り囲み、餌食を待ち伏せるように彼を待ち伏せる非常に多くの動物的諸力によってさんざんな目に遭わされるに違いない。しかし彼は人間の自然にまったく固有な諸力（Kräfte, die seiner Natur ganz eigen sind)、他のすべての動物の諸力のように成熟し完成して彼の内にあるのではない諸力（Kräfte, nict die Kräfte aller übrigen Tierwesen reif und vollendet in ihm liegen)、むしろ彼が自分で完成させなくてはならない諸力（Kräfte, die er vielmehr selber zu ihrer Reife bringen maß）を

もっており、このような諸力によってのみ、彼は自分自身をこの存在系列における第一環としてみ、またこのような諸力によって彼は、この存在系列の第一原因 － 賢明な、好意的な、そして彼にも全自然にも依存しないものとして表象されるほかない第一原因（die erste Ursache）を意識する」（P.W.A.XV,S.131f.）

と述べていたように、彼は人類のもつ直観の力そのものを、完成して人間性そのもののうちに内在する力などとは考えていなかったからです。彼は直観を人間の本性に全く固有な力、他のすべての動物のように成熟し完成して彼のうちにあるのではない力、むしろ彼が自分で完成させなくてはならない力として把握していたのでした。ここからも、術（Kunst）の必要性がでてくるのです。それ故に、結局はそのような見地が、彼をして、人間をあるべき姿の人間にするためには、われわれは、なにをさておき、人間自然に内在する「単なる直観（die einfache Anschauung）」（P.W.A.XVII,S.314）を「術による直観（Künstliche Anschauung）」（P.W.A.XVII,S.280）にまで、「直観そのものを術にまで（die Anschauung selber zur Kunst）」（P.W.A.XVII,S.313）高めていかなければならないと考えざるを得なくなっていったのではないかと思われるのです。したがって彼自身も、

「世界（die Welt）は…混沌たる直観（verwirte Anschauung）が入り乱れて流れ込む大海のような姿で、われわれの前に現れる。教授と術との事柄（Die Sache des Unterrichten und der Kunst）は － もしそれらの事柄によって単なる自然の手にまかされただけの遅々として不十分に進む我々のための教化（Ausbildung）が真に不利益（Nachteil）なしに我々のために消失させられるべき（vergeschwindert werden soll）であるならば － 教授と術との事柄はかかる直観（Anschauung）のなかにあらわれる混沌（Verwirrung）を止揚し（aufheben）、諸対象（Gegenstände）を区別し、整頓し、類似しているもの（die ähnlichen）・関連のあるもの（die zusammenhörtigen）を表象において統一し、それによって一切を明瞭ならしめ（klarmachen）、完全に明瞭になったら、それを明晰な概念に（zu deutliche Begriffen）高めることだ。だから教育は相互に入り乱れた混沌とした直観（die ineinanderfließenden verwirrten Anschauung）を個別

的に（einzeln）われわれに明示し（vergegenwärtigen）、次にこうして個別的に取り出された直観（Anschauung）を、さまざまの変化する相（in verschiedene wandelbaren Zuständen）において眺めさせ、最後にそれらをわれわれの他の知識（Wissen）の全体と結合させ、かくしてその本務を果たすのだ。こうしてわれわれの認識（Erkenntnis）は混沌（Verwirrung）から明確（Bestimmtheit）へ、明確から明瞭（Klarheit）へ、そして明瞭から明晰（Deutlichkeit）へと移ってゆくのだ」（P.W.A.XⅦ,S.247）

と、語っていたのですが、このようなことが言えたのも、結局のところ、彼自身、既に言及したように直観の力そのものを完成されて人間の本性に内在する力とはみていなかったからです。「曖昧な直観から明確な直観に、明確な直観から明瞭な表象に、明瞭な表象から明晰な概念に（von dunkeln Anschauung zu bestimmten, von bestimmten Anschauungen zu klaren Vorstellungen, von klaren Vorstellungen zu deutlichen Begriffen）」（P.W.A.XⅦ,S.251）という所謂「メトーデ（Methode）」の基本原理は、その根源をここに求めることができます。

ケーテ・ジルバーは、それに関連し、

「直観が実際に最初に構成されると、直観はまた『技術』へと高められねばならない。『単純な直観』は（ここでペスタロッチーは古いライプニッツの慣用語を使用している）、『曖昧な直観』から『明確な直観』へ、またこの直観から『明瞭』な表象へと進んでゆく。『直観の技術』は－これは、直観の対象を『わたしの判断の（すなわち悟性の）対象として』把握する手段であるが－『明瞭な表象』から『明晰な概念』へと進んでゆく。したがって『明確な』、『明瞭な』ならびに『明晰な』は認識の段階的差異である。－言いかえれば、直観の技術は子どもを一定の対象の認識に関する感覚的な印象からその一般的な意味へと導くのである。最後段階は先行段階の成果である」[54]

と、述べていました。

---

54) Käte Silber：PESTALOZZI, Der Mensch und sein Werk, Quelle & Meyer, Heidelberg 1957, revidiert von der Autorin für japanische Auflage, 1976, S. 129 f.

③術の則るべき法則

「②術の必要性」（本論考 199－205 頁参照）および「③術の則るべき法則」に於いて使用されている用語である「術（Kunst）」とは、自然の高尚な歩み（der hohe Gang der Natur）に則る法則、いわば、自然の法則（die Gesetze der Natur）とでも呼称されるべき法則を応用した人為的な教育技術のことであり、自然に手をかす人為的な術のことです。ところでペスタロッチーは、「人間はただ術によってのみ人間となる（Der Mensch…wird nur durch die Kunst Mensch）」（P.W.A.XⅦ,S,236）と言っているのですが、それでは彼の言うところの術（Kunst）とは、具体的には、如何なる法則の上に成り立つものであると考えらえられていたのでしょうか。

既に、本論稿前出の「②術の必要性」に於いても言及したように、生命の新しさとは、自然の印象（Eindrücke）を感受する能力がまさに熟しているということに外ならないので、人間の教育は、感覚が自然の印象を感じるようになるその瞬間から開始されねばならないと、彼は考えていたのです。しかしながら、また同時に、自然（Natur）そのものについては、自然は、人間の力の発展のためにはただ動力と手段とを与えるだけで、決して人間に、彼が人間である限り何の導きも与えなかったし、また与えることもできないというようにも考えていました。それ故に、彼にとっては、極く自然に、「すべての人間の教育（aller Unterricht des Menschen）は、自己の展開を今や遅しと待ち構えている自然に手をかす術（Kunst）に過ぎない」（P.W.A.XⅦ,S.184）と解せられ、そこから、自然に手をかす術の則るべき法則の手懸りを得るために、彼が、先ず目を向けることになったのは自然の世界であったのです。実際、当時の彼には、「自然の機構（Mechanismus der Natur）」（P.W.A.XⅦ,S.337）そのものは、生きた植物においても（in lebenden Pflanzen）、単に感性的な動物においても（im bloß sinnlichen Tier）、同様に感性的な（sinnlich）、しかし意志をもっている（willenfähigen）人間においても、まさに同一のものであると見做されていました。したがって、彼によれば、自然の機構が人間そのもののうちに生み出すことのできるあらわれは常に同一のものなのであって、その法則（Gesetze）は、一般に、動物に働きかけるのと同じ仕方で「人間の自然的本質（mein physisches Wesen)」(P.W.A.XⅧ,S.338) に働きかけたり、人間の判断 (Urteil) と意志 (Wille) との感性的な原因 (die sinnlichen Ursachen) を規定するものとして働きかけたり、更には、人間がその必要 (Bedürfnis) を自己の本能 (Instinkt) によって感じ、自己の見識 (Einsichten) によって認識し、その習得を自己の意志によって命ずるもろもろの実際的技能に対して、彼自身を堪能にするように働きかけたりするのであるというように考えられていたのです。だからこそ、彼は、例えば、『メトーデ － 1800年6月27日のペスタロッチーの覚え書き －』(1800) や『ゲルトルートは如何にしてその子を教うるか － 子どもを自らの手で教育しようとする母親への手引書 － 書簡形式による一つの試み －』(1801) に於いて、

「自然の機構 (Mechanismus der Natur) は、その全範囲において高遠にして単純な過程 (in seiner ganzen Umfang hoher, einfacher Gang) である。人類よ！　模倣しなさい。大きな木の種子から先ずただ一つの人目にもつかない芽をふくらませ、しかし次には日ごとにまた時間ごとにますます気づかれずに生じる追加によって、まず幹の基礎を、次には大枝の基礎を、そしてついには最も外部の小枝までの、はかない葉の集まりまでの、小枝の基礎を育成する高尚な自然の行為を模倣しなさい。自然がどのようにして個々の形成された部分を培い (pflegen)、守り (schützen)、また新しい部分を古い部分の確かな生命 (Leben) に結びつけるか、この高尚な自然の働きをみとどけよ！　如何にして自然の輝かしい花が奥深く形成されていた蕾から開いてくるか注意せよ。如何にしてその花が最初の生命の華麗な輝きを失い、そしてか弱くはあるが、その本質 (Wesen) の全範囲に於いて完全に形作られた果実として、日ごとに絶えず、すでに存在する一切に対して或る本当のものを付け加え、このようにして一箇月の長きにわたって静かに成長しながら育ての枝に垂れ下がり、遂に十分成熟し (reifen)、そしてすべての部分が完全になって木から落ちるかを、見なさい！　どのようにして母なる自然 (die Mutter Natur) が既に最初に出てくる芽生えにおいて同時に根の元を発展させ、そして樹木の最も重要な部分を深く大地のなかに埋めているかを、注視してみなさい！　どのようにして自然はまた動かすことが出来ないような大きな幹を深く根の本質から形

成し、また主要な枝を深く幹の本質から形成し、小枝を深く主要な枝から形成して、最もか弱い最も外側の部分に至るまでのすべての部分に対して十分な力を与えながら、いかなる部分に対しても無用な不釣り合いな力は与えないか、見なさい！」(P.S.W.XVI,S.107f.)

と、格式の高い文体で彼の見解を述べるとともに、自然の世界に目を向け、「自然的自然（physische Natur）が一般にその力を展開するときに則る法則を探り（P.W.A.XVII,S.238)、自然そのものの本質によって規定される「人類の教化（Ausbildung der Menschheit)」(P.W.A.XVII,S.246）の形式を見出そうとしました。

いずれにしても、ペスタロッチーはそのようなことから、自然の世界に目を向け、それによって「自然的自然（physische Natur）が一般にその力を展開するときに則る法則」(P.W.A.XVII,S.238）のなんたるかを究明し、自然そのものの本質によって規定される「人類の教化（Ausbildung der Menschheit)」(P.W.A.XVII,S.246）の形式を見出すために辛苦を重ねることになり、その結果を『メトーデ － 1800年6月27日のペスタロッチーの覚え書き － 』で、以下のような11の指針を提示することによって、明らかにしたのです。

「i．本質上互いに相関係しているすべての事物は、それが自然のうちに実際ある関係において汝の精神（Geist）にもたらしなさい。

ii．すべての非本質的な事物（alle unwesentliche Dinge）を本質的な事物に従属させなさい。そしてわけても術による見方（Kunstansicht）が汝自身にもたらす印象（Eindruck）をば、自然および自然の真の実在が与える印象に従属させなさい。

iii．汝の観念（Vorstellung）のうちにあるいかなる事物に対しても、それが自然そのものにおいて人類に対してもつ以上の重さを与えてはならない。

iv．世界のすべての事物をまたその類似性（Aehnlichkeit）にしたがって整えなさい。

v．重要な事物が汝自身に与える印象を、汝がそれを種々なる感官（verschiedene Sinne）に訴えて汝に作用させることによって、強化しなさい。

vi. それぞれの術（Kunst）において、各々の新たな概念はすでに深く印象づけられ、汝自身に忘れ難くなっている従来の認識に対して、小さな殆ど気づかれないような付加物にすぎないように、認識の段階を作るようにしなさい。

vii. 汝がなんらかの複雑なものに進む前に、単純なものを完全なものに仕上げることを学びなさい。

viii. すべての自然の成熟においても（in jeder physischen Reifung）、それが果実のすべての部分の全体的の完全な結果であるということを認めよ。そしてそれゆえに、およそ正しい判断（Urtheil）は判断される事物のすべての部分の全体的の完全な結果であるということを認めよ。そしてそれゆえに、およそ正しい判断は判断される事物の全ての部分の完全な「直観（Anschauung）」の結果でなくてはならないということを認め、その真の成熟に先立つみかけの完成をば、虫に食われた林檎のみかけの成熟のように恐れるがよい。

ix. すべての自然の作用（physischen Würkungen）は無制約的，必然的（unbedingt，notwendig）である。しかもこの必然性（Notwendigkeit）は自然が異質的にみえる種々の材料を、すべて目的実現のために自己に統一しようとする術の結果である。自然にのっとる術（Die ihr（Natur）nachahmende Kunst）はこれと同様に、自己の目的とする結果をば、同じ仕方で自然的必然性に高めなくてはならない。すなわち術の要素をば術の目的に対して調和させ、統一しなくてはならない。

x. 刺激（Reiz）と遊び活動の余地（Spielraum）が豊富で多方面的であることは、自然の必然性の結果が自由独立の印象を一般に生じさせることになる。

xi. とりわけ自然的機制の大法則（das große Gesetz des physischen Mekanisms）を知りなさい。すなわち事物（Gegenstand）と感官（Sinne）との間の自然的遠近の関係とのこの法則の作用が一般的に密接に結びついているということを知りなさい。汝を取り巻くすべての事物のこの自然的遠近（die physischen Nähe oder Ferne aller Gegenstände，die dich umschweben）が、汝の直観と、汝の職業上の発展と、そして実に汝の徳性

(Tugend) とのあらゆる特質とを決定するということを決して忘れてはならない。しかし汝の自然のこの法則もその全体的な歩みにおいて再び第二の法則（ii として提示された指針のこと）のまわりを回転する（Aber auch dieses Gesetz deiner Natur wirbelt sich wieder in seinem ganzen Umfang um ein zweites)。それは汝の全存在の中心点（Mittelpunkt deines ganzen Seyen）を回転する。そしてこの中心点が汝自身である。このことを忘れるな。人類よ！　汝のあるところの一切は、汝が意志する一切は、汝がなすべきである一切は、汝自身から発する。すべてのものは汝の自然的直観（physische Anschauung）のなかに一つの中心点をもたなくてはならない。そしてそれがまた汝自身である。術（Kunst）はそのすべての行為において、単純な自然の道ゆき（einfacher Gang der Natur）に実際ただこのことを付け加えるだけのことである。すなわち術は自然が広い範囲にわたって散らかしているものを狭い範囲に集め、それをば記憶（Erinnerlungsvermögen）を助けるような関係にしたがって五感官（fünf Sinne）に接近させるのである。特別に術（Kunst）は感官の感受性を高め、そして練習をとおして、自然に周囲にただよう事物を数多く正しくかつ永続的にわれわれに示すことを、日に日に容易にするのである」(P.S.W.XVI,S.105 ff.)

もしも、人類の教化のためのすべての「術（Kunst)」が上に提示された指針に則り、それに従うならば、自然的な自然（physische Natur）の歩みのうちに存在する気高く単純なものも、われわれの感覚的な成長のうちにある調和を損ねず、われわれ自身から何一つ奪わず、自然がその自然的発展にも一様に人間に恵みを与える配慮を微塵も奪うことのないような形式において民衆陶冶(Volksbildung) のためのメトーデ (Methode) を構築することができると考え、彼は、メトーデ（Methode）の完成のために工夫をこらしていったのです。

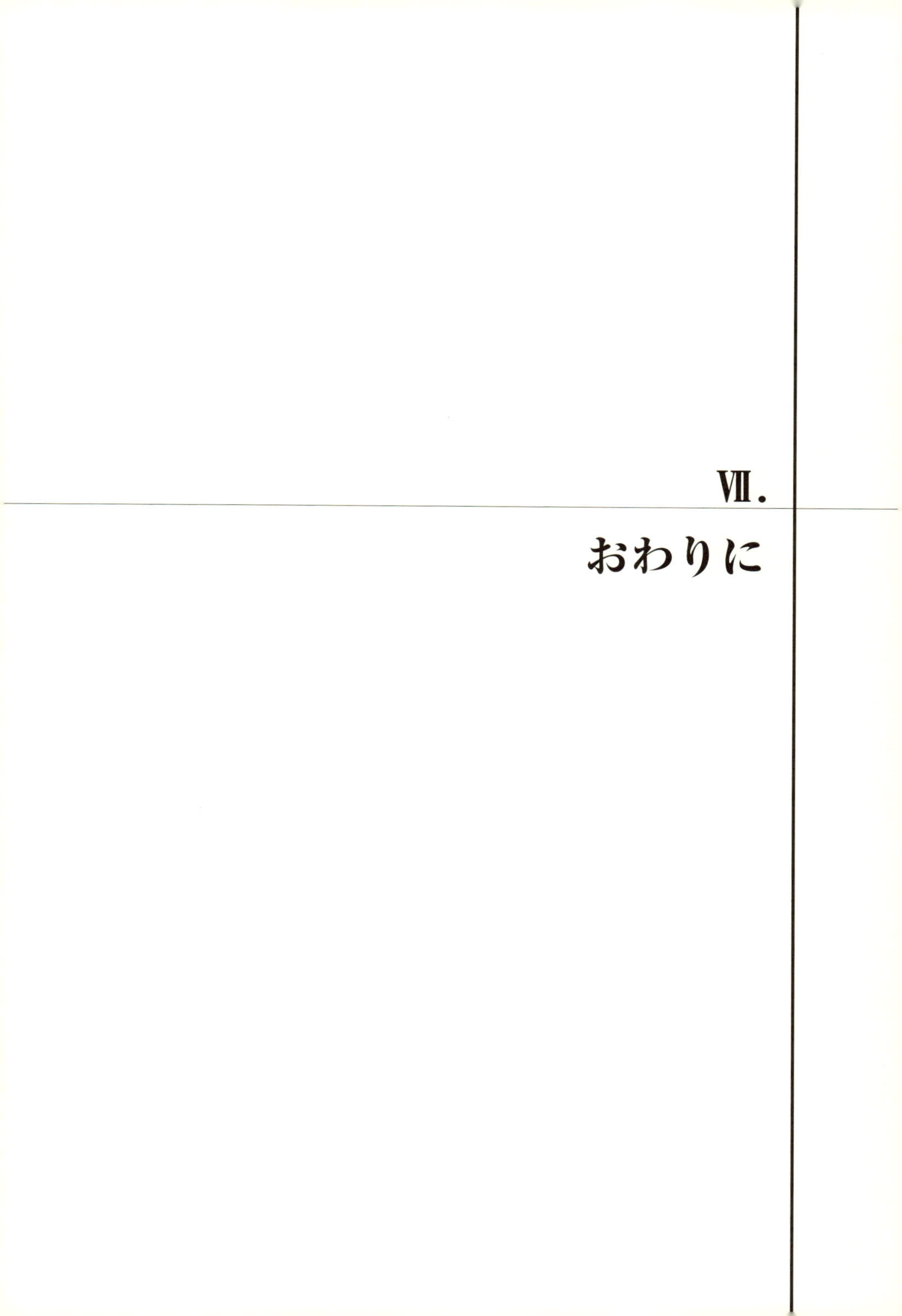

Ⅶ.
おわりに

1789年にはフランス革命が、そしてまた1798年にはスイス革命が勃発しています。ペスタロッチーは、そのような時期に社会の苦悩を一身に担い、激動の時代をとことん生き抜いた人物の一人であったのです。

「すべてを人のためにし、自分にはなにものをも！」(ALLES FÜR ANDERE, FÜR SICH NICHTS !) との語句が生誕百年祭の折に建立された記念碑に刻まれていることからも明らかなように、そのような生き方をした背後には、常に、人類を救済しようとして、とりわけ、社会の最下層の人々を救済しようとして、生涯を捧げた辛苦に満ちた彼の不屈の努力の歩みがあったのです。

前半生に於ける彼の努力の対象は、主として、「環境が人間をつくるのだ」(Die Umstände machen den Menschen) という見地から社会の最下層の人々を救済せんがための、どちらかと言えば、政治の在り方に疑問を抱いて働きかける社会改革者的な活動に向けられていたのですが、彼が教育の世界に身を投じ、意欲的に、民衆の陶冶 (Volksbildung) とその改善策の研究に本格的に取り組むようになるのは、「環境が人間をつくる」(Die Umstände machen den Menschen) のであるが同時に「人間が環境をつくるのである」(Der Mensch macht die Umstände) ということ、人間は環境によってつくられる面も確かにあるが、彼の意志にしたがって環境を様々に支配する力をも自分自身のうちにもっているのであるということを知って、それまでの活動方針の力点の置き方を人間作りへと転換し、「わたしは教師になろう (Ich will Schulmeister werden)」と叫んでシュタンツに旅立って行ってからのことでした。それは、彼がシュタンツの孤児院長となった53歳以降のことであったので、それ以後の彼の人生は民衆陶冶 (Volksbildung) の実践者であるとともに、とりわけ、民衆陶冶の方法であるメトーデ (Methode) の研究に鋭意取り組んでいた時期でもあったのです。

彼が構築しようとしていた民衆陶冶のメトーデの輪郭は、『人類の発展に於ける自然の歩みについてのわたしの探求』(1797) で展開された人類の発展過程に継起する三状態 － 自然状態・社会的状態・道徳的状態 － の構想に端を発するものであって、基礎陶冶、職業陶冶、道徳的陶冶の三つの部門から成っていました。そしてそのいずれの部門も民衆陶冶を構成する欠くことのできない要素として重視されていたのですが、しかしながら、実際のところは、彼自身は、それら三部門の中でも「揺籃から６、７歳に至るまで」の子どもの身体・精神・心情の素質の開発において自然の歩み（Gang der Natur）を最も単純で確実な完備せる方法で堅持し、是正し、促進させるような、そのような役割を母親に求める基礎陶冶の部門における研究に、とりわけ力を注いでいたのです。そしてその際に、彼が特に考慮していたのは、基礎陶冶の部門を身体的基礎陶冶、知的基礎陶冶、道徳的基礎陶冶の三種に細分化して研究を進めるとともに、それれらを相互補完的に関連づけ、教育・保育の実践場面では調和のとれたかたちで、それを展開するということであったのです。

彼は、基礎陶冶の部門は、それを、主として、家庭における母親の手に委ねるのが最適であると考えていました。何故なら、彼によれば、母親は子どもを膝の上に抱き取る「瞬間からその子を教える」のであるとみられていて、そのようなことから、彼は、「子どもの最初の教育は決して頭脳の仕事ではなく、決して理性の仕事でもなく、常に心情の仕事であり、常に母の仕事であ」（P.W.A.XⅦ,vgl.S.353）るというように、それを、信じていたからです。しかしながら、他方では、また彼は、現実の世界にもおもいを巡らし、そこには、「母ではあっても人間ではない女性」が大勢いることにも気づいていました。そして、そのために、彼は、母ではあっても人間ではない女性のあらゆる行動とは決定的に異なっている限り、子どもの最初の教育を母自体の純真さにゆだね、自然によっていとも明瞭に定められているところのものに向かって母親を再教育すること（Die Mutter wieder…zu bilden）の必要性をも痛感することになります。そして、それとの関わりで、彼は、母親に欠けているのは彼女の意志ならびに彼女の力の外的な指導であるとして、どんな母親でも他人の助けなどなくして自分で考え、しかもそれによって同時に自らも絶えず学びつつ向上することができるように、母親のために、基礎陶冶の部門に於ける教授手段を単純化してやることができたらと心の底から願うようになっていったのです。そしてその際に、彼は、Muttersinn（母の感覚・母としての意識・母としての自覚）や Mutterherz（母の心・母としての細心の心遣いに基づいた方法）の在り方に着目し、それを重視するとともに、民衆陶冶のメトーデの構築や「母の書」の構想を進め、その根底に直観の力を据え、それを基本原理にすることによって彼のおもいを実現しようと企図しました。

1803年に出版された『母の書、あるいは母がその子に観察したり話したりすることを教えるための手引き、第一部』は、例えば、メトーデ（Methode）を巡る『メトーデ － 1800年6月27日のペスタロッチーの覚え書き －』(1800)から『白鳥の歌』（1825）に至る一連の作品で展開されていた「母の書」・「母のための手引き」の構想の一部を実現するために出版されたものであったのです。同作品に副題として付された表題によれば、同書の意図するところは、母が、自分の子どもに観察することと話すことを教えるための手引きを提供することにおかれていたのでした。

いずれにしても、彼によるMuttersinn（母の感覚・母としての意識・母としての自覚）やMutterherz（母の心・母としての細心の心遣いに基づいた方法）を重視する考え方は彼によって著わされた数多くの作品の随所に認められうるところであり、また、それらを特色づけていたところのものでもあったのですが、当然のことながら、それらは、彼の追求した「揺籃から6，7歳に至るまでの」子どもの陶冶理念を意味する基礎陶冶の理念に色濃く反映されていたのです。

したがって、そのようなことから本論考に於いては、筆者としては、基礎陶冶理論の構築とその実践のために構想された「母の書」（Das Buch der Mütter）・「母のための手引き」（Anleitung für Mütter）の意図を把握する手懸りを基礎陶冶の実践に大きな役割を果たすことになるMuttersinnやMutterherzに求め、考察の対象を、手続き上の順序としては、主に、Vatersinn・Kindersinn思想の展開過程、Vater-und MuttersinnとVatter-und Mutterherz、Muttersinnの昂揚、Muttersinnの在り方と「母の書」の構想、直観思想と術の必要性、等々に絞り、それらのもとで、『隠者の夕暮』の国家社会観、Vater・Kinder関係の自覚とVatersinn・Kindersinn思想の展開、Vater・Kinder国家観とBruder国家観、Vater-und Kindersinnの回復、Vater-und Mutterherzの言及と諸作品、邦訳された「父心」・「母心」の語源、Vatersinnの直接的昂揚、Muttersinnの間接的昂揚、女指導者とその家庭教育、居間の教育と労働、Mutterherzと「母の書」の構想、『母の書、あるいは母がその子に観察したり話したりすることを教えるための手引き、第一部』（チュウリッヒ、ベルン、チュウビンゲン、1803）の内容構成、身体の練習と自然的遠近・自然的機制、『母の書、あるいは母がその子に観察したり話したりすることを教えるための手引き、第一部』の実態、直観の機能にかかわる用語の使用例、直観思想の萌芽とその展開過程、直観の機能と術の必要性、等々についての吟味・検討を進め、それによって、「ペスタロッチーの幼児教育思想の構築 －【母親教育のための書】の構想と【直観理論】の萌芽から －」という本論考の主題に迫ってみることにしました。

しかしながら、ペスタロッチーによって著わされた原著ならびに彼に関する文献には膨大な数のものがあり、現状では、なおも増加の一途を辿るかの傾向が認められると言われています。それにもかかわらず、筆者はそれらの中のほんの一部の、微々たる数の原著ならびに文献に目を通しただけで、無謀にも、本論考の執筆に手を着けてしまいました。反省するとともに気持ちを新たにしているところです。

本論考の執筆にあたり、邦訳されているペスタロッチーの作品や国外の文献等については、それらを活用し、僭越ながら、内容面からみて筆者による邦訳とほぼ同じ内容のそれであるとみなされた箇所は、引用・参照させていただきました。尚、邦訳されているペスタロッチーの作品や国外の文献、その他、国内の文献等で、本論考の執筆にあたり筆者が主に使用したものについては、本論考の「ペスタロッチー作品の略記号」(217－227頁)に続けて記載しておきます。

ご関係の方々には心より敬意を表するとともに感謝致しております。

ペスタロッチー作品の略記号

ペスタロッチーの著作中、本論考に於いて使用された作品の略記号は下記の通りであって、（P.W.A.I,S.135）などとある括弧内の数字はその頁を示しています。

P.W.A. I　Agis, 1765. Heinrich Pestalozzi, Werke in acht Bänden, Gedenkausgabe zu seinem zweihundertsten Geburtstage, Herausgegeben von Paul Baumgartner, Schriften, Aus den Jahren 1765-1783, Rotapfel 〃 Verlag, Erlenbach 〃 Zürich
『アギス』（1765）

P.S.W. I　Wünsche, 1766. Pestalozzi, Sämtliche Werke, herausgegeben von Artur Buchenau Eduard Spranger Hans Stettbacher, 1 Band, Schriften aus der Zeit von 1766-1780. Berlin und Leipzig 1927, Verlag von Walter de Gruyter & Co.
『希望』（1765）

P.S.W. II　Tagebuch Pestalozzis über die Erziehung seines Sohnes. 27. Januar bis 19. Februar 1774. Pestalozzi, Sämtliche Werke, heraus gegeben von Artur Buchenau Eduard Spranger Hans Stettbacher, 1. Band, Schriften aus der Zeit von 1766-1780. Berlin und Leipzig 1927, Verlag von Walter de Gruyter & Co.
『息子の教育に関するペスタロッチーの日記』（1774）

P.W.A. II　Aufsätze über die Armenanstalt auf dem Neuhof. 1775-1778. Heinrich Pestalozzi, Werke in acht Bänden, Gedenkausgabe zu seinem zweihundertsten Geburtstage, Herausgegeben von Paul Baumgartner, Schriften, Aus den Jahren 1765-1783, Rotapfel 〃 Verlag, Erlenbach 〃 Zürich
『ノイホーフの貧民施設に関する論文』（1775-1778）

P.W.A. III　Von der Freiheit meiner Vaterstadt !, 1779. Heinrich Pestalo-

zzi, Werke in acht Bänden, Gedenkausgabe zu seinem zweihundertsten Geburtstage, Herausgegeben von Paul Baumgartner, Schriften, Aus den Jahren 1765-1783, Rotapfel 〃 Verlag, Erlen-bach 〃 Zürich
『わが故郷の都市の自由について』(1779)

P.S.W.Ⅲ　Entwurf zu der Abendstunde eines Einsiedlers, 1779. Pestalozzi, Sämtliche Werke, herausgegeben von Artur Buchenau Eduard Spranger Hans Stettbacher, 1. Band, Berlin und Leipzig 1927, Verlag von Walter de Gruyter & Co.
『隠者の夕暮への草案』(1779)

P.W.A.Ⅳ　Die Abendstunde eines Einsiedlers, 1780. Heinrich Pestalozzi, Werke in acht Bänden, Gedenkausgabe zu seinem zweihundertsten Geburtstage, Herausgegeben von Paul Baumgartner, Schriften, Aus den Jahren 1765-1783, Rotapfel 〃 Verlag, Erlenbach 〃 Zürich
『隠者の夕暮』(1780)

P.W.A.Ⅴ　Abhandlung über die Frage：Inwiefern ist es schicklich, dem Aufwande der Bürger in einem kleinen Freistaate, dessen Wohlfahrt auf die Handelschaft gegründet ist, Schranken zu setzen?, 1781. Heinrich Pestalozzi, Werke in acht Bänden, Gedenkausgabe, Herausgegeben von Paul Baumgartner, Schriften, Ausden Jahren 1765-1783, Rotafel 〃 Verlag, Erlenbach 〃 Zürich
『繁栄の基礎を商業に置く小国家では市民の浪費をどの程度制限するのが適当か、という問いに関する論文』(1781)

P.S.W.Ⅳ　Die Kinderlehre der Wohnstube, 1781. Pestalozzi Sämtlich Werke, herausgegeben von Artur Buchenau Eduard Spranger Hans Stettbacher, 7. Band, Berlin und Leipzig 1940, Verlag von Walter de Gruyter & Co.
『居間の児童教育』(1781)

P.W.A.Ⅵ　Lienhard und Gertrud, Ein Buch für das Volk. Erster Teil, 1781. Heinrich Pestalozzi, Werke in acht Bänden, Gedenkausgabe zu seinem zweihundertsten Geburtstage, Herausgegeben von Paul Baumgartner, Erster und Zweiter Teil nach der ersten Fassung, Rotaphel 〃 Verlag, Erlenbach 〃 Zürich
『リーンハルトとゲルトルート － 民衆のための書 － 第一部』(1781)

P.W.A.Ⅶ　Christoph und Else, Mein zweites Volksbuch. 1782. Heinrich Pestalozzi, Werke in acht Bänden, Gedenkausgabe zu seinem zweihundertsten Geburtstage, Herausgegeben von Paul Baumgartner, Rotapfel 〃 Verlag, Erlenbach 〃 Zürich
『クリストフとエルゼ － わたしの第二の民衆の書 － 』(1782)

P.S.W.V　Ein Schweizerblats, 1782. Pestalozzi, Sämtliche Werke, herausgegeben von Artur Buchenau Eduard Spranger Hans Stettbacher, 8 Band, Ein Schweizerblat, Berlin und Leipzig 1927, Vellag von Walter de Gruyter & Co.
『スイス週報』(1782)

P.S.W.Ⅵ　Des Schweizerblats. Zweites Bändchen. 1782. Pestalozzi, Sämtliche Werke herausgegeben von Artur Buchenau Eduard Spranger Hans Stettbacher, 8. Band, Ein Schweizerblatt, Berlin und Leipzig 1927, Verlag von Walter de Gruyter & Co.
『スイス週報 － 第二の冊子 － 』(1782)

P.W.A.Ⅷ　Über Gesetzgebung und Kindermord. Wahrheiten und Träume, Nachforschungen und Bilder, 1783 und 1821/22. Heinrich Pestalozzi, Werke in acht Bänden. Gedenkausgabe zu seinem zweihundertstengeburtstage, Herausgegeben von Paul Baumgartner, Schriften, Aus den Jahren 1765-1783, Rotapfel 〃 Verlag, Erlenbach 〃 Zürich
『立法と嬰児殺し － 真理と夢、探究と象徴 － 』(1783)

P.W.A.IX　Lienhard und Gertrud, Ein Buch für das Volk. Zweiter Teil, 1783. Heinrich Pestalozzi, Werke in acht Bänden, Gedenkausgabe zu seienem zweihundertsten Geburtstage, Herausgegeben von Paul Baumgartner, Erster und Zweiter Teil nach der ersten Fassung, Rotapfel 〃 Verlag, Erlenbach 〃 Zürich

『リーンハルトとゲルトルート － 民衆のための書 － 第二部』(1783)

P.S.W.Ⅶ　Fragment über den Stand der Natur und Gesellschaft 1783, Pestalozzi, Sämtlich Werke, herausgegeben von Artur Buchenau Eduard Spranger Hans Stettbacher, 9. Band, Schriften aus der Zeit von 1782-1787, Berlin und Leipzig 1930, Verlag von Walter de Gruyter & Co.

『自然と社会の状態についての断片』(1783)

P.W.A.X　Lienhard und Gertrud, Ein Buch fürs Volk. Dritter Teil, 1785, Heinrich Pestalozzi, Werke in acht Bänden, Gedenkausgabe zu seinem zweihundertsten Geburtstage, Herausgegeben von Paul Baumgartner, Dritter und Vierter Teil nach der ersten Fassung, Rotapfel 〃 Verlag. Erlenbach 〃 Zürich

『リーンハルトとゲルトルート － 民衆のための書 － 第三部』(1785)

P.S.W.Ⅷ　Über die Entstehung der sittlichen Begriffe in der Entwicklung der Menschheit, 1786-1787. Pestalozzi, Sämtliche Werke, herausgegeben von Artur Buchenau Eduard Spanger Hans Stettbacher, 9 Band, Schriften aus der Zeit von 1782-1787, Berlin und Leipzig 1930, Verlag von Walter de Gruyter & Co.

『人類の発展に於ける道徳的諸概念の生成について』(1786-1787)

P.W.A.XI　Lienhard und Gertrud, Ein Buch fürs Volk, Vierter Teil, 1787. Heinrich Pestalozzi, Werke in acht Bänden,

Gedenkausgabe zu seinem zweihundertsten Geburtstage, Herausgegeben von Paul Baumgartner, Dritter und Vierter Teil nach der ersten Fassung, Rotapfel 〃 Verlag, Erlenbach 〃 Zürich
『リーンハルトとゲルトルート － 民衆のための書 － 第四部』(1787)

P.W.A.XII Ja oder Nein? Äußerungen über die bürgerlich Stimmung der Europänischen Menschheit in den oberen und untern Ständen von einem freien Mann, 1792-1793. Heinrich Pestalozzi, Werke in acht Bänden, Gedenkausgabe zu seinem zweihundertsten Geburtstage, Herausgegeben von Paul Baumgartner, Schriften, Aus der Zeit von 1792-1797, Rotapfel 〃 Verlag, Erlenbach 〃 Zürich
『然りか否か － 上層および下層のヨーロッパの人々の市民感情についての一自由人による意見の表明 － 』(1792-1793)

P.S.W.IX Aufruf zum Kartoffelbau, 1794. Pestalozzi, Sämtliche Werke, herausgegeben von Artur Buchenau Eduard Spranger Hans Stettbacher, 10 Band, Schriften aus der Zeit von 1787-1795, Berlin und Leipzig 1931, Verlag von Walter de Gruyter & Co.
『馬鈴薯栽培への呼びかけ』(1794)

P.S.W.X Fürsprache für die Opfer der Stäfner Bewegung. An die züricherische Regierung. Anfang Juli 1795. Pestalozzi, Sämtliche Werke, herausgegeben von Artur Buchenau Eduard Spranger Hans Stettbacher, 10 Band, Schriften aus der Zeit von 1787-1795, Berlin und Leipzig 1931, Verlrag von Walter de Gruyter & Co.
『シュテーフナー運動の犠牲者のための代弁 － チューリッヒ政権へ － 1795 年初め』(1795 年 7 月はじめ)

P.S.W.XI An die Freunde der Freiheit am Zürichsee und der Enden. Den 11. Heumonat 1795. Pestalozzi, Sämtliche Werke,

herausgegeben von Artur Buchenau Eduard Spranger Hans Stettbacher, 10 Band, Schriften aus der Zeit von 1787-1795, Berlin und Leipzig 1931, Verlag von Walter de Gruyter & Co.
『チューリヒ湖畔の自由の友へ』（1795年7月11日）

P.W.A.XIII　Figuren zu meinem ABC〃Buch oder zu den Anfangsgründen meines Denkens, Fabeln, 1797-1823. Heinrich Pestalozzi, Werke in acht Bänden, Genkausgabe zu seinem zweihundertsten Geburtstage, Herausgegeben von Paul Baumgartner, Schriften, Aus der Zeit von 1792-1797. Rotaphel〃Verlag, Erlenbach〃Zürich
『わたしのABC本のための、あるいはわたしの思想の初歩的原理のための譬え話』（1797 und 1823）

P.W.A.XIV　Meine Nachforschungen über den Gang der Natur in der Entwicklung des Menschengeschlechts, 1797. Heinrich Pestalozzi, Werke in acht Bänden, Gedenkausgabe zu seinem zweihundertsten Geburtstage, Herausgegeben von Paul Baumgartner, Schriften, Aus der Zeit von 1792-1797, Rotapfel〃Verlag, Erlenbach〃Zür-ich
『人類の発展に於ける自然の歩みについてのわたしの探求』（1797）

P.S.W.XII　Oratio pro deomo, 1797. Pestalozzi, Sämtliche Werke, Herausgegeben von Artur Buchenau Eduard Spranger Hans Stettbacher, 11 Band, Schriften aus der Zeit von 1795-1797, Berlin und Leipzig 1933, Verlag von Walter de Gruyter & Co.
『家のための祈り』（1797）

P.S.W.XIII　Montag, den 10. Herbstmonat, am Morgen. 1798. Pestalozzi Sämtliche Werke, Herausgegeben von Artur Buchenau Eduard Spranger Hans Stettbacher, 12. Band, Schriften, Aus der Zeit von 1797-1799, Berlin 1938, Verlag von Walter de Gruyter & Co.
『千七百九十八年九月十日月曜日　朝』（1798）

P.S.W.XIV An mein Vaterland im Hornung 1798. Pestalozzi, Sämtliche Werke herausgegeben von Artur Buchenau Eduard Spranger Hans Stettbacher, 12. Band, Schriften aus der Zeit von 1797-1799, Berlin 1938, Verlag von Walter de Gruyter & Co.
『1798年2月に於けるわが祖国に』(1798)

P.W.A,XV Die Sprache als Fundament der Kurtur. Ein Fragment, 1799. Heinrich Pestalozzi, Werke in acht Bänden, Gedenkasgabe zu seinem zweihundertsten Geburtstage, Herausgegeben von Paul Baumgartner, Schriften, Aus den Jahren 1798-1804, Rotapfel 〃 Verlag, Erlenbach 〃 Zürich
『教養の基礎としての言語 – 断片』(1799)

P.W.A.XVI Pestalozzis Brief an einen Freund über seinen Aufenthalt in Stans, 1799. Heinrich Pestalozzi, Werke in acht Bänden, Gedenkausgabe zu seinem zweihundertsten Geburtstage, Herausgegeben von Paul Baumgartner, Schriften, Aus den Jahren 1798-1804. Rotapfer 〃 Verlag, Erlenbach 〃 Zürich
『シュタンツ滞在について一友人に宛てたペスタロッチーの書簡』(1799)

P.S.W.XV Sieben Tage bei Pfarrer Samel. Aufgang 1800. Pestalozzi Sämtliche Werke herausgegeben von Artur Buchenau Eduard Spranger Hans Stettbacher, 13. Band, Schriften aus der Zeit von 1799-1801, Berlin und Leipzig 1932, Verlag von Walter de Gryuter & Co.
『牧師ザムエルのもとでの七日間』(1800)

P.S.W.XVI Die Methode. Ein Denkschrift Pestalozzi's 27. Juni 1800. Pestallozzi, Sämtliche Werke herausgegeben von Artur Buchenau Eduard Spranger Hans Stettbacher, 13. Band, Schriften aus der Zeit von 1799-1801, Berlin und Leipzig 1932, Verlag von Walter de Gruyte & Co.
『メトーデ – 1800年6月27日のペスタロッチーの覚え書き – 』

(1800)

P.W.A.XⅦ	Wie Gertrud iher Kinder lehrt. Ein Versuch, den Müttern Anleitung zu geben, ihre Kinder selbst zu unterrichten, in Briefen, 1801. Heinrich Pestalozzi, Werke in acht Bänden, Gedenkausgabe zu seinem zweihundertsten Geburtstage, Herausgegeben von Paul Baumgartner, Aus den Jahren 1798-1804. Rotapfer 〃 Verlag, Erlenbach 〃 Zürich 『ゲルトルートは如何にしてその子を教うるか － 子どもを自らの手で教育しようとする母親への手引書 － 書簡形式による一つの試み － 』(1801)
P.S.W.XⅦ	Denkschrift an die Pariser Freunde über Wesen und Zweck der Methode, Dezember 1802. Pestalozzi, Sämtliche Werke, Kritische Ausgabe begründet von Arutur Buchenau Eduard Spranger Hans Stettbacher, 14. Band, Verlag von Walter de Gruyter & Co. 『メトーデの本質と目的についてパリの友人達に宛てた覚書』(1802)
P.W.A.XⅧ	Ansichten über die Gegenstände, auf welche die Gesetzgebung Helvetiens ihr Augenmerk vorzüglich zu richten hat, 1802. Heinrich Pestalozzi, Werke in acht Bänden. Gedenkausgabe zu seinem zweihundertsten Geburtstage, Herausgegeben von Paul Baumgartner, Schriften, Aus den Jahren 1798-1804, Rotapfel 〃 Verlag. Erlenbach 〃 Zürich 『ヘルヴェチアの立法がとりわけ目指さねばならないものについての見解』(1802)
P.S.W.XⅧ	Pestalozzi an seine Zeitalter. (Epochen), 1802/3. Pestalozzi, Sämtlche Werke, Kritische Ausgabe begrüntet von Artur Buchenau †, Eduard Spranger, Hans Stettbacher, 14. Band, Schriften aus der Zeit von 1801-1803, Berlin 1952, Verlag von Walter de Gruyter & Co. 『わが時代におけるペスタロッチー － 時代 － 』(1802-1803)

P.S.W.XIX　Das Buch der Mütter, oder Anleitung für Mütter, ihre Kinder bemerken und reden zu lehren, Erstes Heft, Zürich und Bern, Tübingen 1803. Pestalozzi, Sämtliche Werke, Kritische Ausgabe gegründet von Artur Buchenau †, Eduard Spranger Hans Stettbacher, 15. Band, Schriften aus den Jahren 1803-1804, ORELL FÜSSLI VERLAG, ZÜRICH, 1958
『母の書、あるいは母がその子に観察したり話したりすることを教えるための手引き、第一部』（チュウリッヒ、ベルン、チュウビンゲン、1803）

P.S.W.XX　Über den Sinn des Gehörs, in Hinsicht auf Menschenbildung durch Ton und Sprache, 1803-1804. Pestalozzi, Sämtliche Werke, krtische Ausgabe herausgegeben von Altur Buchenau Eduard Spranger Hans Stettbacher, 16. Band, Berlin und Leipziig 1935, Verlag von Walter de Gruyter & Co.
『音声と言語とによる人間陶冶に関する聴覚の意義について』（1803-1804）

P.W.A.XIX　Geist und Herz in der Methode, 1805. Heinrich Pestalozzi, Werke in acht Bänden. Gedenkausgabe zu seinem zweihundertsten Geburtstage, Schriften, aus der Zeit von 1805-1826, Erster Teil. Rotapfel 〃 Verlag, Zürich
『メトーデにおける精神と心情』（1805）

P.W.A.XX　Zweck und Plan einer Armenerziehungsanstalt, 1805. Heinrich Pestalozzi, Werke in acht Bänden. Gedenkausgabe zu seinem zweihndertsten Geburstage, Schriften, aus der Zeit von 1805-1826, Erster Teil. Rotapfel 〃 Verlag, Zürich
『貧民教育施設の目的と計画』（1805）

P.W.S. I　Ansichten und Erfahrungen, die Idee der Elementarbildung betreffend, 1807. Pestalozzi sämtliche Werke, herausgegeben von Dr. L. W. Seyffarth, Neunter Band, Liegniz, Druck und Verlag von Carl Seyffart, 1901

『基礎陶冶の理念に関する見解と経験』（1807）

P.W.A.XXI　Über Körperbildung, als Einleitung auf den Versuch einer Elementargymnastik in einer Reihenfolge körpericher Übungen 1807. Heinrich Pestalozzi, Werke in acht Bänden, Gedenkausgabe zu seinem zweihundertsten Geburtstage, Herausgegeben von Paul Baumgartner, Schrifte aus den Jahren 1805-1826. Erster Teil. Rotapfel 〃 Verlag, Erlenbach 〃 Zürich
『一連の身体的練習で基礎体育を試みることへの導入としての身体陶冶について』（1807）

P.W.A.XXⅡ　Über die Idee der Elemntarbildung, Ein Rede, gehalten vor der Gesellschaft der Schweizerischen Erziehungsfreunde in Lenzburg in Jahr 1809. Gedruckt 1810/11. Heinrich Pestalozzi, Werke in acht Bänden. Gedenkausgabe zu seinem Zweihundertsten Geburtstage Herausgegeben von Paul Baumgartner. Schriften, Aus den Jahren 1805-1826. Erstes Teil. Rotapfel 〃 Verlag, Erlenbach 〃 Zürich
『基礎陶冶の理念について －1809年のレンツブルクにおけるスイス教育友の会でなされた講演－』（1809）

P.W.A.XXⅢ　An die Unschuld, den Ernst und Edelmut meines Zeitalters und meines Vaterlandes. Ein Wort der Zeit, 1815. Heinrich Pestalozzi, Werke in acht Bänden, Gedenkausgabe zu seinem zweihundertsten Geburtstage, Herausgegeben von Paul Baumgartner, Schriften, Aus den Jahren 1805-1826. Zweiter Teil. Rotapfel 〃 Verlag, Erlenbach 〃 Zürich
『わが時代およびわが祖国の純潔と真面目さと高邁さを有する人々に対する時代の言葉』（1815）

P.G.W.I　Rede am dreiundsiebzigsten Geburtstage, Rede an mein Haus, gehalten am 12. Januar 1818. HEINRICH PESTALOZZI Gesammelte Werke in Zehn Bänden. Herausgegeben von Emilie Bosshart/Emanuel Deung/Loththar Kempter/Hans Stettbacher,

Acht Band, MCMXLVI RASCHER VERLAG, ZÜRICH, 1946
『七十三歳生誕日講演、1818年1月12日に行われた私の家（イヴェルドンの学園）での講演』(1818)

P.W.A.XXIV　Schwanengesang, 1825. Heinrich Pestalozzi, Werke in act Bänden, Gedenkausgabe zu seinem zweihundertsten Geburtstage, Herausgegeben von Paul Baumgartner, Schriften Aus der Zeit von 1805-1826. Zweiter Teil. Rotapfel 〃 Verlag, Erlenbach 〃 Zü-rich
『白鳥の歌』(1825)

P.S.B.I　JOHANN HEINRICH PESTALOZZI, SÄMTRICHE BRIEFE, Herausgegeben vom Pestalozzianum und von der Zentralbibliothek in Zürich, DRITTER BAND, Briefe Nr. 469-759, ORELL FÜSSLI VERLAG ZÜRICH, 1949
『ヨハン　ハインリッヒ　ペスタロッチー全集（第三巻)』（書簡 Nr. 469-Nr. 759, 1949）

邦訳されているペスタロッチーの作品や国外の文献、その他、国内の文献等で、本論考の執筆にあたり筆者が主に使用し、引用・参考にさせていただいた文献名

ケーテ・ジルバー著、前原 寿訳：『ペスタロッチー － 人間と事業 － 』（岩波書店、1981）
シュプランガー著、吉本 均訳：『ペスタロッチー研究 － 教育の思考形式』（明治図書、1962）
井上 茂著：『自然法の機能』（勁草書房、1964）大槻正一訳：『ランゲンタールの講演』（長田 新編集校閲、ペスタロッチー全集 12 巻、平凡社、昭和 34 年） 吉本 均訳：『自然と社会の状態についての断片』（長田 新編集校閲、ペスタロッチー全集第 6 巻、平凡社、昭和 34 年）
ハンス・コーン著、百百巳之助 浦野起央訳：『ナショナリズムと自由 － スイスの場合 － 』（アサヒ社刊、昭和 37 年） 佐藤 守訳：『アギス』（長田 新編集校閲、ペスタロッチー全集第 1 巻、平凡社、昭和 34 年） 佐藤 守訳：『希望』（長田 新編集校閲、ペスタロッチー全集第 1 巻、平凡社、昭和 34 年） 佐藤 守訳：『育児日記』（長田 新編集校閲、ペスタロッチー全集第 1 巻、平凡社、昭和 34 年） 長田 新訳：『ノイホーフだより』（長田 新編集校閲、ペスタロッチー全集第 1 巻、平凡社、昭和 34 年） 長田 新訳：『わが故郷の都市の自由について』（長田 新編集校閲、ペスタロッチー全集第 1 巻、平凡社、昭和 34 年） 福島政雄著：『ペスタロッチ － 稿本隠者の夕暮（隠者の夕暮への草案）』（福村書店、1959） 長田 新訳：『隠者の夕暮』（長田 新編集校閲、ペスタロッチー全集第 1 巻、平凡社、昭和 34 年） 長田 新訳：『浪費制限論』（長田 新編集校閲、ペスタロッチー全集第 1 巻、平凡社、昭和 34 年） 松田義哲訳：『リーンハルトとゲルトルート － 第一部』（長田 新編集校閲、ペスタロッチー全集第 2 巻、平凡社、昭和 34 年） 長田 新訳：『クリストフとエルゼ』（長田新 編集校閲、ペスタロッチー全集第 4 巻、平凡社、昭和 34 年） 佐藤 守訳：『スイス週報』（長田 新編集校閲、ペスタロッチー全集第 4 巻、平凡社、昭和 34 年） 佐藤 守訳：『スイス週報（続）』（長田 新編集校閲、ペスタロッチー全集第 5 巻、平凡社、昭和 34 年） 杉谷雅文訳：『立法と嬰児殺し』（長田 新編集校閲、ペスタロッチー全集第 5 巻、平凡社、昭和 34 年） 松田義哲訳：『リーンハルトとゲルトルート － 第二部』（長田 新編集校閲、ペスタロッチー全集第 2 巻、平凡社、昭和 34 年）
吉本 均訳：『自然と社会の状態についての断片』（長田 新 編集校閲、ペスタロッチー全集第 6 巻、平凡社、昭和 34 年） 佐藤 守訳：『リーンハルトとゲルトルート － 第三部』（長田 新編集校閲、ペスタロッチー全集第 3 巻、平凡社、昭和 34 年） 虎竹正之訳：『人類の発展における道徳的概念の生成について』（長田 新編集校閲、ペスタロッチー全集第 6 巻、昭和 34 年） 長田 新訳：『リーンハルトとゲルトルート － 第四部』（長田 新編集校閲、ペスタロッチー全集第 3 巻、平凡社、昭和 34 年） 吉本 均訳：『然りか否か』（長田 新編集校閲、ペスタロッチー全集第 6 巻、平凡社、昭和 34 年） 長田 新訳：『馬鈴薯栽培を呼びかける（フランス政治誌に）』（長田 新編集校閲、ペスタロッチー全集第 6 巻、平凡社、昭和 34 年） 長田 新訳：『シュテーフナー運動の犠牲者のための代弁 －（チュウリヒ政府に）』（長田 新編集校閲、ペスタロッチー全集第 6 巻、平凡社、昭和 34 年） 長田 新訳：『チューリヒ湖畔の自由の友へ』（長田 新編集校閲、ペスタロッチー全集第 6 巻、平凡社、昭和 34 年） 虎竹正之訳：『探求』（長田 新編集校閲、ペスタロッチー全集第 6 巻、平凡社、昭和 34 年） 長田 新訳：『家のための祈り』（長田 新編集校閲、ペスタロッチー全集第 6 巻、平凡社、昭和 34 年） 長田 新訳：『九月十日月曜日　朝に』（長田 新編集校閲、ペスタロッチー全集第 7 巻、平凡社、昭和 35 年） 虎竹正之訳：『わが祖国に告ぐ』（長田 新編集校閲、ペスタロッチー全集第 7 巻、平凡社、昭和 35 年） 虎竹正之訳：『教養の基礎としての言語』（長田 新編集校閲、ペスタロッチー全集第 7 巻、平凡社、昭和 35 年） 長田 新訳：『シュタンツだより』（長田 新編集校閲、ペスタロッチー全集第 7 巻、平凡社、昭和 35 年） 長田 新訳：『牧師ザムエルのもとで』（長田 新編集校閲、ペスタロッチー全集第 7 巻、平凡社、昭和 35 年） 長田 新訳：『メト－デ』（長

田 新編集校閲、ペスタロッチー全集第 8 巻、平凡社、昭和 35 年）　長田 新訳：『ゲルトルートはいかにしてその子を教うるか』（長田 新編集校閲、ペスタロッチー全集第 8 巻、平凡社、昭和 35 年）　是常正美訳：『メトーデの本質と目的』（長田 新編集校閲、ペスタロッチー全集第 8 巻、平凡社、昭和 35 年）　大槻正一訳：『ヘルヴェチアの立法についての見解』（長田 新編集校閲、ペスタロッチー全集第 8 巻、平凡社、昭和 35 年）　是常正美訳：『時代（わが時代に訴う）』（長田 新編集校閲、ペスタロッチー全集第 8 巻、平凡社、昭和 35 年）　吉本 均訳：『人間陶冶に関する聴覚の意義』（長田 新編集校閲、ペスタロッチー全集第 10 巻、平凡社、昭和 35 年）　松田義哲訳：『メトーデにおける精神と心情』（長田 新編集校閲、ペスタロッチー全集第 9 巻、平凡社、昭和 35 年）　長田 新訳：『貧民教育施設の目的と計画』（長田 新編集校閲、ペスタロッチー全集第 9 巻、平凡社、昭和 35 年）　杉谷雅文訳：『基礎陶冶の理念に関する見解と経験』（長田 新編集校閲、ペスタロッチー全集第 10 巻、平凡社、昭和 35 年）　吉本 均訳：『体育論』（長田 新編集校閲、ペスタロッチー全集第 11 巻、平凡社、昭和 35 年）　大槻正一訳：『基礎陶冶の理念について － レンツブルクの講演 － 』（長田 新編集校閲、ペスタロッチー全集第 10 巻、平凡社、昭和 35 年）　大槻正一訳：『わが時代およびわが祖国の純真者に訴う』（長田 新編集校閲、ペスタロッチ全集 第 11 巻、平凡社、昭和 35 年）　佐藤正夫著：『七十三歳生誕日講演』（長田 新編集校閲、ペスタロッチー全集第 13 巻、平凡社、昭和 35 年）　佐藤正夫訳:『白鳥の歌』（長田 新編集校閲、ペスタロッチー全集 12 巻、平凡社、昭和 35 年）　ハンス・バルト著、杉谷雅文 柴谷久雄訳:『ペスタロッチー研究 － 教育・政治・経済・道徳の関連 － 』（明治図書出版、1961）　テオドール・リット著、柴谷久雄 杉谷雅文共訳：『生けるペスタロッチー － 三つの社会教育学的省察 － 』（理想社、昭和 35 年）

著者略歴

細井房明（ほそい　ふさあき）

群馬県出身。

上越教育大学名誉教授。博士（教育学、東北大学、平成３年）。

東北大学教育学部教育科学科卒業、同大学大学院教育学研究科教育哲学・教育史専攻修士課程修了、同大学大学院教育学研究科教育哲学・教育史専攻博士課程単位取得満期退学。

山形女子短期大学 講師から助教授、東北大学教育学部教育内容講座 助手、新潟大学教育学部 講師から助教授、上越教育大学 学部・大学院修士課程 助教授から教授、上越教育大学附属幼稚園 園長（併任）、上越教育大学 学部主事・評議員、兵庫教育大学大学院連合学校教育学研究科博士課程の創設にあたり設置審の審査においてＤ㊧と判定され、同大学大学院連合学校教育学研究科博士課程学校教育実践学分野 教授（併任）、新潟工科大学 教授、新潟大学教育学部 特任教授、等々を経て東北文教大学 教授（現職）。

著書・論文等には、道徳教育の研究・教育原理・保育原理・保育内容・ペスタロッチーの教育思想・保育実践場面に於ける保育者及び幼児の活動内容の分析、等々に関するものが多数ある。主な単著に『ペスタロッチーに於ける幼児教育理論構築の背景を探る － 手と頭と胸の教育を中心に － 』（東北文教大学出版会、2013）。

ペスタロッチーの幼児教育思想の構築

－【母親教育のための書】の構想と【直観理論】の萌芽から －

2015年1月15日　初版第1刷発行

著　者　　細井房明

発行者　　石井昭男

発行所　　福村出版株式会社

〒113-0034　東京都文京区湯島 2-14-11

電 話 03－5812－9702　FAX 03－5812－9705

http://www.fukumura.co.jp

印　刷　　株式会社文化カラー印刷

製　本　　本間製本株式会社

ISBN 978-4-571-11035-1 C3037

定価はカバーに表示してあります